AF607558

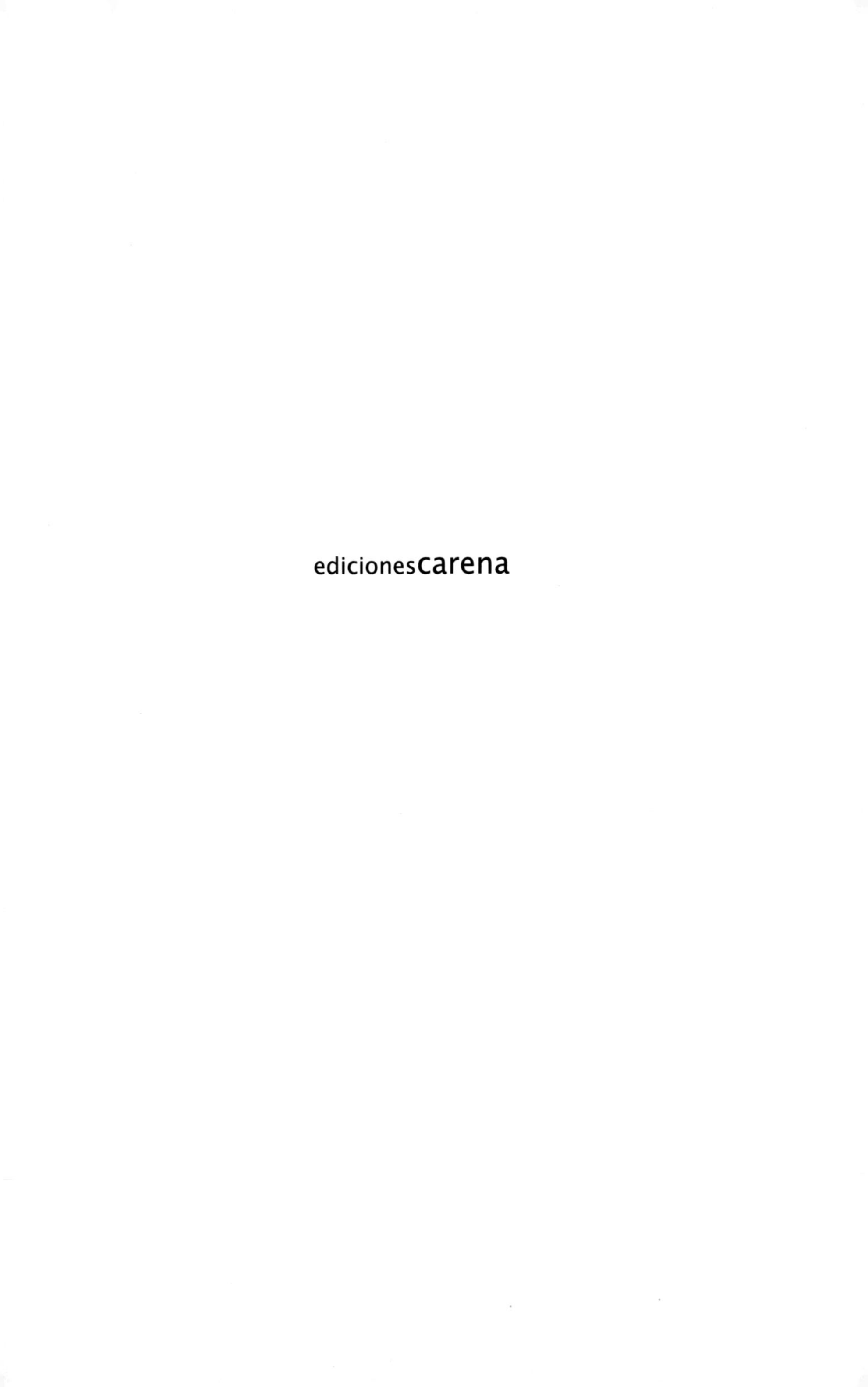
edicionesCarena

MONTSE FERNÁNDEZ GARRIDO

TRES GENERACIONES REBELDES

La historia del maquis Ollafría contada por su nieta
y la lucha por la libertad de las mujeres

Primera edición: septiembre de 2021

Ediciones Carena
c/Alpens, 31-33
08014 Barcelona
T. 934 310 283
info@edicionescarena.com
WWW.EDICIONESCARENA.COM

Diseño de la colección:
Sandra Jiménez Castillo
Marina Delgado Torres

Imagen de portada:
Grupo de mujeres cogiendo agua de la fuente con los cántaros (1941),
del Fondo Los Legados de la Tierra del Ayuntamiento de Mira (Cuenca)

Diseño de la cubierta: Sandra Jiménez
Coordinación y maquetación: Adrián Vico
Corrección: Diana Ordóñez

Depósito legal: B 15812-2021
ISBN 978-84-18323-82-9

Impreso en España - Printed in Spain

Dedicado a la memoria de mi abuela Leonor y de Maria,
mi madre, heroínas anónimas, con amor y gratitud.

Prólogo

CLANDESTINIDAD, RESISTENCIA Y OLVIDO

El rescate de la memoria histórica de la participación de la mujer en la guerrilla ha sido demorado en los estudios de género. Con sus hombres huidos a las montañas, incorporados a las partidas ante la represión de sus acciones opositoras al régimen, la mujer, sola, al frente de su familia en tiempos de hambre atroz y represión, aceptaba, además, la carga moral de actuar de enlace, con una asombrosa capacidad organizativa, a pesar del riesgo de ciertas acciones. La Guardia Civil, en caza y captura de sus hombres –padre, hijo, hermano, compañero–, espiaba el ir y venir de sus pasos en escenarios agrestes y de difícil acceso, en pueblos y cortijos. Vigiladas por guardiaciviles que seguían de cerca los movimientos que podrían conducirles al paradero de su presa. En su gran mayoría eran mujeres de condición modesta y de corta o nula escolarización, entregadas desde niñas a las faenas agrícolas, familiares o del amo, a expensas de un hipotético jornal y la represión ante el reclamo de trabajo o justicia, en el estrecho entorno en el que se desarrollaba su peligrosa tarea clandestina: la ayuda a sus hombres perseguidos, en lucha por mantener viva la resistencia.

Montse Fernández Garrido reactiva la memoria familiar del abuelo y de su padre, guerrilleros antifranquistas bajo el nombre de guerra de los Ollafría, y la vida de ocultamiento y persecución de las mujeres de la familia: su abuela, su madre y la tía Silveria convertidas en señuelo y rehén, como presuntas encubridoras de sus hombres, perseguidos a muerte por la Guardia Civil.

Descubiertas por las fuerzas del orden, eran sometidas a extenuantes interrogatorios para forzarlas a confesar el paradero de sus hombres. El manual de las prácticas revestía toda la iniquidad que les permitía la legislada impunidad: torturadas, peladas al cero, paseadas por el pueblo tras haberles hecho ingerir aceite de ricino, y ofrecer así el espectáculo público de verlas hacerse sus necesidades en plena calle, como castigo ejemplar por sus desviadas conductas, entre otros episodios de pura aberración. A las mujeres de los Ollafría las trataron con igual crueldad. A la abuela Leonor, sin la menor consideración por su edad y en presencia de sus horrorizados nietos, le metieron la cabeza en vinagre y después la colgaron, mientras la golpeaban con saña. Ante su mutismo, la encarcelaron, sin derechos procesales, a la espera de que la delatara alguna señal o algún rastro de la visita imprevista del esposo huido.

Solía ocurrir que, con el marido escondido en el desván de su propia casa o en un miserable chamizo en medio del campo, sus mujeres quedaban embarazadas. Temerosas, para acallar maledicencias confesaban su estado al cura de la parroquia, que en ocasiones no dudaba en denunciar a la Guardia Civil el escondite del rojo. Mujeres devotas que ignoraban que desde tiempo inmemorial la Iglesia ha estado siempre al lado del poder. Estas mujeres, incorporadas a la guerrilla por puro instinto ante el peligro y el compromiso del padre de sus hijos, como la abuela, la madre y la tía Silveria de Montse, compartieron riesgos, calamidades, palizas, acosos y cárceles. Ellas, aunque hayan permanecido largamente invisibles, escribieron la historia bajo el anonimato, con frecuencia, sin estar encuadradas en la militancia activa de un partido, sindicato o asociación. Su labor debiera ser objeto de estudio en las escuelas, por su lucha silenciosa y el vacío de la secular postergación y desamparo. Pues, de alguna forma, reivindicaron su derecho a la plena igualdad en la esfera escolar, familiar y social.

La vigencia de su lucha la conservaron, secretamente, las abuelas, las madres, a través del túnel del franquismo, como espejo que debían preservar para sus hijas y sus nietas: los valores conseguidos, en un tiempo en el que la mujer logró la libertad necesaria para realizar sus sueños de emancipación, reconocidos en la Constitución republicana de 1931. Y siempre, desde la noche de los tiempos, la lucha laboriosa de la mujer obrera, en el campo, la mina, el mar, la fábrica, sin dejar de parir hijos.

Antonina Rodrigo

Introducción

EL DESAFÍO DE MONTSE

I

Tú eres la escritora, Montse. La que cavila, desentraña y sufre hondamente, y, no obstante, tu libro parece haberse escrito solo. Yo sé de tu esfuerzo, de la inmensa angustia sin rasgo de paz y de tu altísima responsabilidad a la que te has expuesto: dar fe de tu línea vertical, de abajo arriba, del doloroso pasado a tu dignísimo ser vital en este nuevo volver a comenzar. Y lo has dicho con serenidad y a la desesperada. Y meditaste profundamente, la cabeza hundida entre tus manos, y echaste a cabalgar hacia el recuerdo orgulloso y ácido de tu pasado, de tu haber nacido ya en busca de quien eras y de quien eres hoy. Surgiste como una imparable catarata y se abalanzó sin freno sobre la primera cuartilla en blanco. Y urgentes las hojas que salían frenéticas de tus sueños secretos y amordazados de tu pasado. Y se iban escribiendo solos, con sus ingentes documentos, sus fotos, sus diplomas y memoriales, el gran glamur de la entrega total de tu ser a la humanidad bajo la que te pusiste a su servicio. Cada mañana, y por la tarde y la noche, la una, las dos, las cuatro... Trescientas hojas apretujadas para, de nuevo y quién sabe, recuperarlas en tu camino sin fin.

Tu obra, querida Montse –este libro prieto y doliente–, es, nada más y nada menos, que la interminable historia de tus nostalgias, esa larga tentación fuertemente rechazada por tu conciencia durante el caminar en tu profesión de salvar a miles de víctimas de la injusticia imperante en este país donde la igualdad sigue siendo un sueño y nada más. Profesión de valientes que reconcilian enemistades y devuelve la palabra a los callados. Y hoy, tu libro, libro de escritora, seca y al grano, de obra sin mácula y solo objetiva, en la que te has manchado sin poder desprenderte de la subjetividad que tu deseo lleva inherente sobre su espalda. El drama y la esperanza seguirán de la mano, tatuadas en el alma y la sangre. Y así fue como ocurrió: llegaron de Granada, huidos del hambre, del frío y de la miseria andaluza. Aquellos «otros catalanes» debieron de haber soñado en que el pueblo catalán sería dulce y acogedor y así parece que fue: «A las barracas, al pozo del tío de tu madre, al río para lavar, a las montañas heladas de Montjuïch, xarnegos como los murcianos»...

Había insultos para todos –que el gran Candel se ocupó muy bien de recordar en aquellos años–. Y llegas tú y lo que serás tú en la aventura de empezar a vivir.

II

En el barrio bienestante de Les Corts de la Barcelona de los años 50 del siglo pasado, se alza, majestuosa, la llamada Maternidad, cuyo edificio se divide en dos amplias salas: la de la derecha, como corresponde, para las maternidades ricas; la izquierda, destinada al parto de las pobres y, en especial, de las madres solteras, pecadoras sexuales como manda el diablo. Una dirección de alto voltaje tramitaría la compraventa clandestina de algunos bebés sin padre y con madre pecadora. Tragedia de la que se salvó nuestra escritora, Montse Fernández Garrido, gracias a la inspiración de su madre, que llegó justito a tiempo de llevársela a la choza de las montañas.

Chozas entre cartones y apenas sin techo. Pero el padre de nuestra escritora había sido –fue– un experto carpintero en su tierra, y trabajó con dureza, noches y días enteros, para levantar cuatro paredes y horadar seis ventanucas bajo las cuales se pudo cobijar la familia. Y Montse aprendió a leer y fue a la escuela y trampeó todas las dificultades de aquel vivir, hasta que llegó a la Universidad. Y es abogada y ha entregado su vida y su futuro a salvar vidas destrozadas por las injustas leyes dictadas por la dictadura eterna.

Y mira a su alrededor y puede confirmar que pertenece a la clase «mujer», al sexo mujer, al ser mujer que es quien se lleva el castigo más cruel de la existencia, y ubica su propia lucha al viejo y novísimo feminismo, hoy desarrollado en el máximo sufrimiento del agravio perpetuo del macho machista a la mujer-mujer en nuestra carrera a mil por hora hasta esta meta tan lejana todavía llamada libertad.

Carmen Alcalde

Primera parte

VIDA EN LAS TINIEBLAS

I

UN HOGAR EN LAS BARRACAS

NACÍ el 2 de enero de 1954, en la Maternidad de Barcelona. Tal como explica la doctora en Derechos Humanos Neus Roig, en su magnífico libro *No llores que vas a ser feliz. El tráfico de bebés en España: de la represión al negocio, 1938-1996,* las mujeres que parían en la época de la represión franquista podían sufrir el robo de sus bebés, quienes eran regalados en la primera época y vendidos después, fundamentalmente si eran madres republicanas —las *rojas,* según los fascistas— y especialmente si eran solteras y pobres.

Mis padres no estaban casados. No podían hacerlo porque el primer marido de mi madre huyó a Casablanca, abandonándola a ella y a sus dos hijos todavía muy pequeños, a los que luego hizo raptar cuando supo, años después, que mi madre vivía con otro hombre. Durante treinta años, mi madre no los vio ni supo de ellos. Así pues, ella ingresó en la Maternidad como madre soltera. Mis padres eran pobres y vivían en una barraca de Badalona (Barcelona), en la que se instalaron en 1951 al llegar desde Granada y en la que vivimos toda la familia hasta 1969. Eran represaliados políticos, por ser mi padre republicano y comunista, buena persona y buen ciudadano, pero «desafecto al régimen», según rezaba una sentencia que lo condenó a doce años y un día de prisión y que lo llevó a padecer terribles torturas y pasar por catorce cárceles españolas. Ella, a su vez, fue llevada a prisión siendo menor de edad, al mismo tiempo que su madre, mi abuela Leonor, quien fue salvajemente torturada y que estuvo en prisión durante tres años, condenada a ocho en un principio, sin haber cometido delito alguno. La razón por la que ambas fueron condenadas había sido intentar el regreso de la sierra de mi abuelo materno, Juan Garrido Donaire, conocido como *Ollafría*, que a su vez pasó nueve años en el maquis granadino como jefe de guerrilla. La dictadura franquista dejaba así a cinco niños menores sin padre, madre, ni hermana mayor.

Mi madre entró en la Maternidad como soltera, pobre y *roja*; mi padre no la visitó durante los días que estuvo allí ingresada. Tuvo un parto muy complicado, porque yo venía de nalgas. Casi no le daban de comer y las monjas le gritaban e insultaban con frases soeces cuando ella se quejaba de dolores: «No chillabas cuando estabas debajo, ¿verdad? Pues ahora te aguantas».

A mí se me inscribió como «hija de padres desconocidos» y, aunque ignoro cómo y por qué, ya que mis padres nunca me hablaron de ello, con los apellidos Estany Padró. Mi madre posiblemente se fuera sin el alta, tras una bronca con las monjas, y conmigo en brazos. Mis progenitores tardaron cuatro largos años en conseguir cambiarme los apellidos y ponerme los suyos mediante un documento notarial, así que no sé si inicialmente fui una niña vendida a una familia catalana de posibles.

En cambio, mi hermano Antonio, que había nacido trece meses antes que yo, en la misma Maternidad y en similares circunstancias, fue inscrito como «hijo natural» de nuestros padres y con sus apellidos. Quizás yo fui vendida por ser niña, ya que se buscaban y pagaban mejor —un precio similar a un piso en la gran ciudad—, fundamentalmente para ser empleadas como sirvientas de sus nuevos padres. Ya nunca lo sabré, porque mis padres han fallecido sin explicármelo.

Lo que sí es cierto es lo que sabemos gracias a la exhaustiva investigación de la doctora Roig en su magnífica tesis doctoral, que luego sería publicada en su libro, anteriormente mencionado (Roig, N., 2018):

> Hasta 300.000 bebés fueron robados en nuestro país para ser regalados o vendidos impunemente a otras familias, gracias a un entramado mafioso que implicaba monjas, sacerdotes, médicos, comadronas, enfermeras, abogados y altos funcionarios. El régimen franquista y la Iglesia católica, Acción Católica y las Hijas de la Caridad, así como ciertas órdenes religiosas que se encargaban de los llamados Patronatos de Protección de la Mujer, fueron los que potenciaron el tráfico de bebés.

Lo mismo sucedió en otros países de tradición católica.

Al salir de la Maternidad, mi madre, sin nadie que la acompañara, me cargó en brazos junto a varias bolsas; cogió dos autobuses y me llevó a casa, una barraca en el Turó Caritg, en el barrio de la Salud de Badalona (Barcelona). Este lugar era conocido como «los cañones», porque había unos búnkeres desde los cuales se defendía la ciudad a cañonazos contra los ataques desde el mar durante la Guerra Civil.

Había una sola habitación para mis padres, mi hermano y yo, en una barraca junto a la tierra de la montaña, una diminuta cocina y un pequeño comedor. Desde mi nacimiento y durante quince años vivimos en esa barraca sin agua, sin luz, sin gas, sin váter y sin cuarto de baño, hasta que en mayo de 1969 pasamos a vivir en el barrio de San Roque, de la misma ciudad, junto con todos los vecinos del Turó Caritg.

Vivíamos rodeados de barracas de obra, de madera y con cartón cuero en los tejados, sujetos por gruesas piedras, y otras construidas en la propia montaña, como la de nuestra vecina María. Ella era una mujer que crió sola a sus dos hijos, chico y chica; vivía con temor a que llegara la democracia y los comunistas alcanzaran el poder, pues según ella «nos lo iban a quitar todo». No obstante, lo único que tenía era miseria, necesidades y hambre.

Aquella zona estaba llena de humedades, sin luces ni asfalto en las empinadas calles de tierra, convertidas en verdaderos barrizales cuando llovía. Mis padres, al igual que otros vecinos, ampliaron la barraca con la ayuda de mi hermano y la mía. A pesar de nuestra corta edad, cargábamos camiones y camiones de arena, de cemento, de agua, de ladrillos y baldosas para el suelo, que había que transportar desde la falda de la montaña hasta lo más alto, donde vivíamos, justo debajo de los búnkeres. Mi padre construyó tres habitaciones, un comedor y la cocina, donde mi madre guisaba con carbón. Antes, en la habitación inicial, habíamos dormido hasta cinco personas: mis padres, mi hermano, mi tío Miguel Silverio y yo. Había una litera de enormes patas sobre la cuna de mi hermano, fabricadas ambas por mi padre, que era carpintero; mientras, yo dormía con mis padres. Colocamos una bonita balaustrada blanca y una puerta de madera tallada, también obra de mi padre, que cerraba un patio delantero; allí mi madre plantaba y cultivaba coloridos geranios, enormes hortensias, olorosas madreselvas y blancos lirios, así como diversas plantas verdes que daban un aire alegre y vital a la miseria de alrededor. Mi padre colocó su banco de carpintero en el patio trasero y nuestra casita fue la admiración de buena parte de los vecinos.

Es difícil, para quien no lo ha vivido, imaginar lo duro que resulta el trabajo cotidiano en una casa en estas condiciones, sin agua y sin luz. Varias veces al día habíamos de recorrer kilómetros y kilómetros bajo el sol o bajo la lluvia, con calor o con frío, a través de caminos polvorientos o embarrados, subiendo y bajando cuestas y, al mismo tiempo, llevando un cubo de diez litros en cada mano. Sólo quien no ha tenido agua corriente sabe lo que significa el placer de abrir un grifo y que ésta fluya, sin más esfuerzo; sólo así se tiene conciencia de la gran cantidad de agua que se utiliza diariamente en una casa. Nos bañábamos, uno tras otro, en un barreño de metal, en la misma agua, procurando ensuciarla lo menos posible; luego fregábamos el suelo con ella y, por último, regábamos la calle para evitar el polvo. Sentí el placer de una ducha por primera vez con quince años, a pesar de vivir en una gran ciudad industrial, Badalona, con unos 250000 habitantes, y a tan sólo siete kilómetros de la gran Barcelona. Mi padre ingenió un mecanismo de cañerías en el tejado que nos hacía felices cuando llovía, porque se recogían muchos litros de agua en unos depósitos colocados para ello en el lavadero y nos evitaba las interminables caminatas a la fuente, aunque la humedad se filtraba a chorros por las paredes aquellos días.

En las épocas de frío, nos calentábamos con un brasero en el comedor, colocado debajo de una mesa camilla con sus faldas de tela. Nunca nos intoxicamos. Años después, usaríamos una estufa de butano. A la hora de dormir, mi madre colocaba en cada cama una botella de vidrio llena de agua caliente, que tapaba con un corcho, con mucho cuidado, para que no se derramase y nos quemara. La frotaba por toda la cama y la dejaba en los pies. En los últimos años, nos ponía una bolsa de goma que se vendía en las farmacias.

Nunca olvidaré cuando murió mi abuela paterna, junto a mí, en la misma cama en que solíamos dormir las dos. Avisé a mis padres y me mandaron durante un día a casa de unos amigos suyos. No recuerdo si también iba mi hermano Antonio. Yo era pequeña, tendría unos ocho años. Hubo dos circunstancias que iban a hacer especial aquel día fuera de casa: peinarme trenzas, porque mi madre siempre me dejaba el pelo suelto con unos rizos que me llegaban hasta la cintura, y ducharme. Sin embargo, tuve mala suerte, pues resultó que en casa de estos amigos se cortó el suministro de agua; no me pude duchar y además tuve que ayudarles a llevar cubos de agua desde una fuente del barrio, como todos los días de mi vida.

En otra ocasión, una buena amiga del colegio, Carmen Pérez Pérez, vino a casa a comer. Cuando terminamos, echó las sobras de la comida en un gran barreño tras alzar la tapa de madera despistadamente, creyendo que era un cubo de basura. Allí almacenábamos el agua de beber y de cocinar. Fue una gran cantidad de litros de agua que tuvimos que hacer servir para otros menesteres. Mis padres estaban enfadados.

¡Qué difícil es vivir sin electricidad! Nos alumbrábamos primero con velas, luego con un quinqué, más tarde con carburo y, por último, con un Butsir —un camping gas—. Sólo había uno para toda la casa, lo cual nos obligaba a hacer vida familiar ya que, si alguno se movía de la estancia, no tenía luz.

Cuando he detallado las obras que hicimos en la barraca, no he mencionado nada de un baño o un váter. Esto es porque tampoco los había. Orinábamos y defecábamos en un orinal, que había en cada una de las tres habitaciones. Se vaciaban en un cubo de latón, que cada día se tiraba en un estercolero más o menos cercano; allí había otras barracas que padecían los estragos de tal situación: olores pestilentes, bichos, ratas. Cada día, o mi madre o yo fregábamos ese cubo con una escobilla metida en agua jabonosa y lejía. Así fue hasta 1969. Nos bañábamos en un barreño de latón situado en el comedor en invierno y en el patio en verano, donde mis padres colocaban unas sábanas, para protegernos de las miradas del vecindario.

Mi madre tenía siempre reluciente y florida nuestra casita. Cuidaba de mi abuela paterna inválida, de mi padre y de nosotros dos. Hacía faenas en casas ajenas y, durante muchos años, cosió pijamas durante 14 horas diarias, dándole al pedal de una máquina sin motor y sin luz eléctrica cuando oscurecía. Perdió la vista y se lesionó un pie, además de la columna, por ganar una miseria y agregar su pequeña aportación al sueldecito de mi padre, carpintero y encofrador.

Mi abuela paterna, Verónica, vivió con nosotros muchos años. No quería ni a mi madre, ni a Antonio, ni a mí. No era una persona cariñosa. Ella hubiera preferido que nuestro padre continuara conviviendo con su sobrina Concha, su pareja anterior. Mi madre la trataba bien y la cuidaba cuanto podía, pero la abuela era cruel y déspota con ella. Procuraba hacerle la vida imposible a ella y hacernos daño a nosotros. Nos trataba mal a mi hermano Antonio y a mí; aquello que mi madre le dejaba para nosotros cuando se iba a trabajar, ya fuera un plátano, un trozo de queso o una chocolatina, lo guardaba y luego se lo daba a la hija mayor de mi hermana Antonia, Vicky, su nieta preferida, que vivía al lado de nosotros en su propia barraca. Tampoco quiso nunca a Isabelita, la hija de mi hermana Isabel, de la que se burlaba cuando lloraba e incluso le gritaba.

La abuela Verónica era muy malhablada, la única que decía palabrotas en casa. Mi padre, que no hubiera consentido un taco de ninguno de nosotros, le reía las gracias a su madre. Recuerdo una vez que soltó un taco. Yo estaba muy callada, metida en una habitación; debía de tener dos o tres años. Sentada en el suelo, estaba rompiendo huevos y, cuando cada uno caía al suelo, desparramándose la yema y la clara, repetía como un mantra: «Aquí no hay pollito». Las palabrotas que me dedicó fueron considerables. De viejecita, a la abuela Verónica no le gustaba nada asearse, como ocurría con otras personas mayores de su edad y condición, de escasa cultura —además era analfabeta—; eso provocaba enfrentamientos con mi madre, una mujer muy aseada que además estaba acostumbrada a la limpieza al igual que su propia madre, la abuela Leonor. La abuela Verónica sólo aceptaba lavarse el cuerpo y el pelo cuando tenía consulta con el médico. Mi padre nunca se enfrentó a su madre, a pesar de ver la forma tan injusta en que trataba a mi madre y a nosotros dos, sus hijos más pequeños.

La historia de los barrios de barracas cerca de las grandes ciudades era una tragedia totalmente desconocida para la gente de la época. Sólo unos cuantos escritores ilustres, generalmente periodistas y militantes clandestinos, hicieron de ella su lucha personal, contando en brillantes páginas el sufrimiento, el hambre y las miserias de las personas que vivíamos en estos barrios. Esto explicaría el lento progreso de conciencia de los *vencidos*, también pobres y maltratados por la dictadura franquista al igual que los exiliados, que mostraron su solidaridad y denuncia colectiva ante aquella extrema supervivencia. Los que padecieron el exilio interior tenían un fuerte sentimiento de culpa ante la injusticia y la crueldad, ya que nunca se les trató de igual manera que a los que se exiliaron.

Cuenta Eduardo Mendoza, en *La ciudad de los prodigios,* que «llegaban en trenes abarrotados a los andenes de la estación de Renfe, que se alojaban en chamizos por falta de casa. A estos chamizos se les llamaban barracas. Los barrios de barracas brotaban de la noche a la mañana, en las afueras de la ciudad (Antonina Rodrigo)».

A finales de los años 50, algunas congregaciones religiosas progresistas se ocuparon de las necesidades más perentorias de los vecinos de no pocos barrios de barracas de Barcelona. Al mío no llegaron nunca.

A partir de los años 70, se inició una lucha colectiva, tanto de personas que vivían en barracas y se organizaban, como de intelectuales y militantes de izquierdas, a fin de conseguir mejoras en los barrios. Pero en ese momento nosotros ya estábamos en un piso.

Mis padres habían llegado en un tren de asientos de madera, el *Sevillano*, y vieron cómo fueron devueltos a su tierra algunos de los compatriotas que llegaban desde Andalucía, pues la policía esperaba en los andenes. Tenías que tener algún conocido que te esperara en Barcelona para que no te obligaran a regresar.

El trayecto de Granada a Barcelona era de día y medio. Durante el viaje, la gente compartía los bocadillos, las tortillas, los embutidos o el queso, el agua o el vino de la bota, mientras se contaban anécdotas o se cantaba. Por la noche, los niños dormían en el suelo. La gente podía abrir las ventanas y asomarse, de manera que la cara y las manos quedaban ennegrecidas por el hollín del carbón que expulsaba la máquina delantera.

Según cuenta Abel Caldera en *Súmate* y L´accent:

> En 1949, se creó en Barcelona la brigada para la represión del barraquismo, a fin de controlar la cantidad de barracas que surgían en la montaña de Montjuic de gente que llegaba de Andalucía, en busca de una vida mejor. Venían de la miseria. Al frente pusieron a un verdadero represor, llegado con su familia desde Valladolid, el teniente coronel de caballería Eduardo Fernández Ortega, conocido por su despiadada forma de actuar con los vencidos.
>
> Se dedicó a ordenar la demolición de chabolas, a la extorsión y chantaje a los vecinos de allí y del Somorrostro. Su hijo primogénito es Jorge Fernández Díaz, que fue ministro del PP, el «hijo del represor», como era conocido en la época.
>
> A partir de 1957, se prohibió la edificación de más barracas y hubo muchos derribos, de lo que se encargaba la guardia urbana.

> El gobernador franquista Acedo Colunga ordenó deportar a quienes llegaban sin contrato de trabajo. Por otro lado, el Palacio de Misiones de Montjuic albergó un auténtico campo de internamiento por el que pasaron más de 15000 personas, en virtud de las órdenes del gobernador.
>
> Muchos fueron devueltos en el propio tren. Los dejaba en la más absoluta miseria, tras haber invertido todos sus ahorros en el viaje. Hubo barra libre para derribar casas, deportar barraquistas, robar, chantajear y hasta para hacer abortar de una paliza.

Luis Boada, padre de un amigo de familia catalana, Manel Boada, recuerda todavía hoy, a sus 86 años, los tiros en el Campo de la Bota, algunos por resistirse a morir en posturas indignas y aguantar en posición militar. Corrían incluso los años 48 y 49. Sus padres y abuelos, huyendo de la Semana Trágica de Barcelona, habían vivido también en el Turó Caritg durante dos años, pero en una bonita masía donde trabajaron de aparceros, ocupándose de la explotación de la finca mediante un contrato asociativo con el propietario. Años después, comenzaron a construirse allí las barracas.

Pocas familias catalanas vivieron en los barrios de barracas. En el Turó Caritg de Badalona tan sólo una vecina era catalana y así la conocíamos en todo el barrio. No tenía más nombre que la *Catalana*, algo extraño en un lugar donde se amontonaban principalmente andaluces. En total, había unas doscientas barracas.

El escritor Paco Candel recogió en su magnífico libro *Els altres catalans* (1964) los testimonios de los inmigrantes de los años 50. Este libro pasó por la censura, que le obligó a suprimir y modificar muchos pasajes, pues afrontaba de manera cruda y valiente la cuestión de la inmigración. Candel ponía en relieve cómo en esos barrios se vivía en míseras condiciones y sin los servicios mínimos. Él defendía que entre los catalanes de nacimiento y los de adopción «formaron un solo pueblo, lo que es garantía de un futuro mejor». También escribió mucho sobre la inmigración el gran periodista Manuel Vázquez Montalbán.

En nuestra barraca siempre había invitados, personas que llegaban del pueblo y se quedaban varios días con nosotros; parecía que tuviéramos una pensión. Una imagen que tengo fresca, en los años 60, fue la llegada de un familiar lejano de mi padre que venía desde Campotéjar (Granada). Como otros tantos habían hecho antes —nuestra casita estaba continuamente ocupada—, se instaló con nosotros durante unos días, hasta encontrar trabajo y vivienda. Una mañana que llovía quiso salir a la calle con una manta a la cabeza, para protegerse de la lluvia. Mi padre tuvo que explicarle que no podía irse así y menos en busca de trabajo. Y le prestó un paraguas que el campotejero nunca había usado. Resulta que el hombre era cabrero y, en la montaña esa era su manera de cubrirse cuando llovía. No se me olvida tampoco que tenía la costumbre de besar en la boca a los menores, lo que procurábamos evitar, girando la cara con asco.

Nuestra barraca, que tenía el número 139, fue durante años un lugar de reunión y estudio. Mi padre, autodidacta en sus largos años de cárcel, nos enseñaba a leer por las noches, junto al brasero o en el patio, y no sólo a nosotros, sino también a muchos vecinos. A unos a leer, a otros las cuatro reglas, a contar y, a los más avanzados, algo más de Matemáticas. A mi hermano lo ayudó durante todo el bachillerato. Mi padre destacaba especialmente en Matemáticas y Geografía, además de en política. Mi hermano era un chaval muy inteligente, brillante. Comenzó el bachillerato a los nueve años, gracias al empeño de los maestros de su colegio público, que convencieron a los profesores del centro de estudios Dikayos, de Badalona, quienes desconfiaban de que un pequeño de tan corta edad pudiera seguir las clases y aprobarlo todo con éxito cada curso. Sin embargo, se cansó y decidió ser mecánico de motos, ya que su pasión siempre fueron las carreras; era un magnífico piloto. En no pocas ocasiones me llevó con él y sus compañeros y disfruté mucho de su conducción y pericia. Reparaba motos pequeñas, grandes, de competición... Nuestro padre estaba muy frustrado con ello, porque soñaba con que su único hijo varón hiciera una carrera universitaria, lo cual supuso muchos disgustos entre ambos. Nuestro padre insistía en que fuera médico, abogado o practicante, pero mi hermano se negó rotundamente; a él le gustaba montar y desmontar motos.

Antonio ha sido un gran mecánico con su propio taller, después de trabajar algunos años para otros y antes como administrativo. Hoy está jubilado. Era tan bueno que, en no pocas ocasiones, le contactaban otros mecánicos y hasta ingenieros, incluso mecánicos de grandes pilotos, para pedirle consejo ante problemas o difíciles averías de sus motos.

Siempre fue un manitas. Durante quince años se construyó una hermosa casa, cerca de la montaña de Montserrat. En los fines de semana, fiestas y vacaciones, trabajaba construyendo su bonita vivienda con la ayuda de algún amigo.

Mi padre fue quien me contagió la pasión por las letras, especialmente por escribir. Ya antes de comenzar el colegio, yo escribía las cartas que mandaban las vecinas de las barracas a sus familiares, fundamentalmente andaluces. Sustituía el tópico de «espero que a la llegada de la presente os encontréis bien, nosotros bien, gracias a Dios» por un detalle casi novelado de sus costumbres diarias, de su trabajo, de sus ilusiones. Me gustaba la poesía. En nuestra casita se recitaba continuamente a García Lorca, Alberti, Miguel Hernández, Cernuda, Machado y otros poetas de la época, todos prohibidos. Aprendí muy pronto a recitar. Me subían a una silla y recitaba con entusiasmo ante cualquier asombrado visitante. He visto llorar a algunos hombres cuando yo, pequeñita, recitaba *La muñeca* o *El Piyayo*, poemas que jamás he olvidado. «La cultura os hará avanzar y será imprescindible para transformar el futuro en beneficio de los más pobres», nos decían nuestros padres, así que desde siempre he sido una lectora voraz.

A pesar de nuestras carencias materiales, disfrutábamos con los ideales de libertad y progreso de mis padres y de una gran riqueza moral. Pese a esta pobreza, jamás vi en mi casa despedir a un pobre que pidiera sin que antes hubiera comido con nosotros o se hubiera llevado un bocadillo o algo de comida para cenar, o una manta, o incluso ropa nuestra. Mi madre no había olvidado cuando ella misma, jovencita, tuvo que pedir y mi padre sabía de la solidaridad de personas desconocidas en su recorrido por las cárceles de España, sin familiares ni amigos cercanos.

Mi educación

Yo no comencé el colegio hasta los ocho años. Me pusieron en una clase de niñas más mayores que yo, porque iba muy adelantada gracias a las enseñanzas de mi padre. Recuerdo a mi madre enfrentándose a menudo con Damiana Xamena, Sor Eucaristía, terciaria trinitaria y directora del colegio de monjas del barrio de la Salud al que asistí durante siete años, porque las monjas nos obligaban a fregar de rodillas el suelo de la iglesia del barrio, arrastrando grandes cubos de agua, dos veces por semana. También a planchar roquetes y sotanas, a bordar telas para el altar, a organizar tómbolas y rifas y a pedir para el Domund y así recaudar dinero para «bautizar negritos o chinitos», anotándolo en unos termómetros en los que competíamos entre las niñas y los cursos. Todo eso se hacía en horas de clase. A mis padres les costaba mucho esfuerzo pagar el colegio, que era privado, porque no había en el barrio ni en las cercanías un colegio público de niñas. «Así la haremos una mujer; aprenderá a fregar, a coser, a bordar, a planchar, a pedir y a obedecer», decían las monjas, a lo que se oponía mi madre, porque ella misma podía enseñarme las tareas domésticas y no querían hacer de mí una persona sumisa y obediente. Así preparaban a las niñas de mi generación.

Fui a aquel colegio de los ocho a los quince años y estudié Técnicas Mercantiles y Administrativas, es decir, Comercio, en lugar de bachillerato, porque de mí se esperaba que trabajara algunos años de administrativa y que, más pronto que tarde, me casara con un buen hombre, ocupándome de nuestra casa y familia. Ya de mayor, con veinte años, tuve que sacarme el graduado escolar, para poder luego estudiar un curso preparatorio si quería entrar en la universidad tras la prueba para mayores de 25 años. Por las noches, estudié un curso de Secretariado de Alta Dirección, en un solo año, en lugar de los dos cursos de que constaba.

El enfrentamiento entre mi madre y la directora del colegio fue mayúsculo cuando nos obligaron a pedir limosna pretendidamente para «los pobres de las barracas del Turó Caritg». Nosotros vivíamos allí y sabíamos que jamás recibió nadie ni un céntimo, aunque algunos lo rogaron con desesperación. Más bien al contrario, cuando algún mes nos retrasábamos con el pago del recibo del colegio, la amenaza de expulsión era inmediata.

Por otra parte, la directora del colegio, con muy poca humanidad y ninguna idea de lo que sería mi futuro profesional, me intentaba convencer de que me metiera a monja en su congregación, lo que también intentaba con otras muchas. Me decía:

—Eres de una familia muy pobre, vives en barracas y pronto te casarás con otro pobre, un obrero sin estudios ni cualificación que te cargará de hijos y que te maltratará. Por el contrario, si estás con nosotras, te instalarás en Mallorca; allí estudiarás como tú puedes hacerlo, serás maestra y podrás viajar por nuestros colegios de España. Serás culta y feliz, porque tendrás un futuro mucho mejor.

Felizmente, no acertó.

Era una mujer fría y cruel que en ocasiones golpeó con saña a alguna compañera, golpeando fuertemente la cabeza de la niña contra la pared si la sacaba a la pizarra y no sabía resolver o contestar a lo que le preguntaba. Y eso podía suceder a menudo, porque en las horas de clase, además de las actividades que he relatado, nos hablaba de religión o nos hacía rezar el rosario en lugar de darnos el tema que correspondía; pocas tenían un padre como el mío, que podía enseñarme.

También hablaba con desprecio y hacía angustiar a una compañera porque era hija única. Le espetaba que «seguro que sus padres habrían matado a algún otro hijo», refiriéndose a un posible aborto. Durante las horas de clase de taquigrafía nos hablaba de religión, de manera que nada sabíamos de la materia que debíamos aprender y que necesitaríamos en el futuro como administrativas o secretarias. Un día se lo comentamos a una profesora que no era religiosa, nuestra profesora de Inglés y de Correspondencia Comercial. Ella comenzó a darnos clase de taquigrafía a escondidas y, cuando lo supo, la directora se enfadó muchísimo y nos castigó a todas a hacer taquigrafía con ella después de la última hora lectiva o a la hora del recreo. Además, nos hizo llevar una nota para nuestros padres, preguntándoles si le permitían suspendernos sin examinarnos, a lo que los míos le contestaron negativamente. Me examiné y aprobé. Siempre fui la tercera o la cuarta de la clase.

En el colegio aprendí a zurcir y remendar rotos, a hacer ojales, a coser dobladillos, a hacer ganchillo, a bordar sábanas y toallas, a tricotar bufandas o suéteres, a hacer la canastilla con toda la ropita que precisaba un bebé —la cosíamos en fino papel blanco y la embellecíamos con puntillas—. También a hacer nudos de lana para una alfombra y a fabricar objetos de decoración, como una jirafa con corchos y alambre, mientras rezábamos el rosario. Todo muy *femenino*.

Llevábamos dos uniformes: uno azul marino con cuello de plástico blanco, que se rajaba a menudo y que ahogaba, y una bata blanca de rayas azul marino para estar en clase, además de zapatos masculinos con calcetines. Las telas debíamos comprarlas en el colegio, como las libretas y otros utensilios.

En una ocasión, la directora, que nos recibía y despedía en la puerta de entrada dándonos a besar una gran medalla que colgaba de su cintura, me dijo que no volviera al colegio con aquel abrigo que me había regalado una conocida porque a su hija se le había quedado pequeño. El color no era idéntico al del uniforme.

Otra muestra de la crueldad de la monja era ver con qué placer hacía coser el puño izquierdo de los uniformes de las que escribían y se manejaban con la mano equivocada, según ella, ridiculizándolas delante de toda la clase.

He encontrado por mis cajones una misiva de Sor Eucaristía en los únicos ejercicios espirituales a los que asistí en horas lectivas en 1968, como todo lo demás relacionado con la religión, que decía:

> Carísima Montse:
>
> De buena gana intentaré aclarar todas tus dudas y ayudarte en todos tus problemas. Sí, ya había notado algo en ti. Sospechaba que alguien había sembrado la cizaña en tu alma, pero no sospechaba que te hubieran hecho tanto daño.
>
> Mira, vayamos por puntos: la Iglesia, si bien está regida por hombres, a veces se pueden equivocar. El criterio de los hombres es siempre limitado. Cuando se reúnen en concilio es para anudar las fuerzas

humanas y piden ayuda al cielo. El Papa, cuando habla en cosas de fe, no puede equivocarse, pero cuando habla de otros asuntos puede equivocarse igual que otro hombre.

No siempre todos son buenos. Algunos son como Judas; a veces puede darse, y se ha dado de veras, algún sacerdote que no actúe como tal. Pero esto, querida, no debe hacerte perder la fe, sino tú esforzarte y portarte según el Evangelio, que aunque los hombres se equivoquen Dios no se equivoca.

Conociendo lo que te pasa, ya iré detallando más a tus preguntas. Procura atender y buscar a Dios de buena fe. Es con Dios con quien te has de ver al final de tus días, no con los hombres. El enemigo sabe muy bien que podrías ser un apóstol estupendo. Tienes cualidades para ello, por esto te siembra estas inquietudes, estas dudas, porque mientras las tienes, no avanzas en el camino de la perfección, no ayudas a otras almas a acercarse a Dios, y esto es una victoria. Ea, Montse, no te dejes engañar, no pierdas el tiempo razonando teorías u opiniones humanas y haciéndoselo pagar a Dios. Este quiere que todos se salven, ha dado su vida por ello y permite que los hombres se ayuden a salvarse mutuamente. No te pongas de espaldas a él. ¿Por qué no te entregas, Montse? ¿Has pensado en el bien que podrías hacer si tú quisieras? ¿Y el bien que dejas de hacer con tu pasividad, es decir, escudarse con una duda histórica, como es tu caso?

En cuanto a esto que dices de Caín, lee bien la Biblia. Dios dijo «Andarás errante y vagabundo», que quiere decir de un sitio a otro, no tendrás patria fija, pero no dice nada de la soledad. Al contrario, dice la misma Biblia que conoció a su mujer y tuvo un hijo. Puede ser muy bien que cuando pasó esto ya tuviera la mujer. No lo dice. En cuanto a la compañía a que te refieres, también dice la Sagrada Escritura que Adán tuvieron otro hijo y éstos muchos hijos e hijas, etc. Es natural que el primer parentesco antes, en los primeros tiempos, fuera entre hermanos o hijos de éstos. Al multiplicarse pudieron hacerlo entre extraños, como ahora. Lee bien la Biblia y verás esto.

Intenta leerlo con naturalidad, sin mala intención. Y verás como es claro y sencillo. Somos los hombres actuales, que con nuestra malicia intentamos poner mal donde no lo hay.

Circunstancias que ahora nos parecen normales en un tiempo fueron oscuras. Mira lo que se refiere a la redondez de la Tierra; antes decían que era plana, la ciencia evoluciona y demuestra que es redonda —aunque la monja se olvidaba que fue la Iglesia católica la que castigaba con la muerte al que defendiera que la Tierra era redonda. Galileo Galilei tuvo que retractarse de que era la Tierra la que giraba alrededor del sol y no al revés, como afirmaba la Iglesia católica, para evitar la muerte—. Sorpresas esperan para el futuro con respecto a la Luna. Ídem en todas las ciencias. No debe tampoco sorprenderte que, en la interpretación de las cosas divinas o de la Sagrada Escritura también el hombre se perfeccione, y a veces una doctrina aclara otra, que puede parecer una contradicción, cuando en verdad es sólo aclaración, fruto de estudio, ¿Comprendes?

No te cierres. Dime cuanto quieras. Intentaré ayudarte en todo lo que pueda. Si algo no puedo contestarte te diré claramente no lo sé. Mientras tanto, haz bien los ejercicios y cuenta con el cariño sincero de tu hermana mayor que te quiere y ve que podrías ser un gran apóstol si te empeñaras.

¿Por qué no pides al Señor a ver qué quiere de ti?

Este es el tipo de enseñanza que saqué de aquellos ejercicios espirituales. Además, allí también aprendí a pelar una naranja con cuchillo y tenedor, técnica que no he utilizado nunca.

El párroco de la iglesia de la Salud era el padre Miguel. Tenía su vivienda entre el colegio de niñas y la iglesia. Vivía con su sobrina, la señorita María, una preciosa y joven muchacha que nos daba clases de francés. Detrás de la iglesia estaba el colegio de niños, al que nunca debíamos acercarnos y viceversa. Nosotras teníamos un enorme patio, de tierra, donde jugábamos a la hora del recreo o hacíamos gimnasia en algunas ocasiones.

A las niñas nos mandaban a vender tochos y enormes cirios para financiar la construcción de la iglesia, lo que hacíamos en días festivos y también en horas lectivas.

El padre Miguel tenía siempre mucha curiosidad por saber si habíamos cometido pecados impuros y nos preguntaba en el confesionario. A mí me lo preguntó con nueve o diez años y, sincera, le contesté que sí. Contestó raudo: «¿Sola o en compañía?». «En compañía, claro», le contesté. Imagino cómo le sentó y qué entendió, porque me puso una penitencia importante, muchos padrenuestros y avemarías. Resulta que mi pecado en compañía era contar chistes verdes, que yo misma no entendía, pero que hacían reír a las demás. Y yo me decía que aquel hombre era tonto. ¿Cómo iba a hacerlo sola?

Mis padres eran ateos, como también lo fueron mis abuelos maternos. En mi casa cuestionaban muchas ideas religiosas. Yo se las planteaba a la directora y la metía en grandes aprietos, sobre todo porque lo hacía públicamente. Mis progenitores siempre me dieron libertad para pensar lo que quisiera. Mi padre defendía que no debíamos tener un sometimiento hacia los dogmas de forma acrítica, porque eso impedía el desarrollo intelectual. Yo escuchaba las dos versiones, la atea y la religiosa, y debía decidir con cual me quedaba. Me dieron esa libertad de conciencia. Desde los quince años soy atea y anticlerical, porque no me gusta la Iglesia como institución, que tanto daño ha hecho. Sin embargo, siempre he sido muy respetuosa con las personas creyentes, las de base, las que no tienen poder en la Iglesia. Tengo muy buenas amistades creyentes y practicantes, con las que comparto muchos valores y con algunas de ellas también ideología. Admiro y coincido en muchas ideas con los defensores de la teoría de la liberación, como el obispo Pere Casaldáliga, recientemente fallecido a los 92 años.

Cuando la directora nos daba clase de Geografía Política y, en el libro de texto, España casi siempre estaba en última posición con respecto a la producción de determinados bienes, nos decía, sin sonrojarse siquiera, que «no es que seamos los peores, sino que somos educados, por eso nos ponemos los últimos al nombrar los países».

Tenía la desfachatez de afirmar en sus clases que todos los intelectuales y grandes hombres estuvieron con Franco, mientras que con la República sólo había personas analfabetas. Yo tuve la suerte de recibir otra información y formación en casa.

El peor recuerdo que guardo de esa monja fue una ocasión en que se comportó como una sádica con un niño pequeñito y precioso, de tres o cuatro años, al que hizo llevar a la clase de las mayores, que teníamos 14, 15 o 16 años. Le pidió en voz alta a una alumna, delante del niño, que le trajera un cubo y unas tijeras grandes: «Le voy a cortar la naricita y las orejas a este niño tan guapo y se va a desangrar». El pequeño comenzó a llorar desesperadamente, con terror, mientras ella reía diciendo: «Me encanta verlo hacer pucheritos».

También encontré allí a buenas personas: Sor Montserrat Illa, que dejó el convento cuando yo tendría unos 13 años, lo que significó una gran pérdida para mí, ya que la quería mucho. Supuso también que no nos pasaran a la siguiente clase a un buen grupo, que teníamos todo aprobado e incluso con buenas notas. Podía haber acabado mis estudios de Comercio con 14 años y acabé con 15. Conservo también un buen recuerdo de la profesora Isabel Campillo, una jovencita coqueta que se metió al convento como tantas otras de las que me rodeaban.

Dada la entidad religiosa del colegio, me vi en la obligación de hacer la primera comunión. Mi padre se negó en redondo a comprar el típico vestido blanco y, para compensar, me compró dos bonitos vestidos de calle, uno amarillo y otro rosa. Una vecina me prestó su vestido de comunión, una diadema de florecillas, un rosario y un librito de nácar, unos guantes y una bolsita para poner el dinero que me dieran mis amistades y familiares. Me gustó mi vestido de princesa hasta que estuve al lado de mis compañeras. Sus vestidos eran de un blanco inmaculado, el mío tiraba a gris clarito ya.

Mi mejor amiga era Toñi Terrón Rubio, con la que sólo me llevo cinco meses, que vivía cerca del colegio al que íbamos. Era una muchacha bellísima, que me hacía sentir como el patito feo y me convertía en «la graciosa». Toñi era hija de un guardia civil granadino ya retirado. Seguramente, el hombre no sabía ni imaginaba siquiera que mi familia era represaliada por republicana y comunista. No creo que en ese caso hubiera consentido nuestra bella amistad. Otra amiga del colegio era Carmen Pérez Pérez, la gallega Carmina, dos años mayor que nosotras. Sus padres eran propietarios de un bar en el que trabajaban sin descanso, un taller mecánico de coches y varios pisos, todo en el barrio de la Salud de Badalona, junto a Santa Coloma de Gramanet. Con 14 o 15 años Carmina disponía de un talonario de cheques firmados por su madre. Ella los rellenaba y agregaba la cifra que necesitaba, por alta que fuera. Nadie controlaba lo que gastaba. Era la rica de la clase. Se compraba perfumes caros, ropa y calzado, bonita ropa interior de marca y era una amante de las joyas, que se permitía adquirir. En una ocasión perdió una gruesa pulsera de oro, regalo de sus padres. Nos fuimos juntas al puerto de Barcelona, donde compró una idéntica, rellenando un cheque con una cifra muy alta. Sus padres nunca supieron del cambio. Una madre del colegio nos vio por el barrio de la Barceloneta, cerca del puerto, y se lo dijo a la directora. Nos cayó un buen rapapolvo tras advertirnos de los peligros que habíamos pasado por aquel barrio tan lejano de nuestras casas. Al cumplir 18 años, Carmina recibió dos regalos: el dinero para el carnet de conducir y un precioso y flamante Mini Morris. Era la única del colegio que disfrutó tan pronto de coche propio.

Tras acabar mis estudios de Comercio, de inmediato me coloqué como administrativa en una empresa del barrio de la Salud de Badalona que vendía vidrios y cristales planos, donde estuve tres años. Me recomendó la profesora de Inglés y Correspondencia Comercial.

Algunas compañeras de mi colegio no acabaron sus estudios. Recuerdo concretamente a una, Dori, a la que su padre sacó de la escuela a los 12 años para ponerla de dependienta en su perfumería, a pesar de la insistencia de las monjas para que la niña acabara los cursos que le faltaban. En la época, los padres podían tomar esas decisiones sin que fuera posible obligarlos a lo contrario. No había sanción para los progenitores explotadores.

No puedo olvidar a otra compañera cuyo padre nos agredía con frases obscenas y comportamientos sexualizados; nos perseguía mientras éramos unas adolescentes. En un par de ocasiones, otra amiga del colegio y yo le golpeamos en la nariz y los dientes haciéndole sangrar, porque nos metía mano. Su mujer, que estaba cerca, le reñía delicadamente, sumisa ante un comportamiento que para ella era habitual, pues él siempre había sido así. Además, era dictatorial y severo con su hija, nuestra amiga, y le prohibía salidas y formas de vestir normales para nuestra edad. El hombre nos seguía a la playa y nos contemplaba lascivo, mientras murmuraba frases asquerosas. En alguna ocasión nos tuvimos que meter al agua y aguardar hasta que él se marchara. Iba a la playa con traje y corbata y no se desvestía.

II

MI PADRE

Mientras seguíamos en nuestra barraca, mi padre oía la radio por las noches, la emisora La Pirenaica, que transmitía clandestinamente desde el extranjero para la España franquista. Extendía un trozo de antena por el suelo a través de la ventana. Las interferencias eran constantes y el volumen subía y bajaba. Mientras, mi hermano y yo nos turnábamos para vigilar si se oía desde fuera; controlábamos las actividades de los vecinos que pudieran estar fuera de sus casas y especialmente vigilábamos la barraca de un exguardia civil que vivía debajo. Esa actividad se pagaba con la cárcel e incluso con torturas en las comisarías.

Tenía una moto como único medio de locomoción para ir y venir al trabajo, por lo que mi hermano y yo estábamos obligados a estar pendientes cuando llegaba de vuelta a casa por las noches, para ayudarle a subir la moto por las cuestas sin asfaltar. También la utilizaba para llevarnos y traernos de la playa, a varios a la vez y en varios viajes, y para ir de un pueblo a otro cuando íbamos a Granada en tren.

Mi padre, en sus ratos de ocio, después de su agotadora jornada de trabajo, leía y enseñaba. Leía y vendía clandestinamente los periódicos *Mundo Obrero* y *Treball.* Mientras, mi madre no descansaba. Trabajaba, trabajaba y trabajaba. Por eso yo, cuando era joven y durante muchos años, admiré y mitifiqué a mi padre, por héroe y por autodidacta, por revolucionario, por su conversación y sus amplios conocimientos, por sus inquietudes y aspiraciones culturales, por su buen humor. Él fue quien me inculcó la pasión por la justicia, la indignación contra toda explotación y discriminación, así como ante la resignación. No supe entonces valorar el agotador esfuerzo de mi madre, con menos conocimientos y menos divertida. Además, ella no tenía tiempo de sobremesas ni de estudiar. No tenía tiempo de tertulias ni ninguna preparación para explicarme temas políticos, solo los conocimientos primarios de luchar por la libertad y la dignidad, recordando a sus padres. No me daba cuenta de que en la organización política en que se inscribieron ambos en cuanto fue posible, el PSUC, hermano catalán del Partido Comunista, al igual que en el resto de los pocos partidos de la época, se fomentaba el ninguneo hacia las mujeres y las utilizaban para los trabajos más arduos, monótonos y pesados. Para los hombres quedaban la preparación, la formación para ser los dirigentes, los ideólogos, los héroes.

Yo veía con frecuencia en nuestra casa a muchos heroicos militantes de izquierdas socialistas, comunistas y anarquistas, en la clandestinidad primero y en democracia después, que venían a discutir de sus revoluciones y a acabar con la «explotación del hombre por el hombre», mientras sus mujeres, que quizás hasta militaban con ellos, estaban en la cocina, sirviéndolos y con toda la carga del trabajo doméstico y el cuidado de los hijos, como si de una maldición bíblica se tratara. Comencé a entender entonces que, cuando hablaban de la no explotación del hombre por el hombre, ahí no cabían las mujeres. Comencé a comprender que ellos luchaban y soñaban con la transformación del mundo, pero sólo de su mundo de hombres; el de las mujeres debía seguir igual. Entendí que nuestra lucha como mujeres tenía que estar fuera de los partidos tradicionales, que debíamos crear organizaciones propias y luchar contra las explotaciones, discriminaciones y opresiones que solo las mujeres padecemos por parte de los hombres, de derechas y de izquierdas, creyentes o ateos, ricos o pobres.

Antes de comenzar el colegio, ya iba en ocasiones al trabajo de mi padre a llevarle una fiambrera con la comida. Era en la FECSA, «las tres chimeneas», en el Paralelo de Barcelona. Para entrar en esa empresa tuvo que pasar una revisión médica exhaustiva. Los enfermos no eran contratados. Yo tenía que coger dos autobuses para ir y dos para volver a Badalona. Y también, ya desde antes de esa edad, iba al practicante a pincharme cuando debía hacerlo, porque muy a menudo estaba enferma de anginas y de resfriados o gripe, ya que no comía casi nada y estaba muy delgadita. A los mayores les resultaba extraño ver a una niña tan pequeñita ir sola y pedir turno para que le pincharan, sin llantos ni malas caras, mientras mis padres estaban trabajando.

Para mi hermano Antonio y para mí estaba prohibido jugar a las cartas y al dominó, porque mi padre decía que esto eran juegos de personas incultas y aficionadas a los bares, esas que él tanto detestaba. En nuestra casa se jugaba al ajedrez y a las damas, al parchís o a la oca, a la gallinita ciega o al pillar.

Mi padre y yo bailábamos mucho, en el pequeño comedor de casa o en la puerta de la calle, donde muy a menudo organizábamos fiestas en las que participaban los vecinos. Un buen amigo de mi hermano, que no vivía en nuestro barrio, Juan Antonio Cánovas Miró, traía su tocadiscos y sus discos de vinilo. Él, unos años mayor, se enamoró de mí cuando yo tenía 12 años y me dedicó unas bellas poesías y un amoroso texto en una postal. Todavía las conservo con afecto y ternura. Se comprometió a esperar a que yo fuera mayor. Para mí él era como otro hermano más.

Me hice una buena bailarina, tanto de pasodobles y rumbas, como de música latina y también de *rock&roll,* pasión que he conservado muchos años después y que dejé tras comenzar a vivir con mi compañero y hoy marido, que abandonó a su vez ir al campo de fútbol del Barça, del que era socio.

Mi padre tenía mucha disposición hacia la cultura; nos inculcaba el anhelo por saber y la lucha por la justicia y la igualdad, pero eso no impedía las contradicciones: él era la autoridad patriarcal, el modelo tradicional. Imponía su criterio a sus hijos y a su mujer, mi madre. Mandaba y mucho, aunque él creía ser muy comprensivo y democrático en la familia.

Recuerdo algunos regalos que nos hicieron nuestros padres para Reyes. Mientras fuimos pequeños, antes de ir al colegio, mi padre nos fabricaba juguetes de madera, como buen carpintero que era. En una ocasión, a mí me hizo un precioso armarito ropero, de 33x31 centímetros. Tenía dos puertas barnizadas con pomos y un bonito espejo dentro; se colgaban perchas en un lado y había baldas y cajones con tiradores en el otro. Una verdadera obra de arte que he guardado con cuidado desde entonces y que he regalado a mis sobrinas-nietas en 2018.

También construyó unas palas de ping-pong para mi hermano Antonio y para mí una tabla de lavar, como la que tenía mi madre. Para el niño, juguetes para el ocio, y para mí, la niña, una pieza para el trabajo típico de mi sexo. También recibí un muñeco de plástico que vistió bellamente mi abuela Leonor, con un trajecito hecho de punto, pantalones, chaqueta, gorro y patucos, todo de color amarillo. Jugué con él y lo guardé durante muchos años también. Cuando comenzamos el colegio, los pocos regalos fueron las cosas necesarias para estudiar: lápices de colores, libros, recortables o una cartera de piel que me encantó y que guardé como oro en paño durante una infinidad de tiempo.

En el barrio de barracas nosotros sabíamos que éramos unos privilegiados, por todo lo dicho y porque nuestra casa era, junto a la que llamábamos la «casa amarilla», la más bonita.

Estaba construida con tochanas y tenía una bella balaustrada alrededor. El suelo era de baldosas con bellos dibujos geométricos, mientras que en las otras viviendas era de tierra o de cemento Portland. Teníamos dos puertas de madera fabricadas por nuestro padre, buen carpintero, una en el patio y otra en la casa, y yo disponía de cosas de las que ninguna otra niña del barrio disfrutaba: una bicicleta y una guitarra, ambas de segunda mano. Ninguna vecina sabía montar en bici ni tocar la guitarra, lo que yo aprendí en el colegio. Tampoco tenían y nosotros sí, una máquina de escribir Olivetti nueva de trinca.

A Antonio Fernández López, mi padre, lo parieron en Motril (Granada), en agosto de 1912, pero siempre ignoramos quiénes fueron sus padres, sólo que lo abandonaron en el torno de un convento. De mayor intentó conocer sus orígenes. Creía que era hijo de una joven soltera de familia rica de Motril. Cuando se presentó en su casa, tras pedir visitarlos, acompañado de un amigo, lo echaron de allí con cajas destempladas, lo cual le confirmó lo que ya antes creía, al ver cómo se desarrolló la conversación y cómo lo echaron.

Las monjas del convento en el que fue abandonado contrataron a una mujer para que lo amamantara. Ella tenía seis hijos y se le fueron muriendo uno tras otro, sin quedarle ninguno, y, como le había cogido mucho cariño a mi padre, lo adoptó junto con su marido. Ellos fueron mi abuela Verónica y el abuelo Felipe, al que no conocí porque falleció siendo mi padre muy pequeño. Ella adoraba a mi padre y él a ella. Nunca he conocido a ningún otro hijo que quiera y venere tanto a su madre como mi padre lo hacía.

Verónica y Felipe, con su nuevo hijo, Antonio, se instalaron a vivir en Campotéjar (Granada) un pueblo de campesinos, de poco más de 1.000 habitantes. Mi padre nunca fue al colegio y comenzó a trabajar a los ocho años como cabrero. Nos contaba el miedo que pasaba las noches en que estaba él solito con las cabras u ovejas en la montaña, a causa de los ruidos y las sombras que se le antojaban graves peligros. Luego, más tarde, comenzó como aprendiz de carpintero, profesión que, junto con la de encofrador, mantuvo toda su vida.

Se casó a los 18 años con otra jovencita, Victoria Trujillo Mudarra, y de inmediato tuvieron dos hijas que fallecieron al poco de nacer, como tantos menores morían en aquella época. Mi padre vivió con gran alegría la proclamación de la II República y se hizo comunista, la ideología que, según él, defendía más y mejor a los obreros y campesinos, a los pobres, que pretendía la consecución de un mundo más justo e igualitario. En 1936, con 24 años, al estallar la Guerra Civil, se alistó en el ejército republicano para combatir el golpe de Estado de los militares fascistas. Para entonces, el joven matrimonio ya tenía una nueva hija, Isabel, que nació en agosto de 1935.

Mi padre fue destinado al Tercer Batallón de la 93ª Brigada Mixta, donde ejerció el cargo de comisario político, el cual obtuvo a principios de 1937 tras haber sido enviado por sus superiores a la población de Bogarre (Granada), donde asistió a un curso de capacitación. Fue hecho prisionero en la batalla del Ebro, que duró cuatro meses y en la que hubo 65000 heridos y se hicieron 25000 prisioneros; concretamente en Roquetas (Tortosa), el 18 de abril de 1938, por la guardia mora de la Brigada Litorio. Fue terriblemente torturado delante de dos sacerdotes que, santiguándose, dijeron a sus verdugos: «Qué le vamos a hacer, si no hay más remedio, hágase la voluntad de Dios…» Idéntica frase que utilizaba el capo de la mafia italiana, el terrorífico Provenzano, muchos años después cuando mandaba torturar a quienes no pagaban las mordidas. Fue juzgado en 1939 y condenado a 12 años y un día de prisión. El fiscal pedía de reclusión mayor a pena de muerte. La resolución me asombra, como ciudadana y como jurista, como les asombra a todos cuantos, siendo abogados o jueces demócratas, la han leído. Está firmada en Granada a fecha de 5/9/1940 y consta de una sola hoja, algo extraño para una condena tan importante (Anexo 1).

Ingresado en prisión, recorrió la geografía española de cárcel en cárcel, 14 en total, incluidas las Canarias. Pasó por la iglesia de Ulldecona, la plaza de toros de Vinaroz, Alcañiz, el cuartel de Zaragoza, las prisiones de Aranda de Duero, Burgos, Sevilla, Granada —donde fue juzgado y condenado— o Astorga, y de allí a trabajar en regiones devastadas: la reconstrucción de Oviedo, Santa Cruz de Tenerife —por un castigo: alejamiento de familia—, Yeserías y Cádiz. En total, seis años en prisión. Resulta chocante que, en los documentos de los que dispongo —Certificado del Centro Penitenciario de Tenerife— consta que ingresó en prisión el 17 de septiembre de 1938, que fue condenado el 12 de abril de 1939 a la pena de doce años y un día y que permaneció en prisión tres años, ocho meses y siete días, cuando lo cierto es que estuvo encarcelado seis largos años.

En la prisión conoció a personas muy interesantes y preparadas que fueron su escuela. Allí estudió y aprendió de maestros, profesores comunistas y prestigiosos intelectuales, y disfrutó de la solidaridad de personas desconocidas que en ocasiones le hicieron llegar comida o ropa. Conoció también lo peor del género humano, esbirros sádicos y crueles, de entre ellos no pocos sacerdotes. Contaba que, por ejemplo, los obligaban, a asistir a misa, a sabiendas de que eran ateos, para humillarlos. El que se negaba a acudir era gravemente castigado; una vez allí, en pie, en formación, el sacerdote se levantaba la sotana, recogiéndola con su cinturón, y les gritaba:

—Ustedes han venido aquí libremente, nadie les ha obligado. Ahora, pobre de aquel que yo vea despistado, sin atender con devoción a lo que cuente primero y a la sagrada misa después. No me miren como a un sacerdote, ahora solo soy un hombre. Yo mismo me encargaré de dispensarles el corrector adecuado, de golpearlos como merecen.

Ese mismo cura decía que los comunistas no tienen remedio, que son como las puntillas, que cuanto más les golpeas la cabeza más dentro se introducen las ideas.

Los prisioneros llevaban a cabo sus pequeñas venganzas con los carceleros ante tanta imposición y padecimiento. Como sea que les obligaban a cantar canciones fascistas, ellos les cambiaban la letra al cantarlas. Por ejemplo, cuando la letra decía «Por Dios, por la patria y el rey murieron nuestros padres, por Dios por la patria y el rey moriremos nosotros también», los presos cantaban «Adi*ós*, por las patas de un buey lucharon…».

Mi padre siempre contaba orgulloso que, a pesar de las torturas a las que lo habían sometido antes de entrar en prisión, nunca delató a nadie. De su boca no salió ni un dato ni el nombre de un compañero. Solía decir: «Yo sabía que cuando dijera un nombre me iban a golpear más, para sacarme otros, así que resistí y nada dije por mucho que me pegaran». El peor insulto que podía existir para mi padre era *chivato.*

Como me ha descubierto recientemente el profesor y doctor en Historia Juan Hidalgo Cámara, de Almería, a mi padre se le abrió otra causa, la 50.856/39, que fue sobreseída porque ya había sido condenado en la anterior. En esa causa figura que perteneció a la Brigada Mixta nº 93, que fue capturado en Tarragona y que comenzó el juicio en Burgos.

Por haber pasado esos años en prisión, en 1985 comencé en su nombre un expediente para que, según la Ley 37/84 del 22 de octubre, se le indemnizara por «haber sido integrante de las Fuerzas Armadas, Institutos de Carabineros o Fuerzas de Orden público al servicio de la II República durante la Guerra Civil».

A lo largo de varios años aportamos cuanto se nos pidió y, en los años 90 —no recuerdo si 1990 o 1992—, le concedieron y abonaron tal indemnización, consistente en un millón de pesetas, es decir, 6.000 euros. Él nunca había dispuesto de tanto dinero. Esa cifra significaba el pago de 2,70 euros por día encarcelado.

Al salir de la prisión se encontró con dos sorpresas: una fue que su joven esposa había fallecido de meningitis a los 27 años y la otra que «había tenido» una nueva hija, a la que habían registrado como hija matrimonial, la pequeña Antonia, nacida en septiembre de 1938 en Campotéjar. En esa época no había posibilidad de encuentros vis a vis, así que, a pesar de que la niña estaba inscrita como hija biológica de él, de su matrimonio, no era hija suya.

Su adorada madre, la abuela Verónica, le rogó que se quedaran con la niña, que ella se encargaría de cuidarla, porque en la familia del padre biológico iban a tratarla como a una criada. Tampoco había muchas más salidas ni posibilidades de resolver la situación. En esa época, si te *colocaban* una hija y tú, además, eras un represaliado político recién salido de la cárcel, pocos derechos podías pretender. Así pues, Antonia pasó a ser hija de mi padre junto con Isabel, aunque ambas solo compartían madre.

Mi hermana Isabel

De mi hermana Isabel, la mayor, poco puedo contar. Fue una preciosa joven que cantaba y bailaba muy bien flamenco y que quería ser artista. Se encontró con la férrea negativa de nuestro padre: «Una mujer decente no se mete a artista». De adolescente enfermó de meningitis, heredada de su madre, y pasó cinco meses ingresada en el hospital con un grave pronóstico. Felizmente se curó sin secuelas. Isabel recuerda con tristeza todavía hoy que recibió muchas palizas por parte de nuestro padre por querer vestirse de faralaes, por escaparse al Sacromonte para ver bailar a las gitanas y por no querer estudiar. Aún recuerda, ya cumplidos los 85 años, que en una ocasión intentó ahorcarla. Lo evitaron, con gritos y súplicas, la abuela Verónica y la pequeña Antonia. Isabel se casó joven y, con 23 años, tuvo a su primera hija, Isabelita. Su esposo, José, falleció de leucemia cuando la pequeña Isa tenía unos meses. Pronto se casó con Domingo y su larga convivencia ha estado plagada de cambios de domicilio, porque ambos son «culos de mal asiento»; hasta once veces han cambiado de vivienda, no sólo en la misma ciudad, sino también en distintas comunidades autónomas y hasta en distinto país, ya que vivieron en Foix (Francia). Allí nació su segundo hijo, José Antonio. Ha trabajado toda su vida de empleada del hogar, pero, al no haber pagado la Seguridad Social, no dispone de pensión y el matrimonio vive con la sola pensión del marido.

Una de las tantas veces que Isabel y Domingo han cambiado de residencia, ya jubilados, se establecieron en Campotéjar (Granada), donde ella había nacido. Mi hermana creyó que allí iba a ser muy feliz, porque aún quedaban familiares y, especialmente, porque nuestro padre es muy querido y admirado en el pueblo. Se hicieron construir una casita, con un precioso jardín, donde plantaron muchas flores, pero allí duraron pocos meses.

Una mujer como mi hermana, guapa y presumida —le gustaba mucho arreglarse—, que había vivido en Francia y en Barcelona, no podía congeniar con las personas de un pequeño pueblo rural, muy cerrado, personas que eran muy conservadoras en lo social. Pronto tuvo enfrentamientos tras ser duramente criticada por arreglarse, entrar al bar a tomarse un cortado, hablar con algún hombre mientras no estaba acompañada de su marido o por no ir a misa, incluso por no sentarse en la puerta de su casa. El último incidente que los hizo regresar a Catalunya fue que, al acudir a un entierro, oyó cuchichear y malhablar de ella. Preguntó qué pasaba y le echaron en cara que había ido al funeral con bolso, lo que no era adecuado, según una vecina del pueblo. «Con bolso se va al teatro», le decía una que probablemente jamás había estado en un espectáculo teatral. Fue la gota que colmó el vaso. Su marido siempre ha soñado, y sigue haciéndolo, con acabar su vida en Melilla, su ciudad natal que, según dice, es la más bella del mundo, aunque él sólo conoce media docena de España y una de Francia.

Finalmente acaban de poner a la venta su 11ª vivienda para marchar a Melilla, a una residencia. El marido acabó convenciéndola o ella ha cedido tras tantos años de machacona insistencia. Aquí dejan a casi toda la familia: dos hermanas, hermano, hija, hijo, nietas, bisnieta, sobrinas... por lo que van a padecer allí la soledad más absoluta en su vejez. No obstante, nunca han estado a gusto en ningún sitio. Ojalá allí encuentren la tranquilidad y el sosiego que necesitan.

Mi hermana Antonia

La historia de Antonia, que fue siempre una hermana más, muy querida y con la que hemos estado y estamos muy bien avenidos, es mucho más compleja. Con diecisiete años se escapó de casa con un muchacho de diecinueve, Luis, pero al que todos conocíamos por Moreno, un guapísimo gitano, analfabeto, que acababa de salir de un reformatorio. Lo detuvieron por robar una maleta, una gabardina y un paraguas. Nunca había tenido esas cosas, ni jamás robó.

Se la llevó de casa y se escondieron en la de unos tíos, porque no iban a permitir las palizas que le daba nuestro padre para que dejara al muchacho.

Él también era granadino, de Pinos Puente, y miembro de una familia de 12 hijos. Mi padre no aceptaba de ninguna manera esa situación, pero tras los días de escapada y la intervención de algunos familiares de él, acabó consintiendo que se fueran a vivir juntos. Antes, mantuvo una conversación con Moreno. El chico le prometió que cuidaría bien a mi hermana y que estudiaría y trabajaría tanto que acabaría sintiéndose orgulloso de él. Y así fue, cumplió su promesa. Pocos hombres han estudiado tanto como autodidactas y trabajado más duramente que él en la construcción tanto en Catalunya como en Francia, en Suiza y en Alemania, a veces a 15 grados bajo cero y durmiendo en habitaciones con literas para seis hombres. Y pocos son más honestos que Moreno; es una gran persona que se hace querer. Antonia y Moreno se casaron y tuvieron cuatro hijas: Vicky, Toñi, Luisa y Mayte. Él quería también un varón, pero nunca llegó. Hoy, con 86 años, padece muchas hernias discales que le obligan a llevar parches de morfina, a causa del durísimo trabajo que desarrolló durante 50 años de durísimas jornadas laborales; tiene una pensión de jubilación de tan solo 600 euros, lo mismo que cobra su mujer, Antonia, tras muchos menos años de trabajo asalariado.

Uno de los hermanos de mi cuñado, ligón como nadie, tuvo una aventura amorosa con una de sus primas. Él ya estaba casado y la familia de ella no se lo perdonó. Lo acosaban y amenazaban gravemente a la familia de tal manera que mi cuñado tuvo que denunciarlos en la comisaría de policía de Badalona. ¿Qué había hecho? Entre gitanos no se emplean las leyes payas. Para ellos era gravísimo el comportamiento que Moreno había tenido. La familia de la muchacha hasta pegó tiros y uno acabó en la cárcel Modelo de Barcelona. Arrastraron por el pelo a mi hermana por la calle, amenazaron con violar a mis sobrinas y vino de toda España un gran grupo de gitanos, para enfrentarse con la familia de mi cuñado, que nada tenían que ver con las infidelidades y desaforada sexualidad de su hermano, que siempre estaba metido en líos de faldas. Acudieron varios hombres buenos a hablar con nuestro padre, para buscar una solución al conflicto. La guardia civil acompañó a mi hermana y a mi cuñado hasta la frontera francesa y los instó a que se instalaran allí definitivamente. Iban con lo puesto. Mientras, mi padre cogió a mis cuatro sobrinas y las puso a salvo. Las llevó a Zaragoza y las escondió allí. Desde Zaragoza las mandó a Francia, con sus padres. Fue mi padre quien tuvo que malvender el piso de mi hermana y mi cuñado, sus muebles y enseres, salvo los pocos que les pudo hacer llegar. Se instalaron en Marsella, donde vivían dos hermanos de Moreno con sus familias. Encontraron trabajo, él en la construcción y ella en una fábrica de anchoas. Las niñas se vieron, de pronto, sin amiguitas, en un país, una escuela y un idioma que no conocían y donde tuvieron que espabilar. Allí pasaron cinco largos años y después regresaron, esta vez a Girona, donde viven ellos y sus cuatro hijas, con sus respectivas familias.

Mientras mi hermana y su familia vivían en Francia, un día llamaron al timbre de la puerta y casi me desmayé cuando vi a una pareja de la guardia civil. Les teníamos terror. En casa había muchos libros prohibidos y mis padres no eran personas queridas por la Benemérita. Resulta que, como teníamos macetas en las ventanas, el guardia civil sólo quería preguntarnos si habíamos puesto protección para que no cayeran y pudieran abrirle la cabeza o matar a algún transeúnte al desprenderse desde el octavo piso. Comprobaron que había protecciones de madera y se marcharon. Aprovechamos para llevar parte de los libros a la casa vacía de mi hermana Antonia y otra parte los escondimos subiendo y enrollando una persiana que no usábamos. Hubo que volver a recuperar los libros cuando se vendió el piso. Recuerdo que yo, siendo auxiliar administrativa, redacté el contrato de venta, por el que me pagaron una cifra de dinero que me ilusionó, me hizo sentir útil

De mis sobrinas, con la que tengo más trato y confianza es con la pequeña, Mayte, de la que mi hermano Antonio y yo somos padrinos, pues en la época era obligatorio bautizar a los menores, so pena de castigo. Mayte siempre me ha llamado *madreina*. Ya ha cumplido 50 años, aunque parece una jovenzuela. Es una buena poeta que ha publicado dos bellos y exitosos libros. Sufre esclerosis múltiple desde los 15 años. En su primer libro escribí la introducción, mientras que la historiadora Antonina Rodrigo escribió un hermoso prólogo. Yo decía así:

> A Mayte la vi nacer un 13 de septiembre de 1970. Y la vi crecer. Crecer no solo en estatura, sino como ser humano, afrontando los avatares de la vida de forma ejemplar. Es hija de Antonia y de Luis, conocido por Moreno. Fue la cuarta hija de la pareja.
>
> En 1981 lee su primer poema en público. Se trata de un trabajo para el colegio, en 5º curso de EGB, y toda la clase le aplaude. En 1985, mientras estoy en Nairobi (Kenia) donde se celebra el Decenio del Año Internacional de la Mujer, Mayte comienza a escribir y a guardar sus poemas y, desde entonces, incansable, no lo ha dejado y vierte sobre un papel sus sueños, sus emociones, sus estados de ánimo, sus ilusiones y necesidades. En ese mismo año, a Mayte le suceden dos cosas fundamentales en su vida: la primera es que se enamora perdidamente y vive un amor proscrito que durará quince años. Y la segunda que le diagnostican la grave enfermedad de esclerosis múltiple. La noticia de que padece esa enfermedad se la dan de forma brusca y se queda petrificada e incrédula, porque la grave enfermedad va a privarla de muchas cosas y va a condicionarle la vida. No obstante, a pesar de sus quince años, se mostró madura y valiente. Afrontó con dignidad las terribles épocas de brotes. Probó medicaciones y terapias, realizó cursos que le ayudaban a conocer su enfermedad, asistió a grupos de crecimiento personal, para fortalecer su ya férrea voluntad y su optimismo. Además, se hizo amiga de doctoras, médicos, prac-

ticantes, enfermeras y farmacéuticas. Siempre se hizo querer. Siempre supo hacer amistades. Es hija y nieta de emigrantes y no sé de dónde le viene su pasión por la poesía. No ha leído a los clásicos, nadie le ha recitado poemas. A pesar de que, en su familia, a su abuelo materno —Antonio, mi padre— le gustaba reunir por las noches a vecinos y amigos, después de sus extenuantes jornadas de trabajo, para leer en voz alta a los autores prohibidos durante las épocas de clandestinidad en la negra dictadura franquista —García Lorca, León Felipe, Alberti, Miguel Hernández, Machado, Gabriel Celaya— y recitar poemas de autores anónimos, pero ella aún no había nacido.

Otras mujeres de su familia materna le han precedido en la pasión por la escritura, pero siempre en prosa, como su tía Enriqueta, su hermana Vicky y yo misma. Ninguna nos hemos atrevido con la poesía.

Al escribir la introducción de su primer libro y al redactar la contraportada, no me mueve el inmenso cariño que le tengo. Mis calificativos no son obra del amor y la complicidad de *madreina*. Son, con toda honestidad, los que ella se merece, los que dedicaría a cualquier persona que fuera, se comportara, sintiera y escribiera como ella.

Es una mujer joven, de familia muy humilde, solidaria, generosa, guapa, optimista, risueña, inteligente, voluntariosa, buena persona y excelente amiga.

Hoy Mayte cumple su mayor sueño, el de publicar un libro con su poesía. No sé si sus poemas encajan o se hallan muy lejos de los cánones establecidos. Sé que en ellos vuelca su corazón y por ello espero que, a ustedes, lectores y lectoras, transmita todos los sentimientos que a ella le provocan escribir y VIVIR.

Concha

Retomando el relato de mi padre, tras salir de la prisión, necesitado de cariño y a la vez con los nervios destrozados, se enamoró de una hermosa mujer y mejor persona, Concha Gálvez González, sobrina de mi abuela Verónica. Concha se había quedado huérfana a los cinco años, mientras su padre se hallaba haciendo las Américas. La crio Verónica, que ya con cinco años la mandaba a lavar al río y, cuando se entretenía con alguna otra niña la abofeteaba. El padre de Concha, antes de marchar, intentó cortarle las manos, porque la pequeña se había comido un trozo de tocino. Muy pronto tuvo que comenzar a trabajar, primero en el campo y luego limpiando en casas de ricos.

Concha era viuda desde que tenía 28 años y se había quedado con tres hijos, uno de siete años, otro de tres y el más pequeño de solo 40 días. Había tenido la gran suerte de casarse con un hombre maravilloso que la adoraba, Miguel Gómez Fernández. Él era capataz de una fábrica de explosivos, Santa Bárbara, y ganaba lo suficiente para que ella se quedara como ama de casa, cuidando de todos. Era muy buen padre y no permitía que los niños lloraran por estar desatendidos, mientras su mujer hacía las tareas domésticas. Cuando él encalaba la casa, costumbre muy andaluza, no consentía que ella quitara las gotas que caían, por temor a que se estropearan sus manos, en una época en que el machismo era la tónica. Él pagó con su vida la lealtad hacia sus compañeros de trabajo, aunque no compartiera su ideología ni militancia. Recibió presiones y amenazas de sus superiores —sus jefes eran militares, ya que la fábrica de explosivos estaba militarizada— para que delatara a quienes militaban en partidos y sindicatos, pues allí también trabajaba población civil. Él repetía que no sabía nada, que solo trabajaba y que no espiaba a sus compañeros, que sólo le interesaba que el trabajo saliera bien y que su única militancia era su familia.

Esa posición le valió constar en una lista negra cuando se produjo un accidente, o quizás fuera un sabotaje, porque la explosión fue de día y, sin más investigación, se cargaron a los hombres del turno de noche. Los mataron. Fue catalogado como *desaparecido*, ya que nunca se encontró su cuerpo, ni tuvo juicio; simplemente se lo llevaron para prestar declaración y ya no volvió a casa.

Concha lo vio en prisión y, al segundo día, cuando fue a llevarle ropa y comida, le dijeron que lo habían trasladado, cuando lo cierto es que lo habían matado. Nunca más volvió. A las dos horas de que ella comprendiera que le habían arrebatado a su marido, protagonizó una terrible escena en el patio de la fábrica; fue a escupirles a la cara todo el dolor y la rabia que tenía en esos momentos. Esto pudo haberle costado la vida, pues varias armas la apuntaban. Luego, llegaron a su casa con un camión y empezaron a cargar los muebles, mientras le decían: «D*í*ganos d*ó*nde los llevamos, porque ustedes se van. Aquí no queremos rojos». Nadie la recibiría en su casa en esas circunstancias. Sin embargo, una prima suya se apiadó de ella y se dispuso a compartir su suerte. Le abrió las puertas de su casa, hasta que ella pudiese encontrar una y un trabajo con que pudieran vivir ella y sus tres hijos.

Buscó trabajo y casa. Un antiguo patrono la colocó como limpiadora en el ayuntamiento. Entraba a las seis de la mañana y estaba hasta mediodía. Sus niños, mientras, se quedaban solos. A los pocos días de empezar a trabajar, se encontró a su hijo mayor, Miguel, friendo patatas para dar de comer a sus hermanas. Y ahí se acabó el trabajo de limpiadora: siete años, hornillo de carbón, aceite, freír patatas, bebé de pocos meses… Demasiados peligros

Ella había constatado que en las tiendas escaseaba el jabón. Concha sabía hacerlo. Compró los ingredientes, empezó a hacer jabón y lo fue ofreciendo en las tiendas. Se lo compraron. Solo dormía dos horas; en su propia casa, hacía el jabón y lo cortaba, todo artesanalmente, y así cuidaba de sus niños. También lo distribuía. Abrió una tienda de alimentación, que ella misma atendía, pero seguía haciendo jabón. Trabajaba veinte horas diarias. Mucha gente le pedía *fiao*. Eran tiempos penosos y ella tenía buen corazón; algunos pagaban, otros no, y su tiendecita tuvo que cerrar. Fue la ruina.

Desde que su marido falleció, ella tuvo que trabajar duramente para sacarlos adelante en solitario. Concha había ido muy poco a la escuela, pero era una mujer inteligente. Hoy sería una mujer emprendedora. Nadie la engañaba contando mientras se dedicó al estraperlo, cargando hasta 60 kilos de mercancía sobre su pequeño cuerpo, carga que a veces la guardia civil requisaba y multaba. Concha compraba en los pueblos alimentos que vendía en la ciudad, como harina, azúcar, arroz. Esa actividad nunca le dio grandes ganancias, pero consiguió que su familia no pasara hambre, que en aquellos tiempos no era poco.

También hizo otros trabajos. Cuando se recogían las cosechas, algunas mujeres iban a espigar; recogían el trigo que quedaba después de la siega. Ese trigo lo limpiaban a mano, lo aventaban y lo llevaban a moler y, una vez convertido en harina, lo vendían directamente en las tiendas o incluso amasaban el pan y lo vendían ya cocido. Así lo hacía Concha, mas de su venta se encargaba la hija mayor, que era una adolescente. También hacía unas ricas tortas que comía su familia y que vendía por las casas. Fueron tiempos muy duros.

Nuestro padre, tras salir de la prisión, comenzó a vivir con Concha y sus tres hijos en el pisito de ella, en Granada. Antes, ella le había llevado comida y ropa a la cárcel y, cuando salió, enfermo y sin porvenir, lo acogió en su casa. La vida se complicó porque pronto tuvieron una hija, Enriqueta, mi querida hermana, con la que me unen muchos valores y utopías, que nació en noviembre de 1945. Concha se ocupaba del estraperlo, lo que les permitía vivir a toda la familia, ya que mi padre tardó en encontrar trabajo debido a sus antecedentes penales, por lo que su hija mayor tuvo que dejar el colegio para cuidar a la recién nacida.

Al fin, mi padre encontró trabajo como carpintero y, como solía hacer, no entregaba el sueldo en casa. Sólo daba una pequeña parte del dinero, a pesar de que vivía con su mujer —aunque no estaban casados—, con la que tenía una hija. Con ellos vivían, además de él, la hija mayor de éste, Isabel, y en ocasiones también su madre, la abuela Verónica y mi hermana Antonia. Cuando tuvo ahorros, los depositó en una cuenta bancaria a nombre de él y de su hija mayor, Isabel, a pesar de que Concha lo había auxiliado en la cárcel, acogido en su casa y alimentado mientras no encontró trabajo, sacándolo de la miseria. Su comportamiento con ella fue nefasto.

Nuestro padre salía a bailar y organizaba grandes y continuas broncas por nimiedades. Rompía muebles y puertas, tiraba y rompía objetos contra el suelo y las paredes, gritaba y pegaba. A Enriqueta le pegó en dos ocasiones, con tres y con cinco años, por tonterías propias de una criatura.

Tampoco se portaba bien con los hijos de Concha, ya que era muy intransigente y, en muchas ocasiones, agresivo. Sin embargo, con mi hermano Antonio y conmigo, nuestro padre generalmente era cariñoso, comprensivo, divertido, ameno, interesante. A mí solo me dio una bofetada con 16 o 17 años, porque contesté mal a mi madre, pero cambió mucho en los últimos ocho o diez años de su vida.

Cuando Enri tenía cinco años, Concha lo *invitó* a marcharse de su casa. Como era buena persona, no lo dejó en la calle, sino que le buscó un piso en el barrio del Albaicín y le aconsejó que se instalara allí y se llevara consigo a su madre, Verónica, y a sus hijas, Isabel y Antonia. Era 1950.

Cuando los hijos de Concha crecieron, la retiraron de tan agotadores trabajos. Salieron adelante, entregando a su madre todo lo que ganaban los tres. Las tres mujeres, la madre y las dos hijas, bordaban velos de tul y mantillas durante muchas horas.

Mi hermana Enriqueta

Enriqueta, con 16 años, decidió meterse en un convento de clausura, en una orden cisterciense, Las Bernardas. Fue un mazazo para mi padre, ateo y anticlerical, al que no tuvo que pedirle permiso porque, aunque las mujeres eran mayores de edad a los 21 años y para salir de casa había que tener 25, para ingresar en un convento y hacerse monja era suficiente con tener 16 años. Enriqueta primero quiso entrar en la congregación de la que eran las monjas con las que ella había estudiado, porque las admiraba. Se trataba de una congregación joven, llamada Del Divino Maestro. Ella quería irse de misionera a África. No la admitieron porque era hija natural y, por tanto, «carne del pecado».

La aceptaron en el convento de clausura. Pasó allí cinco largos años; mi padre y yo íbamos a visitarla en verano. El convento estaba ubicado en la Carrera del Darro, debajo de la Alhambra, en Granada, donde ella siempre había vivido. Estaba esquelética, como todas las demás monjitas, mientras que la superiora, Sor Cándida, una mujer de familia rica, estaba lustrosa y hasta gorda.

Cuando la visitábamos, siempre a través de dos rejas con enormes pinchos de hierro que sobresalían un palmo, pasábamos con ella unas cinco horas. La superiora nos decía que habláramos con toda libertad, que estábamos solos. En esas horas, nosotros intentábamos convencerla para que saliera de aquel lugar. Muchos años después supimos que siempre hubo una monja vigilando, escuchando tras una cortina y tratando luego de convencer a Enriqueta de que nosotros hablábamos por boca del diablo.

Cada vez que íbamos a verla, le llevábamos algo de comer: jamón, queso, fruta, helados. Luego supimos que nada de ello comió, porque no se lo entregaban; hubiera sido pecado de gula. Esos víveres los teníamos que depositar en el torno del convento, un mal recuerdo para nuestro padre, donde una monja, desde el otro lado, repetía la cantinela de «Ave María Purísima», esperando el «Sin pecado concebida».

Sólo yo, que estaba tan flaca como ella, podía tocarle la punta de los dedos para saludarnos al llegar y al despedirnos.

A mi padre le prohibían entrar a abrazarla, porque un hombre no podía estar en aquellos aposentos religiosos, hasta que un año, después de varios ya, le dejaron entrar a cambio de que, como carpintero, arreglara las puertas y ventanas de todo el convento. Cada día lo recibía una religiosa con un velo negro tapándole la cara y, mientras caminaban, iba tocando una campanilla que avisaba a las otras monjas de que había algún visitante en el convento y que debían esconderse, lo que hacían con premura. Así pudo abrazar y pasar muchas horas con su hija, que lo acompañaba por el convento, mostrándole las puertas y ventanas que debía arreglar.

Recientemente, me contaba mi hermana que, como los trabajos de dentro del convento eran duros, las monjas pidieron permiso a la Iglesia —a un obispo, claro, porque, aunque ellas eran autónomas y nada recibían de nadie, estaban a las órdenes de hombres— para que una de ellas se sacara el carnet de conducir, comprar un cochecito y salir a comprar a la calle. Los alimentos que recibían de fuera eran a menudo muy caros y ellas temían que las estuvieran engañando con los precios; pensaban que, si una de ellas podía escoger las frutas o verduras, el pescado o la carne, de forma personal, podrían alimentarse mejor y más barato. Las órdenes fueron concisas. *¡De ninguna manera!* Asimismo, de forma regular, recibían a un sacerdote visitador. Él controlaba todo cuanto hacían ellas, también las cuentas. Siempre un hombre controlando y mandando en la Iglesia católica, a pesar de que aquellas monjas se autofinanciaban solas, sin ayuda.

Tras cinco años, mi hermana, junto con otras jóvenes monjas del convento, tuvo que salir de allí. Mucho rezo y pocas horas de sueño, mucho trabajo —haciendo dulces metiendo las manos en azúcar hirviendo, bordando sin cesar, pintando y tocando el órgano— y mucho frío entre aquellos altos y destartalados muros. Allí dentro estudió música, solfeo, piano, gregoriano, armonio y órgano. Ella mantiene que, en ocasiones, hasta fue feliz en aquella época y que nunca se ha arrepentido de haberla vivido.

En esos años, mi hermana pasó por varias crisis de fe, como nos ha contado luego. Se hacía muchas preguntas que no tenían respuestas que la convencieran. Dudaba y dudaba. Era reprendida por ello, pues le decían que era muy soberbia por cuestionarse. Cuando decidió salir, hubo de hacerlo con un permiso especial, pues ya «se había casado con Dios» en una ceremonia donde le pusieron un bonito vestido blanco, un velo y un anillo, como una novia normal. La dejaron en la calle con lo puesto; sin un céntimo ni una recomendación, se encontró con 21 años y sin carnet de identidad siquiera, por lo que recibió una buena reprimenda del policía nacional que la atendió, que no creía que alguien con esa edad no tuviera ese documento, imprescindible para cualquier ciudadano.

Enriqueta, que mientras fue monja se llamaba Sor Purificación, no tenía profesión ni estudios. No sabía hacer nada más que lo que durante esos cinco años había hecho en el convento y nada de ello era rentable en el mundo real. Volvió a vivir con su madre y comenzó a trabajar de telefonista, a la vez que a estudiar por las noches. Pocas personas son tan aplicadas y voluntariosas como ella, ni tan inteligentes. Estudió el graduado escolar primero y Graduado Social luego, una licenciatura de tres años, siempre por la noche, después de una larga jornada laboral. Compró y pagó el piso en el que residió con su madre. Se sacó el carnet de conducir y se compró un coche. Estudió también un año de Geografía e Historia en la Universidad de Granada y aprovechó un curso como oyente en Derecho. A lo largo de los años, ya en Madrid, realizó innumerables y duras oposiciones. Pudo cambiar de empleo y llegar a ser subinspectora del Ministerio de Trabajo, ocupándose del Departamento de Empleo y Seguridad Social y defendiendo a trabajadores hasta su jubilación.

Conoció a un hombre, Paco, también granadino y pintor de bellos paisajes, del que se enamoró. Él estaba separado y ya era padre de cinco hijos. Desde entonces, 1977, han convivido sin casarse y han tenido dos hijos, Rubén y Lucía. Todos ellos viven en Madrid.

Mi padre usó las fotos de mi hermana vestida de monja en algunas ocasiones para escaparse de la represión. Iba a Francia y traía libros prohibidos, los colocaba en un cesto con comida encima; arriba de todo, un libro religioso y dentro las fotos de mi hermana. Cuando la guardia civil lo paraba en la frontera, antes de registrarle la maleta, le preguntaban por lo que llevaba en la cesta. Les decía que comida y el libro para entretenerse en el tren. Les aclaraba que su hija era monja de clausura y les enseñaba alguna de las fotos, en las que Enri lucía flaca como un palillo. Lo saludaban encantados, creyéndolo afecto al régimen, y le dejaban pasar sin registrarlo.

La manifestación de Granada

Todavía recuerdo algo que nos pasó a mi padre y a mí, en julio de1970, en Campotéjar, un año antes de conocer a mi abuelo materno y reencontrarme con mi abuela en Bélgica. Viajamos a Granada; siempre lo hacíamos en tren y en él llevábamos la moto para trasladarnos de un pueblo a otro. Estuvimos en la ciudad y pudimos ver una gran manifestación de trabajadores de la construcción que se hallaban en huelga, reivindicando mejoras laborales. Algo inaudito sucedía en aquella manifestación: la policía nacional iba corriendo delante y los trabajadores, a miles, apedreándolos desde atrás. En las esquinas de las calles había ladrillos, piedras y adoquines amontonados, de los que se iban abasteciendo los huelguistas. Fue una imagen extraña por inusual. Nos fuimos al pueblo de mi padre, Campotéjar, y comenzamos a visitar a parientes y amigos. Al igual que pasaba en Colomera, con mi abuelo materno, donde tanta gente lo veneraba, pasear con mi padre en su pueblo era no poder dan un paso sin pararse a recibir besos, abrazos, sonrisas e invitaciones para comer, beber o instalarnos en su casa. Mi padre era toda una institución en su pueblo, muy querido y admirado. Estando invitados en una casa, llegó un paisano, hombre de derechas, que apreciaba mucho a mi padre y le advirtió de que estábamos en peligro. Sabía que la guardia civil iba a llevarnos al cuartelillo por la noche, para interrogarnos sobre la manifestación de Granada. No creían que la visita de mi padre a Granada fuera ajena a la huelga de la construcción, porque pensaban que él era uno de los organizadores. En esa época, la única militancia de mi padre era vender diarios clandestinos a otros camaradas. Al parecer, ese paisano de Campotéjar, acompañado de otra persona también de derechas, fueron al cuartelillo a hablar con los agentes de la Benemérita y dieron la cara por nosotros, asegurando que nada teníamos que ver con la huelga ni con la manifestación. Y así era. Los vecinos nos pidieron que nos marcháramos de madrugada, para evitar problemas. Así lo hicimos, tras una noche de miedo e insomnio. Respirábamos tranquilos cuando nos alejamos del pueblo, pero de pronto apareció una pareja de la guardia civil en la carretera, dándonos el alto. Se nos congeló el corazón del susto. Resulta que el motivo de hacernos parar era que los guardias pensaban que nuestra moto era pequeña y que en ella solo podía viajar una persona, lo que no era cierto. Cuando lo comprobaron, nos dejaron marchar, no sin antes coquetear conmigo uno de la pareja, lo que maldita gracia nos hizo. Al llegar a Badalona de regreso, me afilié a CCOO. Me juré que nunca más iría a Colomera ni a Campotéjar y así lo he cumplido. Han trascurrido 50 años.

Ahora conozco el motivo por el que los obreros corrían tras la policía, lanzándoles piedras, gracias al magnífico artículo que acaba de publicar el historiador Alfonso Martínez Foronda, con el título «Tres obreros asesinados en Granada. Represión franquista en una huelga histórica». Según explica, 7.000 obreros pararon en una huelga multitudinaria; al menos 5.000 estaban en la manifestación, que reivindicaba un salario base de 240 pesetas diarias, subida salarial lineal, rechazo al trabajo a destajo, ocho horas de jornada laboral y el rechazo a trabajar los fines de semana enteros. Las autoridades franquistas ordenaron abrir fuego contra los manifestantes y murieron tres obreros: Antonio Huertas Remigio, de 21 años, Manuel Sánchez Mesa, de 27, y Cristóbal Ibáñez Encinas, de 43. Nunca se esclarecieron los asesinatos. La huelga se organizó el 21 de julio de 1970 y fue el despertar del sindicalismo en el periodo franquista. En las primeras elecciones sindicales de 1966 venció CCOO, lo que significó un duro golpe para el Sindicato Vertical. Esta fue la primera huelga desde la Guerra Civil en Granada y allí había gente de la Brigada Político Social infiltrada. El arzobispo de Granada, Emilio Benavent Escuín, condenó la brutalidad de la policía. Hubo muchos heridos, que no acudieron al hospital por miedo, miles de despedidos y cientos de sindicalistas detenidos. A los cuatro días se firmó el convenio colectivo más importante de España. Sólo informó de todo ello el periódico de Comisiones Obreras.

De esa huelga compuso una hermosa canción Carlos Cano, la cual cantó en algunos lugares, pero nunca grabó.

Desde hace ya muchos años, UGT y CCOO hacen una ofrenda floral en honor de los trabajadores asesinados.

Mi padre falleció en febrero de 1999, con 86 años, por problemas cardíacos que arrastraba desde hacía años. Él, desde antes de mi nacimiento, creía morir. Cuando mi madre estaba embarazada de mí, decía que no iba a poder conocerme. Siempre fue hipocondríaco, temeroso del cáncer, enfermedad que mi madre padeció un año antes de que él falleciera y a la que mi padre entonces no daba importancia: «Total, cortar y coser y listos». Contraté a una buena amiga para que cuidara a mi madre y atendiera la casa, la maravillosa Lola Pérez Segura, y ella me comentaba que mi padre exigía toda su atención, a todas horas y para todo.

La despedida de mi padre en el tanatorio de Badalona se desarrolló de forma laica, como no podía ser de otra manera. Quité el crucifijo de la capilla del velatorio y, sobre su ataúd, dos dirigentes del PSUC de Badalona que nos acompañaron, junto a la familia, amigos y vecinos, colocaron una bandera comunista con la hoz y el martillo y un hermoso ramo de claveles rojos.

Sé que puedo ser muy criticada por contar anécdotas del comportamiento déspota de mi padre, por explicar sus contradicciones. Parece que a los hombres de cada familia hay que presentarlos solo con los detalles de sus grandes hazañas. Yo aprendí del feminismo que lo personal es político. He conocido comportamientos terribles de hombres muy ilustres, de derechas y de izquierdas, ateos o muy religiosos, ricos o pobres, cultos o analfabetos, comportamientos que nunca se hacen públicos, porque hay que proteger una honorabilidad que no merecen.

Recientemente, detuvieron a Fernando Valdés Dal-Re, de 75 años, miembro del Tribunal Constitucional, magistrado y catedrático, por violencia contra su mujer. Ha tenido que dejar su puesto al estar procesado por ese maltrato. También Pablo Picasso fue un maltratador con todas sus parejas, muy especialmente con Dora Maar, a la que además truncó su carrera. El genio de la pintura decía que las mujeres son «máquinas de sufrir»; quizás, por esa creencia, él ayudo a sus compañeras a sufrir mucho. Goya y Gaugin fueron unos misóginos y Van Gogh un putero.

Albert Einstein, el físico alemán de origen judío, es considerado el científico más importante, conocido y popular del siglo xx. Se le concedió un Premio Nobel por su investigación sobre la teoría de la relatividad, la cual revolucionó la física. Lo que poca gente sabe es que tanto sus trabajos como el premio se debían también a su esposa, Mileva Maric, mejor física y matemática que él, como así reconocía el propio genio. Ambos trabajaron codo con codo en todas las investigaciones y así se constata en sus documentos y lo manifiestan sus amigos científicos. Fue mi amiga Consuelo Barea, doctora en Medicina, psicoterapeuta y matemática, hoy fallecida, quien investigó y publicó la historia de Mileva y la terrible situación que ésta vivió y padeció con el genio. En los últimos años de matrimonio, él la trataba como a una esclava, además de como compañera de investigaciones, por lo que le escribió en una carta para ella, que aún se conserva, en la que decía:

> Obedecerás los siguientes puntos en tu relación conmigo. No esperarás ninguna intimidad, ni me reprocharás de ninguna manera. Dejarás de hablarme si te lo solicito. Saldrás de mi habitación o estudio, inmediatamente y sin protestar. Te asegurarás de que mi ropa y la ropa de cama estén limpios y en orden, de que yo reciba mis tres comidas de modo regular en mi cuarto, de que mi habitación y

> estudio esten siempre limpios y especialmente de que mi escritorio sea para mi uso solamente. Renunciarás a toda relación personal conmigo, a menos que sea completamente necesaria por razones sociales. Específicamente, renunciarás a que yo esté en casa contigo, a que salga o viaje contigo. Y te comprometes a no hacerme de menos delante de nuestros hijos, ya sea a través de tus palabras o de tu comportamiento.

Él se adjudicó en solitario el Premio Nobel cuando se separaron, ya que abandonó a Mileva para juntarse con su prima, con la que luego se casó. Ella era una mujer sin la talla intelectual de Mileva, pero bella, sumisa y del agrado de su madre quien, sin embargo, le decía sobre Mileva: «Cuando tenga 30 años no la soportarás, ¡porque será una vieja bruja!». Einstein había pactado con su primera esposa que, de conseguir un Nobel en el futuro, si él se adjudicaba en solitario los honores, a ella le entregaría el premio económico, ya que con la esposa quedaron los dos hijos comunes, uno de ellos esquizofrénico. Mileva, pudo comprar dos pequeños apartamentos con ese dinero y sobrevivió ayudándose del importe de los alquileres, ya que Einstein *olvidaba* mandarle una pensión para ayudarla con los niños.

Einstein fue un genio —ella también, aunque nadie la conozca ni se le reconozca—, pero desde luego no era ningún santo. Ese fue su lado oscuro: el machismo más extremo. Mi padre no fue una excepción. La sociedad encuentra necio y hasta extravagante esta postura feminista de publicitar la vida privada tan deshonesta de muchos grandes hombres. Pretenden que dejemos en paz a los genios, como si fuese incompatible reconocer el arte o las capacidades intelectuales de ellos y a la vez hacer público su infame trato con las mujeres y, en muchas ocasiones, también con sus hijos.

III

MI MADRE

NUESTRO padre no perdió el tiempo tras dejar a Concha en 1950. De inmediato sedujo a mi madre, una joven granadina nacida en Colomera (Granada) doce años más joven que él, hija de un héroe para mi padre y para muchos andaluces, el guerrillero Ollafría. Le dijo que estaba viudo y libre, sin mencionar a Concha ni a la pequeña Enriqueta. Él, interesante, culto, represaliado, como mi abuelo materno, por haber luchado por la República y con mucha labia, conquistó a mi madre, que siendo muy joven había sido abandonada por su esposo junto a los dos hijos comunes, que ella sacaba adelante sirviendo en una casa rica en Granada. Mientras, los niños vivían durante la semana en el pueblo de ella, con la abuela Leonor, y mi madre solo estaba con ellos en su día libre.

Mi madre, María Garrido Martín, nació en Colomera, (Granada), pueblo de unos 1300 habitantes. Llegó al mundo en enero de 1924, siendo la primogénita de los seis hijos que tuvieron Leonor y Juan. Luego llegaron Juan, Miguel Silverio, Paca, Pablo y Rafael; más o menos, uno cada dos años.

No pudo ir a la escuela, ya que tuvo que ocuparse de ayudar en la crianza y cuidado de sus hermanos. En una ocasión, saltó a la cuerda con uno de sus hermanos en brazos, un bebé. Se le escurrió y el pequeño se dio un buen golpe, mitigado por las ropas que llevaba. No regresó a casa hasta la llegada de mi abuelo, que era su defensor. Le pidió a su mujer, la abuela Leonor, que ni la riñera siquiera, que ella tenía derecho a jugar y que no era la madre del niño, así que no hubo castigo.

Cuando encarcelaron a su madre, ella tuvo que hacer de padre y madre, ya que mi abuelo pasó nueve años en el maquis granadino. Siendo mi madre menor de edad y con su madre en prisión, la detuvieron a ella también. Junto a mi madre, también su tía paterna, Silveria. Sus delitos fueron ser esposa, hija y hermana de Juan *Ollafría* y no delatar dónde se escondía éste, si es que acaso lo sabían, pues continuamente cambiaba de lugar junto con su grupo de hombres. En ocasiones, mi madre sabía dónde se encontraba y lo visitaba en la montaña. A veces era él quien las veía en su propia casa, exponiéndose por ver a su familia.

A mi madre la conminaron a convencer a mi abuelo para que se entregara. «No le pasará nada», le dijeron, pero mi madre sabía que sí que pasaba. Con esa misma promesa, a los que se habían entregado, los habían «frito a tiros» al salir de sus escondites en la montaña. Mi madre pasó tres meses en la prisión de Iznalloz, mientras que su madre cumplía condena en la Modelo de Granada. Los hermanos de mi madre, de quince, trece, once, nueve y siete años, estaban solos con Silverio, de trece años, haciendo de padre. Una hermana de Silveria, Pepa, que además estaba enferma, los alimentaba como y cuando podía. También detuvieron y se llevaron esposado para interrogarlo a mi tío Juan, de quince años, para que denunciara a su padre, lo que evidentemente no hizo.

Nunca hemos encontrado documentos que certifiquen el encierro de mi madre, que jamás fue procesada. Por el contrario, dispongo de un documento oficial que certifica que nunca estuvo en prisión.

No sólo mi madre no fue a la escuela, tampoco los otros hijos de Leonor y Juan. Los seis pasaron mucha hambre, muchas privaciones y mucho miedo, y trabajaron desde pequeños hasta la extenuación. Humillaban e insultaban continuamente a mi madre. En uno de los habituales registros por parte de la guardia civil en su humilde casa, destrozaron ropa, muebles y enseres y la llamaron *ladrona*, porque «seguro que lo que tenéis en casa es todo robado, porque sin padre ni madre, a ver cómo podéis sobrevivir». Mi madre, que nunca ha perdido la dignidad, le espetó al cabo de la guardia civil: «Ladrones ustedes, que nos han robado el dinero que había en casa». La golpearon, la tiraron al suelo y, como castigo adicional por su insolencia, la obligaron a personarse diariamente en el cuartelillo durante casi dos meses, de nueve de la mañana a seis de la tarde, y quedarse allí, en la puerta —nueve horas cada día—. No podía, por tanto, ir a trabajar para conseguir algo de dinero o de alimentos con que mantener a sus hermanos ni llevar un poco de comida a su madre a la prisión. Tuvo que pedir limosna en la puerta del cuartelillo, mientras cumplía el sádico castigo por ser rebelde, por tener dignidad. Se comprende muy bien entonces cuando mi madre afirmaba, sobre algo o alguien al que tenía miedo, «le temo más que a un guardia civil».

Mi madre tuvo que recoger aceitunas. Cuando ya se había hecho la recolección, los pobres recorrían los campos para ir a rebuscar las pocas que quedaban tiradas. Otras veces, durante la noche, cortaba y cargaba a la espalda grandes haces de leña, que vendía en otros pueblos, clandestinamente. Los hombres con los que iba a buscar esa leña se sorprendían de que una jovencita tan pequeña cargara tanto como un hombre, kilos y kilos en la espalda, y se diera luego caminatas de kilómetros, a veces bajo un fuerte aguacero, de noche, atravesando pueblos, con el miedo a ser descubiertos por la guardia civil, que les arrebataría lo que llevaba y que sin duda los castigaría.

A los cincuenta años, y tras haber trabajado mucho más en su vida, haciendo limpiezas en casas particulares o en entidades bancarias y cosiendo pijamas con una máquina manual, sin luz eléctrica, padecía escoliosis dorso-lumbar, discopatía lumbosacra, nódulos en los dedos de ambas manos, cervicoartrosis y gonartritis bilateral. Pasó a cobrar una mísera pensión después de toda una vida de trabajo. En sus últimos momentos, cobraba 440 euros de pensión, más otra de 400 euros por viudedad.

Mi madre se casó por primera vez a los 18 años y pronto se quedó embarazada de su primer hijo. Ya se sabe, en aquellos pueblos y en esa época, si veían a una muchacha hablar dos veces seguidas con un chico o se casaba con él o era acusada de casquivana y deshonesta. Así que se casó enseguida y, embarazada de su primer hijo, José, recorría a pie varias veces a la semana los 26 kilómetros que separaban su pueblo de Granada para ver a su madre y llevarle algo de comida a la cárcel. Mientras mi abuela estuvo en prisión, enfermó de gravedad su hijo Pablo. En casa difícilmente se podía comer, así que era imposible disponer de medicinas. Mi madre pidió limosna de nuevo y, por último, tuvo que recurrir al alcalde del pueblo. Este le proporcionó algún medicamento, pero al reiterar la visita, la mujer del alcalde le espetó malhumorada: «Ya está bien de pedir medicinas, sería mucho mejor que tu hermano se muriese». Mi madre, dolida y humillada, le contestó: «Ojalá que su dinero no le sirva *pa na* y se muera usted». Al día siguiente, mientras trabajaba en el campo, oyó campanadas de muerte y supo que había muerto la mujer del alcalde, repentinamente, tras haber marchado ella de su casa. Y tembló de miedo, por si alguien había oído su frase y creía en el mal de ojo o supercherías semejantes.

En algunas ocasiones, mi madre y sus hermanos comieron en el Auxilio Social y bien pronto, siendo muy pequeños, todos trabajaron en lugar de ir al colegio, en el campo o en cortijos, explotados, en condiciones cuasi medievales.

Mi madre se había casado con José Jerez Cervera, el *Roscas*, vecino también del pueblo de Colomera. Tuvieron dos hijos: José, que nació en 1944, y Juan, en 1947. Ella recibió no pocos golpes de su joven marido, a pesar de ser una buena esposa, situación tan habitual en la época. Él huyó de España a la vez que mi abuelo, si bien José no era perseguido por sus ideas políticas. Abandonó a su mujer y a sus dos hijos. Como ya he mencionado, ella se puso a servir en Granada; su madre cuidaba a los pequeños y ella los atendía el día que tenía fiesta en su trabajo, que volvía a Colomera. Cuando mi madre conoció a mi padre e iniciaron una relación de pareja, José hizo raptar a los hijos comunes, llevándoselos a Casablanca y consiguiendo que los niños no volvieran a ver ni a saber nada más de su madre durante casi treinta años.

En 1950, mi madre viajó en tren con mi padre hasta Barcelona, cargando un colchón de borra por todo enser. Se instalaron en las barracas del barrio de la Salud, en Badalona. En diciembre de 1952 nació mi hermano Antonio y en enero de 1954 nací yo, es decir, con tan sólo trece meses de intervalo, producto de aquellas técnicas de contracepción tan primarias y poco seguras. Nos juntamos así siete hermanos —no me gusta decir hermanastros, nunca lo hemos hecho—: Isabel y Antonia, hijas de mi padre y su primera esposa, Victoria; Enriqueta, hija también de mi padre y su compañera, Concha; José y Juan, hijos de mi madre y su esposo José, y Antonio y yo, hijos de mis padres. Ellos vivieron «en pecado», pues no se habían casado, y tuvieron dos hijos fruto de su *amancebamiento*; en julio de 1979 pudieron casarse por lo civil, tras saber que su primer esposo había fallecido en Francia. Los sufrimientos y humillaciones por no estar casados fueron enormes, como otros tantos españoles que habían visto rota su anterior unión tras la guerra y el exilio y no podían regularizar su nueva situación. No hubo divorcio hasta julio de 1981; habían pasado casi treinta años de pareja *amancebada*.

En el informe del expediente que procede del archivo del maquis de la Dirección General de la Guardia civil, cuya copia me ha enviado el doctor Azuaga, hay una relación de familiares de mi abuelo. Afirman que mi madre tiene «mal comportamiento como mujer por estar *amancebada* con mi padre, estando casada con otro», y que «su conducta moral, pública y privada ha sido mala, puesto que sin ser mujer pública era algo aficionada a los hombres, lo que demostró posteriormente al marcharse su marido José Pérez* —se apellidaba Jerez— a Francia en el año 1948, porque se amancebó con un tal Antonio Fernández López, haciendo vida marital. Tienen dos hijos». Nada de eso dicen de mi padre, que tuvo tres mujeres y, al parecer, algunas amantes y sí de mi madre, que sólo tuvo dos relaciones en toda su vida.

También dice que «estaba bien considerada en el vecindario, llevando vida ordenada, y no se le conocen actividades político-sociales, así como desconoce el paradero de su padre». Ese documento está fechado el 31 de diciembre de 1956 y afirma, tras anotar los datos de mi padre, también bien considerado entre el vecindario y el nombre y la dirección de su trabajo, que estaba pendiente de conocerse sus antecedentes: «Continúa la discreta vigilancia de éste para conocer sus actividades en el futuro, hasta ahora normales».

Del primer esposo de mi madre, José, dice el citado informe: «Marchó en la fecha expresada a Francia —viajó realmente a Casablanca— clandestinamente, porque, según sospechas que se tienen, estaba implicado con los bandoleros que capitaneaba su padre político—; era persona de mala conducta pública por su afición a lo ajeno e ideología socialista». Y a mi madre agregaban un rumor público: «Hacía de enlace a su padre, Juan

Garrido, que actuaba de bandolero en la sierra», si bien estos hechos no están comprobados.

Sea como fuere, mi madre sufría lo indecible por no saber nada de los hijos de su marido, sus niños José y Juan, a los que tanto amaba; cuando tuve edad suficiente, me puse a la búsqueda de éstos. Escribí a diestro y siniestro, a direcciones de España y de Francia donde creíamos que podían estar. Hasta que conseguí encontrarlos. Un día, a principio de los años 80, apareció mi hermano mayor en casa de mis padres. Llegaba enfadado, creyendo que mi madre se había enterado de que su marido había fallecido en Francia y que buscaba alguna posible herencia o prestación como viuda. Cuando comprobó que los buscábamos por amor, porque queríamos saber y estar con ellos, llamó a Juan, el hermano menor, y le explicó lo que había encontrado: una familia que los quería y que los añoraba, que hacía mucho que los buscaba. Desde entonces, tuvimos cariñosas relaciones con ellos y sus respectivas familias y mi madre se sintió feliz y reconfortada.

La bonita relación con mis hermanos, nacionalizados franceses, duró hasta el año 2003. Dejaron de venir y de relacionarse con nosotros, también con nuestra madre, cuando tuve que pedirles que no la cansaran tanto porque se presentaban en su casa de imprevisto, con sus familias y hasta con alguna amiga, y ella trabajaba mucho para atenderlos: hacía las camas, compraba, hacía y servía la comida, fregaba platos, limpiaba la casa, lavaba sábanas y toallas... Acababa extenuada. En no pocas ocasiones tuve que llevarla al hospital, a urgencias. Podían invitarla y cuidarla ellos. Dejaron de venir y hasta de llamar por teléfono, de escribir y de interesarse por nuestra madre, que ninguna culpa tenía ni sabía de mi sugerencia. Venían a Barcelona, a Santa Susana o a L´Estartit (Girona), junto a nuestra casita, y no pasaban a visitar a nuestra madre. Dejaron de hablarle y de llamarla por teléfono y, como ella padeció Alzheimer, no recordaba lo que pasaba. Siempre decía que iba a llamar a José o a Juan, pero luego se olvidaba. Por suerte no padeció su nueva pérdida, porque hubiera sufrido mucho. Incluso cuando cayó enferma y tuvimos que ponerle una señora que la cuidara las 24 horas del día, los siete días de la semana, les avisamos por carta. Nunca contestaron a mis cartas en los seis años que pasaron. Y así, hasta hoy.

Mi madre se quedó viuda en febrero de 1999, cuando falleció mi padre a los 86 años. Los últimos diez años habían sido terribles para ella. Él era hipocondríaco, se automedicaba hasta con quince pastillas diarias; siempre temía estar al borde de la muerte por cáncer y continuamente acudía con ella a urgencias, donde pasaban madrugadas enteras, para que lo auscultaran, consiguiendo muchas veces que lo ingresaran. En su habitación —dormían en habitaciones separadas— puso un timbre y, cuando creía encontrarse mal, lo tocaba insistentemente despertando a mi madre, que acudía rápidamente; se pasaba muchas noches sin dormir. A veces se encontraba con que la había llamado para que viera cómo se tomaba una Cafiaspirina, siempre esa marca, que tomaba de seis en seis cada día. En una ocasión se envenenó con la mezcla de medicamentos automedicados. Lo ingresaron de urgencia, con grandes bolsas de piel por todo el cuerpo por las que corría un extraño líquido de color verde. Salvó la vida de milagro, porque el veneno salió al exterior. A mi madre la operaron de cáncer de colon y mi padre seguía exigiendo toda la atención, de ella y de la cuidadora, porque según su criterio, lo de ella no tenía importancia.

Puso altavoces en todas las estancias del piso y ponía la radio o la música a todo trapo, porque estaba bastante sordo y se negaba a ponerse audífonos por no gastar. El ruido era estruendoso todo el día y hasta bien entrada la noche, con la televisión, por lo que los vecinos se quejaban.

Otro problema era su celotipia: celos de mi madre, que siempre le fue fiel, pero él desconfiaba. La perseguía y controlaba todo el día. La seguía por la calle cuando iba a comprar, escondiéndose tras los árboles o en el autobús, si ella tenía que ir al centro de Badalona. Y mi madre temblaba de miedo por si a algún hombre se le ocurría pararla para preguntarle la hora o por una calle. Eso significaba una gran bronca, en la que la acusaba de engañarlo con cualquiera, y probablemente algunos golpes. En dos ocasiones estuvo a punto de matarla, una por estrangulación y otra abriendo los grifos del gas. Puso un teléfono supletorio para escuchar todas las conversaciones de mi madre; también las que mantenía con nosotros, sus hijos, por si lo criticaba. De las 80.000 pesetas —480 euros— que cobraba como pensión, le entregaba a mi madre 25.000 —150 euros— y el resto se lo gastaba en sus caprichos, especialmente en jugar a las quinielas y loterías. Mi padre fue siempre un hombre querido y admirado por el vecindario. Era un hombre muy sociable y buen conversador. Mi madre, a pesar de ser apreciada, pasaba más desapercibida; siempre fue muy callada. Los vecinos alababan que mis padres fueran juntos a todos sitios. Les parecía tierno, un claro acto de amor. No sabían que mi padre controlaba y perseguía a mi madre por celos enfermizos.

Yo siempre tuve sentimientos encontrados respecto a él. Por un lado, lo admiraba y lo quería con locura, desde pequeñita. Durante años recordaba que, siendo muy chiquitina, él simulaba llorar para que yo lo consolara y yo le cogía la cara con las manitas temblorosas y le decía: «*No* llores que te quiero más que a mi vida». Por otro odiaba su faceta violenta y dictatorial, de tirano. Muy a menudo me preguntaba si tenía alguna patología mental o trastorno del comportamiento. Podía ser muy cariñoso y muy agresivo a la vez. El presumía de ser «sádico, pequeño, perverso», dictamen médico que ignoro de donde salía. Y nunca comprendí que fuera tan deshonesto con las mujeres con las que había vivido; las engañaba con otras y no les entregaba el dinero que ganaba, aunque se lo rogaran. No sólo racaneó el dinero a sus tres compañeras de vida, también lo hizo con su amada madre. Y yo me preguntaba dónde estaba la ética de la que presumía y que sí tenía para otros temas.

Quizás su comportamiento agresivo y violento tuvo que ver con los años que pasó en prisión y con las torturas que padeció, o con su vida anterior, abandonado al nacer. Quizás tenía algún problema mental.

Mis amigas dicen de mi madre que era una mujer fantástica: tranquila, discreta, sabia, fuerte, sólida y con gran corazón. Una mujer que destilaba ternura y cariño.

Recuerdo que, cuando yo tenía ocho años, durante muchas tardes, me quedaba extasiada delante de un escaparate en el que había decenas de muñecas, aunque estas no eran uno de mis juguetes favoritos. Una me tenía enamorada. Cada vez que salía del colegio, por la tarde, me quedaba largo rato mirándola, arrobada. Era preciosa, con un vestidito granate, zapatitos, calcetines y ropa interior. Con el pelo moreno, rizado, como el mío. Un día se la enseñé a mi madre y los Reyes Magos de Oriente me la trajeron cuando cumplí nueve años, aunque yo ya sabía, hacía al menos cinco años, quiénes eran aquellas majestades y sus pajes. Lo que supe muchos años más tarde es que mi madre había ido cada semana, durante meses, a dejar en la tienda pequeñas cantidades de dinero hasta su pago total. Del mismo modo me compraron un reloj de pulsera al cumplir los doce años, de una marca blanca de Festina. En mi 18 aniversario me regalaron una pulsera de oro, la única joya que me compraron mis padres, a la que luego se ha unido un anillo, un aro, también de oro, que me dejó mi madre como herencia. Y con 21 años me compraron un bonito y acampanado abrigo de paño, de color rosa pálido, en Galerías Preciados. Todo eso se pagó de la misma forma, mediante abonos semanales, durante meses, que era la única forma para mis padres de comprar esas cosas. A pesar de que yo comenzara a trabajar recién cumplidos los 15 años, no disponía ni de cinco céntimos, pues entregaba todo cuanto ganaba en mi casa, el salario y hasta las propinas que en ocasiones recibía.

Las mujeres de mi familia, como tantas otras, han tenido una vida dedicada a su familia y a los demás. Han sufrido innumerables padecimientos, han sido torturadas; padecieron cárceles, trabajaron y lucharon sin descanso, pero nunca protagonizaron la historia oficial que todavía pertenece a los hombres. Tardé muchos años en saber algo de la historia de mi madre y de mi abuela, mientras que conocía algo de la de mi padre y abuelo materno.

Ellas fueron las víctimas silenciosas de esa España, hoy democrática y más próspera, con más libertad y menos hambre. Sus heroicidades nunca se han escrito, nunca se han contado, salvo cuando comenzó a escribir y publicar sobre ellas la historiadora granadina Antonina Rodrigo, autora de muchos libros sobre mujeres desconocidas y anónimas. Porque ellas simplemente han vivido como mujeres, pero en las revoluciones y en nuestra Guerra Civil, en la lucha clandestina y en la paz democrática, además de los actos heroicos de los hombres, debería valorarse en su justa medida la inmensa aportación de las mujeres.

Ya no he aceptado nunca más que el 52% de la humanidad, las mujeres, siga siendo silenciado, relegado, arrumbado a las «tareas de mujeres», sin poder económico, ni político ni cultural, sin derecho al ocio y menospreciadas a pesar de que, durante siglos, han soportado el mundo por la base. A ellas, como a mi abuela y a mi madre y con ellas a todas las mujeres, a las que parieron y cuidaron niños, enfermos, viejos y presos, a las que sin descanso trabajaron en su casa o en economía sumergida, a las que escondieron presos políticos y a las que fueron humilladas, exiliadas, torturadas o asesinadas. Y también las que estuvieron en el frente o en la retaguardia, las que trabajaron en las fábricas y en los talleres, las que fueron militantes políticas o sindicales, a todas les debo mi gratitud. Por eso me prometí, siendo jovencita, que yo sería feminista hasta el final de mis días. Porque mi padre y mi abuelo me enseñaron a sublevarme contra las injusticias y la explotación, pero de mi abuela y mi madre aprendí a sublevarme contra otras injusticias, explotaciones y discriminaciones: las que nosotras padecemos por el hecho de ser mujeres.

Desde la muerte de mi padre, en febrero de 1999, nuestra madre convivió conmigo y con mi marido todos los fines de semana, los festivos y todas las vacaciones del año, salvo el día de fin de año y algún fin de semana esporádico que se quedaba con mi hermano Antonio y su mujer, Mari, en la casa de Montserrat, acompañados a veces con la hija de éstos, Sonia, y las dos hijas de ésta, sus biznietas. La llevamos a conferencias, teatros, cines, paseos, restaurantes, a visitar pueblos y a la playa.

Y fue feliz hasta que falleció en enero de 2014, a pocos días de cumplir 90 años, tras haber pasado unos días en el hospital. Dejó de reconocernos y de hablarnos el día de mi 60 aniversario, el 2 de enero, y falleció el día 6.

El día que la despedimos, en una bonita ceremonia civil a la que acudieron familiares, amigos y vecinas, emocionada y orgullosa de ella, dije estas palabras en su honor:

> María Garrido Martín murió el 6 de enero de 2014, día de Reyes, el mismo día que 65 años antes había marchado su padre, el guerrillero OLLAFRÍA, que huyó de España, por Andalucía, con algunos de sus hombres, embarcándose en una cáscara de nuez, una patera que los llevó hasta Tánger, en donde fueron encarcelados en un campo de concentración del que se escapó, instalándose a vivir en Casablanca.

Ayer nos dejó una mujer que se hacía querer. Una mujer discreta, prudente, trabajadora, paciente, agradecida, generosa, comprensiva, solidaria, humilde y, ante todo, eminentemente buena. Una buena persona.

Nació en un pueblecito de Granada, Colomera. Allí tuvo una vida muy dura y difícil. Se vino a Barcelona, huyendo de la represión franquista y de la miseria económica. Aquí trabajó mucho y afrontó la vida con valentía.

A los 75 años, ya viuda, comenzó a ir a la escuela de adultos y acudió a las clases durante cuatro cursos. Inicialmente sabía leer y escribir con dificultad y muchas faltas de ortografía, lo que aprendió como autodidacta. Estudió en la escuela de adultos lo que debía haber hecho en la infancia y juventud y las terribles circunstancias que le tocaron vivir no la dejaron. Los fines de semana traía a mi casa sus deberes y me los enseñaba, para que se los repasara. La recuerdo con su libreta, su lápiz y su inseparable goma de borrar e intentando entender la calculadora. Cambiamos los papeles. Yo, la hija, hacía de madre y viceversa. En la escuela también hizo bellos trabajos manuales que me regaló y que guardo amorosamente. Y participó en una revista, donde le publicaron una receta de cocina. Asimismo, se inscribió en el gimnasio del barrio, a donde iba tres días en semana para mejorar sus problemas óseos, e hizo un curso de natación, en la piscina de Sant Adrià de Besós, a pesar del miedo al agua.

Durante los últimos quince *años de su vida pude mimarla mucho. Juntas fuimos a teatros, cines, presentac*iones de libros, museos, actos políticos, al Palau de la Música que tanto le gustaba. Y cada fin de semana, fiesta, puentes y vacaciones, a nuestra casita de la playa, a pasear entre la naturaleza y a bañarnos en el mar, del que tanto disfrutaba. Felizmente, ella y mi marido se querían mucho y estaban a gusto juntos. Nunca un enfado. Nunca una palabra más alta que otra. Nunca inmiscuyéndose en nuestra pareja.

Tuvo ella la suerte de asistir a dos actos de homenaje y reconocimiento: uno en el Ateneo Barcelonés, en el que Antonina Rodrigo la hizo subir a la tribuna y le regaló un magnífico ramo de flores, dedicándole unas palabras de homenaje y en unas jornadas que realizamos en el Colegio de Abogadas y Abogados de Barcelona, llamadas «Las mujeres en la Guerra Civil y la dictadura», en noviembre de 2009, organizada por la Associació Catalana de Juristes Demòcrates.

El año anterior habían organizado unas jornadas de homenaje a los maquis y yo me quejé ante los organizadores de que ni se mencionaba a las mujeres, exigiendo un acto similar para ellas, recogiendo el guante el amigo Antonio Martín Martín, abogado también y militante de izquierdas.

Allí, junto a la también luchadora Conxa Pérez, miliciana anarquista, y la comunista Trini Gallego, condenada a 30 años de prisión, de los que cumplió 17, recibieron todo tipo de muestras de afecto, gratitud y homenaje, en una hermosa sala con al menos 200 personas.

A pesar del enorme dolor que siento en este momento, me tranquiliza pensar que he colaborado a hacerle la vida confortable, especialmente en esos últimos quince años. Y que ha muerto tranquila, rodeada de muchos de sus seres queridos.

Ella estaba ilusionada, esperando celebrar su 90 aniversario con pastel, velas y serpentinas, y estar rodeada de familiares y amigas, como habíamos planeado. No ha podido ser, pues ha fallecido unos días antes.

Ha muerto con la serenidad con que ella vivía. Sin dar guerra, sin molestar, en una semana. Se ha ido sin hacer ruido, discretamente. Y ha muerto de forma tranquila, sin sufrimiento, sedada.

Sé que soy una mujer afortunada, por haber tenido una madre como ella …

Descansa en paz, querida mamá, y ten la seguridad de que siempre, siempre, te llevaré conmigo.

Ahora la mitad de sus cenizas descansan en un bosquecillo de L´Estartit/Torroella de Montgrí (Girona), en la Costa Brava, junto a nuestra casita, como dice la canción *Mediterráneo* de Joan Manuel Serrat, la cual se tocó en su honor y cuya letra publicamos en su recordatorio: «En la ladera de un monte, más alto que el horizonte, quiero tener buena vista. Mi cuerpo será camino, le daré verde a los pinos y amarillo a las genistas. Cerca del mar, porque yo nací en el Mediterráneo».

El resto de las cenizas se hallan depositadas en el jardín de la casa de Antonio, frente a la bella montaña de Montserrat, donde pasó buenos ratos con mi hermano y su familia.

En octubre de 2004 había recibido una indemnización concedida y abonada por la Generalitat de Catalunya, por 901,52 euros, con motivo de «haber padecido privación de libertad durante el periodo de tres meses acreditados —92 días—», a tenor del Decreto 288/2000 de 31 de agosto. Junto al documento por el que se le reconoce el derecho, había una carta firmada por Apel·les Carod-Rovira, que entre otras cosas decía:

> El Govern de la Generalitat, aunque entiende que ninguna indemnización puede reintegrar a los afectados y a sus familiares lo que perdieron con motivo de la represión y la reclusión que padecieron en la lucha por las libertades, cree que es de justicia compensar a todos los catalanes que no pudieron acogerse a las indemnizaciones a través de la ley de presupuestos generales del Estado de los años 1990 y 1992.

Una satisfacción.

No sólo recibió esos homenajes, sino que la historiadora Antonina Rodrigo escribió sobre ella y mis abuelos, primero en el diario *Granada Hoy*, el 31 de marzo de 2009, tras pasar muchas horas grabando sus conversaciones a lo largo de tres días en que le contó su historia familiar; posteriormente, con ella ya fallecida, en su libro *Mujeres granadinas represaliadas* (2018), loando sus figuras.

Comenzaba la historiadora y escritora su artículo sobre mi madre, en el diario *Granada Hoy,* diciendo:

> Cuando su padre se tiró al monte, ella quedó al cuidado de sus cinco hermanos. Lo que vino después fue indescriptible: represión, hambre y huida.
>
> La memoria más desconocida de la mujer, en nuestra reciente historia (1936-1964), pertenece a las que se convirtieron en enlaces y colaboradoras de los hombres de su familia o los que se echaron al monte, acosados por la represión de los vencedores en nuestra larga posguerra. Mujeres: madres, hermanas, compañeras, esposas, novias. Eran vigilados sus pasos, se las encarcelaba, se las torturaba hasta la extenuación, ante el pertinaz silencio sobre el paradero de sus hombres. Ellos permanecían huidos, escondidos o plantando cara en las sierras, caminos, pueblos y ciudades, acosados por el hambre, el frío y la desolación, acorralados como fieras, por las patrullas exterminadoras.
>
> Las mujeres se convertían en rehenes de la guardia civil al no lograr ser descubiertos y apresados en sus pesquisas y enfrentamientos, sin efecto la falaz promesa «de que no les pasaría nada si se entregaban». Tras el enfrentamiento con las *partías*, exponían los acribillados cadáveres en las plazas, con la orden de que no se acercaran a ellos sus familiares. Las madres, las mujeres de la familia velaban a sus hombres, hasta que llegaba la orden de llevarlos a una fosa.
>
> El cura de Colomera se sublevó, en nombre de Dios, ante semejantes desafueros y exigió respeto y cajas de pino para dignificar la muerte airada de aquellos hombres de todos conocidos.

También la directora de documentales y escritora Susana Koska ha publicado sobre mi madre y su familia en su libro *Mujeres en pie de guerra* (2018).

Durante toda su vida, mi madre padeció pesadillas, prácticamente cada noche. Soñaba, hablaba, gritaba y hasta daba botes en la cama, de forma que en varias ocasiones cayó al suelo, amoratándosele la cara en una ocasión en que tuvimos que ingresarla en el hospital. Cuando estaba con nosotros en casa, yo tenía que levantarme dos o tres veces en la noche para despertarla y tranquilizarla. Eran los recuerdos de su azarosa vida y la represión que sufrió.

Al morir nuestra madre, nos dejó su piso como única herencia. Era para sus cuatro hijos, ya que lo compró ella por 1.200 euros al poco tiempo de haber fallecido mi padre. Así constaba en el testamento que había hecho, acompañada por mí: era para los cuatro. Mi padre nunca quiso ser propietario. Vivieron en el mismo domicilio de San Roque desde 1969, pagando una pequeña cantidad al mes para mantenimiento. Mis hermanos franceses se negaron a aceptar la herencia, por miedo a que se les reclamara parte de los gastos que habíamos tenido con ella a lo largo de los seis años, ya que tuvo una señora que la cuidaba en casa, lo que afrontamos mi hermano Antonio y yo, pero se negaron también a hacer un sencillo documento que lo constatara, notarial o consular, que resultaba gratuito. Me vi en la necesidad de iniciar un procedimiento judicial que tardó en finalizar tres años y medio, mientras temblábamos ante la idea de que se metieran *okupas* en la casa, en un barrio en el que es muy común.

A mediados de 2017, Antonio y yo fuimos declarados únicos herederos y pudimos vender el piso en el que habíamos vivido con nuestros padres desde 1969. Nos pagaron 64.000 euros atendida su modestia. El precio medio de un piso en otros barrios de Badalona era de unos 200 mil euro.

IV

MI ABUELO OLLAFRÍA

Mi abuelo materno, Juan Garrido Donaire, conocido por *Ollafría*, nació en Colomera (Granada) el 18 de mayo de 1902. Sus padres se llamaban Paulo y María. Sabía leer y escribir y las cuatro reglas. Al igual que le pasó a mi padre, se alegró mucho cuando se proclamó la II República. Trabajaba en el campo, de jornalero, y siendo jovencito se casó con Leonor Martín Pajares, también nacida en Colomera el 10 de julio de 1899. Era un mozo atractivo que tenía mucho éxito con las mujeres, lo que hizo sufrir mucho a mi abuela a lo largo de toda su vida. El apodo de *Ollafría* le venía porque nunca tenía tiempo de esperar a que se enfriara la comida para volver al trabajo, al campo o a cuidar animales, lo uno y lo otro siempre de propiedad ajena, de señoritos andaluces.

Mi abuelo no estuvo en el frente, ignoro porqué. Tras el final de la guerra, republicano y afiliado a la UGT, sufrió años de prisión en Benalúa, Iznalloz y Granada, siendo liberado en 1940 ante la ausencia de cargos contra él. Previo a ingresar en prisión, fue salvajemente torturado en diversas ocasiones por la guardia civil y sufrieron continuos registros en su casa. Según cuenta el catedrático e historiador malagueño, vecino hoy de Granada, José Mª Azuaga Rico, en su magnífico libro de más de 1000 páginas *Tiempo de lucha. Granada-Málaga. Represión, resistencia y guerrilla. 1939-1952*, mi abuelo desertó de un campo de trabajo. Me contó mi madre que unos conocidos, amigos del mando de la guardia civil del pueblo, le advirtieron de que lo buscaban e iba a ser nuevamente detenido, torturado y asesinado en un callejón. Decidió echarse al monte, huir, como tantos otros tuvieron que hacerlo. Allí comenzó su lucha clandestina y así pasó nueve largos años. Comenzó en el grupo del libertario Manuel Castillo, *Salsipuedes*, según algunos historiadores, hasta la muerte de éste el 10 de febrero de 1943 —otros dan una versión distinta, que cuento más abajo—. Entonces formó su propio grupo, como dirigente de la partida, con el que realizó 20 ataques, 15 raptos con rehenes y abatieron a un guardia civil, Antonio González Ortega, y a un sargento de la Benemérita, Eloy Nunes Gogio, en 1944. En la montaña, sufrieron un ataque de la guardia civil y cuatro de sus hombres fueron asesinados. Mi abuelo salió gravemente herido. Perdió un ojo y fue llevado por sus hombres en un carro, oculto entre sacos de patatas, para ser curado por un médico, que les buscó un paisano. El guardia civil que le disparó e hirió, al parecer un experto tirador, era vasco y se llamaba Emilio Pedrinaci Peso, según me ha contado el doctor Azuaga, al que se lo refirió en una entrevista el propio hijo del guardia civil, de igual nombre que su padre, Emilio Pedrinaci Urdangarín, y que también servía en el cuerpo. Casualmente, un cazador, Luis Fernández, *El Raca,* lo ayudó, le proporcionó medicinas y alimentos. En definitiva, le salvó la vida. A mediados de los años 50, supieron que ese cazador era gitano y, concretamente, el padre del que sería mi cuñado, Luis «Moreno»; nunca pensó denunciarlo, jugándose él también su libertad y quizás hasta su vida.

Asimismo, gracias al historiador cuento con un documento de la guardia civil —la Benemérita suele llamarlo el *medallero*— que es un resumen de acontecimientos en los que intervino la guardia civil contra la guerrilla y por los que los guardias recibieron condecoraciones y gratificaciones. Ese documento se halla en los archivos del PCE y consta con el nombre de «Relación de los servicios más destacados de bandolerismo realizados por la fuerza del cuerpo».

Se les llama *partidas* a los grupos de guerrilleros de la sierra. Los historiadores no coinciden ni en el número de componentes ni en las fechas ni en las acciones. Alfonso Martínez Foronda, en su *Diccionario de la represión en Granada*, detalla un censo nominal que consta de nombres y apellidos, apodo, partida a la que pertenecían y las incidencias: proceso, huida, muerte. Hay una descripción al detalle de lo que eran las partidas y todas las habidas en Granada, en total unas 30, con aproximadamente 600 hombres, casi 1800 en toda Andalucía (Jiménez Cubero). Martínez Foronda decía así:

> El régimen nunca reconoció que hubiera guerrilleros, como tampoco que hubiera en el país presos políticos: a todos les denominaba delincuentes. No obstante, los procesaba por «rebelión militar», lo que era una paradoja. Los asociaba con bandoleros, aunque no lo eran, a pesar de atracar cortijos o realizar secuestros. Lo hacían a cara descubierta; su objetivo era derrocar al régimen y contaban con el apoyo de la población. Llevaban insignias, como siglas bordadas y brazaletes rojos o con la bandera republicana. Eran hombres armados, viriles y fuera de la ley, que cultivaban una imagen de masculinidad y heroísmo con un fuerte poder de seducción. No era extraño que tuvieran varias amantes, a las que visitaban con asiduidad, mientras vivían en condiciones de extrema dureza. Un 80% eran jornaleros o campesinos, de pueblos pequeños, con una media de edad de 30 a 35 años, y donde hubo solo 35 mujeres. Tuvieron 304 enfrentamientos, con 53 guardias civiles muertos, 6 policías y 15 militares.

La partida de mi abuelo tenía instalada su base en la Sierra de Parapanda. Mi abuelo utilizaba una cueva para esconderse de la Guardia Civil, con una minúscula entrada a la que sólo se podía acceder reptando y si eras muy delgado, pero por dentro permitía estar en pie. Dicha cueva está a unos 6 o 7 kilómetros de Colomera, si se va a través de la sierra, y a 1.700 metros en línea recta, en el puerto de los Lobos Harteros.

En noviembre de 2015, un grupo de expertos espeleólogos de Granada buscó la cueva, sin hallarla, a pesar de que contaban con las coordenadas, lo que da una idea de lo escondida que se halla. Hoy, gracias al historiador Alfonso Martínez Foronda y a José Manuel Gutiérrez Rueda, maestro y vecino de Colomera, dispongo de fotos de la misma y la promesa de que iremos juntos los tres a verla cuando yo me desplace a Granada. Mi tío Pablo, hoy octogenario, recuerda entre lágrimas que su madre pasó una noche en la cueva con su marido, al que adoraba. Desde allí, por la noche o de madrugada, mi abuelo en ocasiones bajaba hasta su modesta vivienda, una casa de adobe, a ver a su familia. Hoy tengo un trocito de la pared de esa casa metida en una bella cajita de madera típica de Granada, regalo del ya amigo José Manuel Gutiérrez Rueda.

Los maquis fueron conocidos también como «los del bosque», «los de la sierra», «los hijos de la noche» y «los últimos románticos». Era el conjunto de milicias que defendió la República después de la guerra civil desde lo más escarpado de las montañas. Fueron entre 7.000 y 9.000 personas combatiendo contra el régimen franquista.

El historiador Francisco Ruiz Esteban, en su libro *Los hijos de la noche*, dice de mi abuelo:

> Cuando, a finales de 1947, Yatero y la mayor parte de los componentes de su partida deciden poner fin a la actividad guerrillera

e intentar marcharse a Francia, primero a través de Marruecos y posteriormente vía Madrid, algunos de ellos, como los dos hermanos Castillitos, deciden integrarse en el grupo de Ollafría, un viejo conocido y compañero con el que habían mantenido estrechas relaciones durante el tiempo que estuvieron integrados en la partida de Yatero.

No puede asegurarse que los Castillos decidieran integrarse en la partida de Ollafría, sino que se debió posiblemente a las circunstancias.

Juan Garrido Donaire, Ollafría, jefe de la partida, comienza su actividad como guerrillero al integrarse en la partida de Manuel Castillo Padilla, Salsipuedes, que comenzó a actuar en la provincia de Jaén en el año 1940 y en la que aglutinó bajo su mando huidos de la provincia de Granada que habían escapado a principios de este año de las cárceles y campos de concentración que, al final de la guerra, habían improvisado los vencedores para recluir a cualquier ciudadano que hubiese mostrado las más mínimas conexiones o simpatías con la República. Muchos de aquellos detenidos, entre los que se encontraba Ollafría, deciden escapar tras detectar o intuir que la única salida para evitar la muerte o una larga condena a prisión es escapar de su cautiverio, permanecer huidos en la clandestinidad y arriesgarse a ser detenidos o integrarse en una partida de las muchas que comenzaban a actuar a lo largo de la geografía española

La partida de Salsipuedes era muy numerosa, entre los que se encontraba Ollafría.

En el año 1942, Ollafría, en compañía de los también componentes de la partida Garrido y Chorras, decide abandonar la partida de Salsipuedes para formar su propio grupo, por lo que éste queda muy debilitado. El nuevo grupo establecerá su zona de actuación en los términos municipales de Benalúa de las Villas, Moclín, Deifontes, Colomera y Trujillos, en la provincia de Granada.

Mi abuelo se hizo famoso por sus heroicidades. De él se cuentan muchas historias, dignas de una película, en las que mostraba su arrojo y valentía.

Se cuenta, por ejemplo, que junto a siete de sus hombres atacó el cuartel de Colomera y, tras quitarles las armas a los guardias civiles, los dejaron desnudos en el patio. En otra ocasión, mantuvo a dos guardias civiles metidos en el hoyo de un olivo durante todo un día; luego los dejó ir. Decía que los jóvenes que entraban en la guardia civil no daban la talla. Hay relatos tan extraordinarios que bien podrían ser fabulaciones en torno a un personaje que causó tanta admiración entre los *vencidos*.

Mi abuelo contó a mi cuñado Moreno, en los años 70 cuando los visitó en Bélgica, cómo exigió la libertad de su mujer, cuando ella llevaba años en la cárcel. Pidió a uno de sus hombres, el Sordo, que se acercara al pueblo y, encañolándolo, le trajera a la sierra al terrorífico cabo Colomera. Así se hizo y, una vez frente a mi abuelo, le dijo:

—Mi mujer lleva más de tres años en la cárcel por tu culpa. Eres el encargado de sacarla de inmediato, porque mis hijos están sin padre y sin madre. De no hacerlo, vendré y volaré por los aires el cuartel, con todos dentro, vosotros y vuestras familias. Sabes que soy capaz. Hace poco pasé delante de ti, te saludé con un «buenas noches» y no fuiste capaz de detenerme.

Ese día, el cabo Colomera volvió al cuartelillo con los pantalones mojados. Mi abuela salió de prisión y pudo cuidar a sus hijos.

Estando mi abuela en prisión, tal como he dicho, también detuvieron a mi madre, menor de edad, y a su tía Silveria, hermana de mi abuelo. El marido de Silveria, hombre apolítico, fue detenido también y terriblemente torturado. Cuando lo dejaron libre y ante la amenaza de volver a pasar por lo mismo, se fue a la montaña y se ahorcó.

En enero de 2020 contacté con otros dos insignes profesores y doctores en Historia, Alfonso Martínez Foronda, de Granada, y Juan Hidalgo Cámara, de Almería, ambos investigadores de la represión franquista en Andalucía, que me han facilitado nuevos datos sobre mi abuelo. El primero, fundador y dirigente de CCOO de su ciudad, es autor de numerosos libros, entre otros, *Mujeres en Granada por las libertades democráticas. Resistencia y represión* y *Diccionario de la represión sobre las mujeres en Granada*, de donde saqué datos sobre mi abuela, que provenían de un libro del doctor Hidalgo.

El doctor Martínez Foronda lleva dos décadas con este diccionario de la represión en Granada (1936-1981), donde va incluyendo todo lo que sale publicado. Ahí están hoy mi padre, mi madre y mi abuela materna, además de mi abuelo, de quienes yo misma he redactado la biografía. Está elaborando también un callejero relacionado con la represión en la ciudad.

El segundo, Juan Hidalgo Cámara, es el autor español que ha estudiado más procedimientos judiciales sobre la represión, recogidos en una base de datos. Hoy dispone de 32000 causas estudiadas de las 65.000 que acumulan los Tribunales Militares andaluces. En su día publicó un libro de dos tomos titulado *Represión y muerte en la provincia de Granada*, con la editorial Arráez. La edición se agotó en dos días y lamentablemente no se ha reeditado. En él recogía un compendio de los 8.000 procedimientos judiciales que inicialmente recogió en su investigación. Lleva 23 años con el estudio de la represión franquista, habiendo ampliado su base de datos hasta los 32.000 actuales.

El doctor Hidalgo Cámara ha realizado un resumen de cuatro páginas a petición mía con el historial de guerrillero de mi abuelo y ha continuado buscando causas y sentencias de mi familia. La mayoría de las causas abiertas y sentenciadas sobre mi abuelo, unas cuarenta, lo fueron en rebeldía con él huido.

También, generosamente, me ha regalado fotos de mi abuelo y los tres hombres de su partida que huyeron con él a Marruecos y que se encuentran publicadas en uno de sus libros. En ellas se ve a mi abuelo y a sus hombres con traje y corbata, vestimenta que no usaban generalmente, pero que se pusieron para hacerse la documentación en el momento de huir del país.

Resulta curioso que, en una de las causas, la 1.030/43, que fue abierta por una agresión a las fuerzas armadas el 21 de mayo de 1943 en los Yesares de Olivares, consta que actuaron con mi abuelo, además de varios hombres —uno asesinado y otro condenado a 20 años de prisión—, dos mujeres, María Lorca Mercado, condenada a diez años, y Emilia Rueda Vílchez, a seis años, siendo absueltos Francisco Linares Hernández y Josefa López Garrido; Julián Linares Vílchez fue sobreseído.

En gran parte de las causas contra mi abuelo está también su lugarteniente, Eduardo Bueno Herrera, *Chamarra.* Este fue asesinado en un enfrentamiento con la Guardia Civil el 21 de noviembre de 1945, en Casas Nuevas.

Me contaba el doctor Hidalgo que en Granada la represión franquista comenzó en 1936 y que los llamados nacionales daban a sus tropas, incluidas las moras, dos horas para hacer lo que quisieran en los pueblos en los que entraban. Acusaban a los *vencidos* de detenciones, saqueos, asesinatos, la mayoría de las veces sin pruebas. No dejaron ni un solo sospechoso de apoyo a la República sin pasar por el juzgado, ingresando todos ellos en la cárcel. Hubo mucha represión legal, pero también muchísimos asesinatos extrajudiciales.

Afirmaba también que, en 1933, comenzaron los ataques de camisas negras a la población y que quemaron el periódico *Ideal* ya antes del comienzo de la guerra. Decía que la ciudad fue tomada tan pronto por los golpistas porque estaban preparados previamente, confabulados para dar un golpe de estado.

Posiblemente fuera Andalucía una de las regiones españolas más castigadas por el terror franquista, con más de 45.000 asesinados y más de 700 fosas comunes. No obstante, no debemos olvidar que en España se crearon y funcionaron más de 400 campos de concentración, donde amontonaron a miles de hombres y mujeres, quienes sufrieron castigos, hacinamiento, explotación laboral, hambre, miseria y piojos. Y mucho terror.

Según se podía leer en el diario digital *Público* (8/07/2020), a principios de enero de 2020 se iniciaron los trabajos se exhumación de una de las fosas más grandes de todo el estado español, la fosa de Pico Reja, en Sevilla. El historiador José Díaz Arriaza situaba allí unos 1.103 cuerpos, tal como publicó en su libro *Ni localizados ni olvidados.* Están enterrados los cuerpos de las víctimas del primer mes y medio de la feroz represión franquista en Sevilla, Huelva, Cádiz y Córdoba. Quizás también estén los restos de Blas Infante, padre de la patria andaluza. Siete meses después de iniciarse las obras de exhumación, se afirma que puede haber unos 2600 asesinados, muchos de ellos con signos de tortura, algunos con las manos atadas por un alambre y otros con un tiro en la cabeza.

Afirma el historiador Juan Hidalgo que la justicia del país se militarizó totalmente, ya que además de los juicios militares se enjuiciaba por ellos los robos, hurtos, desfalcos y hasta los accidentes de circulación. España fue una inmensa prisión, ya que se pudieron hacer más de un millón de sumarios referenciados a la Guerra Civil y la posguerra.

Los numerosísimos procedimientos instruidos por los franquistas dan cuenta de los desmanes de la justicia militar de la época. Las causas no encontradas pertenecen especialmente a aquellos que fueron fusilados indiscriminadamente, asesinatos que comenzaron en los primeros días de julio del 36. Fueron fusilados, sin juicio alguno, abogados, políticos, catedráticos, gobernadores, militares republicanos, sindicalistas, concejales, alcaldes y hasta el poeta Federico García Lorca. No existen diligencias de todos ellos; sin embargo, asaltaron casas y abrieron consejos de guerra.

En cuanto a los guerrilleros, también llamados *maquis*, hubo partidas tanto en el llano como en la sierra al finalizar la guerra. No eran criminales, como decían los franquistas. Para ellos, se trataba de una continuación de la guerra contra el fascismo, aunque sin ayudas internacionales. De hecho, cuando estos hombres llegaban a un cortijo —aunque fueron acusados y muchas veces condenados por saqueo—, pagaban muy caro lo que consumían o se llevaban.

Cuando Hidalgo publicó su libro sobre la represión, tenía recogidos en su base de datos más de 20000 represaliados, heridos y muertos en acto de combate de las tropas nacionales.

A pesar de su insistencia y pericia, el doctor Hidalgo no ha conseguido encontrar la sentencia por la que se condenó a mi abuelo a prisión, antes de unirse a la guerrilla. Tampoco la que condenaba a ocho años de cárcel a mi abuela Leonor.

Henrique Mariño, en un artículo en el diario digital *Público* (31/3/2020), habla de los hermanos Quero, unos guerrilleros granadinos muy conocidos por sus heroicidades y por la terrible muerte de los cuatro a una edad muy joven. Recoge unas palabras de Jorge Marco, autor del libro *Hijos de la guerra. Los hermanos Quero y la resistencia antifranquista*, y según ellas afirma que los maquis hablaban el lenguaje de los campesinos porque eran miembros de su propia comunidad. Recoge una frase de un profesor de Historia y Política de la Universidad de Bath que decía que el mito fue la herramienta de los pobres y los débiles contra la opresión. De los hermanos Quero, como pasó con mi abuelo, se dice que se negaron a morir ante un pelotón de fusilamiento y que no fueron bandidos, sino la esperanza de los humillados, el orgullo de los *vencidos*. Eran antifascistas y perseguidos, no anarquistas. Añade que la guerrilla fue la pesadilla del franquismo, que los maquis granadinos lucharon contra la dictadura y se ganaron el favor del pueblo. Ellos fueron una leyenda.

A principios de abril de 2020 pude contactar con el historiador José Mª Azuaga Rico, otro prolífico investigador de la represión en Andalucía, autor de importantes libros. Ya he mencionado *Tiempo de lucha,* agotado y del que prepara una nueva edición, donde recoge de forma pormenorizada la actuación de la guerrilla en esa zona desde el final de la guerra hasta los años 50. Afirma que la guerrilla tuvo un gran auge en los años 48 y 49 en Granada y Málaga, siendo un gran quebradero de cabeza para el régimen junto con la zona de León. La respuesta fue la represión, la tortura y las ejecuciones extrajudiciales, así como machacar la red de enlaces como presión a la guerrilla.

Afirma el historiador que uno de los guardias civiles a los que entrevistó para sus investigaciones le decía que estaban muy preocupados por si un día se conocía el número real de víctimas del franquismo en la provincia de Granada.

Otros libros de Azuaga son *Guerrilleros contra Franco en Andalucía oriental, La oposición al franquismo en Andalucía oriental y La guerrilla antifranquista en Nerja.*,

Tras nueve años en el monte, ayudados por el movimiento anarquista, y varias acciones para disponer de una suma de dinero importante, en 1948 prepararon su evacuación. Hay investigadores que afirman que el Partido Comunista les dio la espalda y dejó abandonados a los guerrilleros, lo que niega el doctor Azuaga, quien afirma, tras investigar en el archivo del PCE, que les dio apoyo y colaboró para ayudarlos y sacarlos del país hasta el año 52. Por ejemplo, salvó a un grupo de maquis de Levante y otro de Galicia a los que ayudó a huir del país pasando a pie por los Pirineos hasta Francia.

El 5 de enero de 1949, mi abuelo marchó hacia Granada, para tomar el tren hacia Sevilla, donde se reencontraron con otros miembros de su grupo y, desde allí, partieron hacia Cádiz. Aprovecharon la noche de Reyes para viajar, a fin de pasar desapercibidos. Mi abuelo y tres de sus hombres, Antonio Expósito, Antonio Castillo y José Castillo embarcaron en un pequeño barco a vela; él decía que era como una cascara de nuez. Atravesaron el Mediterráneo hacia Marruecos. Habían conseguido documentación especial y antes de embarcar habían estado escondidos, junto con Chavico, en el almacén de una zapatería en Granada, propiedad de Rafael Sánchez Lucena, según cuenta el historiador José Aurelio Romero Navas. La zapatería se llamaba Los Guerrilleros y su propietario sufrió tortura y cárcel durante 14 años por su auxilio a los escapados, como el resto del grupo, que fue desmembrado.

Llegaron a Tánger y allí fueron detenidos e ingresados en un campo de concentración. Mi abuelo, que había escondido su pistola, consiguió escaparse. Pidieron y consiguieron ser declarados refugiados políticos para no tener que ser extraditados. Otros dos hombres de su partida, Manuel Castillo y «Cogollero» habían conseguido llegar a Francia.

Mi abuelo se desplazó hasta Casablanca y allí encontró trabajo; hay autores que afirman que trabajó de carpintero, pero él era un hombre del campo y en Bélgica trabajó de jardinero, de forma que ese dato debe de ser erróneo. En esa ciudad vivió una veintena de años, en soledad primero y probablemente formando una nueva familia, porque cuando lo conocí en Bélgica, en 1971, él llevaba siempre consigo el retrato de dos niños; nunca quiso desvelar quiénes eran.

Desde Casablanca, la familia de Colomera recibía alguna carta de mi abuelo de vez en cuando, sólo las que no eran requisadas y destruidas por la guardia civil del pueblo. A mediados de los 60, mi abuela Leonor pudo reencontrarse con su marido en Casablanca y vivir allí con él durante años. ACNUR, en 1965, actuó en una misión de exploración y búsqueda de eventuales refugiados en Marruecos y de esta manera, con un pasaporte de la ONU como refugiados políticos, la pareja llegó a Bélgica en 1969 como asilados.

El catedrático malagueño y doctor en Historia José Aurelio Romero Navas realizó una investigación sobre Andalucía, más concretamente en relación con los guerrilleros de Málaga y Granada, que publicó en el número extraordinario de la revista *Memoria Antifranquista del Baix Llobregat*. Romero Navas afirmaba que 367 hombres constituían el ejército guerrillero; los muertos en enfrentamientos fueron 199; los detenidos, juzgados y condenados a muerte, 12; los muertos por compañeros, 23; los huidos, 12; los prisioneros por la guardia civil, 24; se entregaron 72 y de 16 no se tiene constancia de su suerte. Uno de los pocos que consiguieron huir fue mi abuelo, junto con cinco hombres de su partida. Según recoge Romero Navas, «en Tánger fueron detenidos y a punto de ser extraditados, pero pudieron alegar que eran refugiados políticos. Al llegar a Tánger, la radio dio la noticia de la llegada del célebre guerrillero Ollafría».

Agradezco infinitamente a los cuatro historiadores, José Aurelio Romero Navas, Alfonso Martínez Foronda, Juan Hidalgo Cámara y José Mª Azuaga Rico toda la información y documentación que me han proporcionado sobre mis abuelos y padres, tan valiosa para mí y mi familia. También dispongo del informe de la Guardia Civil sobre la partida de mi abuelo (Anexo 2).

Según ese documento, la partida de Ollafría cometió 88 atracos, 37 secuestros y seis agresiones, con el resultado de dos heridos y dos guardias civiles muertos; recabaron 334.735 pesetas en los siete años que resistieron.

Mientras, la ficha sobre los integrantes de la partida de mi abuelo comenzaba así:

> Las zonas de actuación de esta partida las encontramos por la zona norte de la provincia de Granada, más concretamente por los términos de Iznalloz, Colomera, Moclín, etc. Y teniendo como base la Sierra del Pozuelo, posteriormente se irán acercando a Granada capital, para finalmente instalarse en la Sierra de Parapanda, aclarando que Ollafría se escondía en una cueva, situada en la Loma del Medio, al norte del pueblo de Colomera.

A mi abuelo hoy se lo disputan comunistas, anarquistas y socialistas. La Fundación Pablo Iglesias contactó conmigo hace pocos años a fin de pedirme permiso para ponerlo en sus archivos y difundirlo en libros y materiales como militante socialista, ya que fue miembro de la UGT durante los años de la República. No se lo di, pues siempre creí que fue comunista. La *Enciclopedia histórica del anarquismo español* (Téllez, A., 2007) dice de él: «Apodado *Ollafría*, guerrillero anarcosindicalista en Jaén y Granada. Adscrito a la partida de Manuel Castillo desde al menos 1941, la mandó tras la muerte de su jefe en febrero de 1943. Poco después marchó a Tánger».

Mi abuelo se considera un héroe en Granada. En marzo de 2009, me escribía una dirigente socialista de Colomera, Mª del Carmen Almagro Castro, hermana del que durante bastantes años fue alcalde del pueblo, Higinio Almagro Castro, asimismo socialista, cuya familia también había sido represaliada: *«Aunque no lo creas, la leyenda de tu familia sigue muy viva entre las personas de mediana edad del pueblo que hablan con admiración y orgullo; lógicamente, aquellos con ideas progresistas».*

En agosto de 2020, a través del historiador Martínez Foronda, he contactado con un vecino originario de Colomera que sé que me buscaba, José Manuel Gutiérrez Rueda, maestro de escuela, hoy jubilado. Me cuenta que sus padres y mis abuelos eran amigos y su suegra amiga de mi abuela. Al parecer, cuando mi abuela materna dejó su pueblo para viajar a Casablanca a reunirse con su marido, regaló o vendió a su suegra una cama y una mesa camilla para poner el brasero, los pocos enseres domésticos que le quedaban tras el expolio y la incautación del ajuar que sufrió como represalia por ser esposa de quien era. José Manuel es de ideología comunista y antiguo militante de Izquierda Unida; de hecho, fue segundo en las listas a las elecciones municipales de Granada en 2003, donde consiguió el acta de concejal, de la que no llegó a tomar posesión por un problema familiar, y fundador y socio de Granada Republicana UCAR, en abril de 2005, además de *cristiano agnóstico,* como él se denomina. Me ha contado diversas anécdotas de mi familia y me ha regalado una treintena de magníficas fotos de la sierra y de la cueva donde se escondía mi abuelo. Me dice que sus padres, Bienvenido Gutiérrez Nievas y Carmen Rueda Vílchez, y sus suegros, María Hernández Pérez y Antonio Hidalgo Corral, que tenían un trozo de tierra con olivos cerca de la casa de los Garrido-Martín, se encontraron en algunas ocasiones con mi abuelo cuando iba de escondidas al pueblo a ver a su esposa e hijos. En cuanto a su suegra, recogía almendras, higos o aceitunas y, cuando pasaba por la puerta, charlaba con su amiga, mi abuela Leonor. Me cuenta que mi abuelo era un luchador antifascista, un personaje legendario que siempre le causó admiración y respeto: «Mi padre anduvo tras un borrico repartiendo pan en los cortijos y me contaba la valentía de tu abuelo, un mito del que yo siempre oía cosas y algunas escaramuzas con el siniestro cabo de Colomera, al que mantuvo a raya».

José Manuel me cuenta que «el miedo, el terror y la represión franquista se incrustó en el ADN de los *vencidos* y ha sido mucho tiempo después cuando la gente ha empezado a hablar». Recuerda las elecciones generales de 1977, en un mitin del PSOE en el teleclub de Colomera:

> Entre los intervinientes, una joven profesora, María Izquierdo Rojo. Al final del acto suenan los acordes de La Internacional y yo levanto el puño en alto. Observo que algunas personas mayores, yo entonces tenía apenas 21 años, amagan con levantarlo también, pero no llegan a hacerlo o lo hacen muy tímidamente. Multitud de veces he pensado en ese momento y en mi inconsciencia. Quién era yo para hacer semejante gesto, dejando probablemente en evidencia a personas que soportaron toda clase de penalidades, hambre, injusticias, humillaciones. Yo, que lo más que había hecho en alguna ocasión era correr delante de los grises, no podía comprender entonces que el miedo los atenazaba. Y ese miedo impidió que nos contaran tanto como debieron contar y como debimos preguntar. De mi padre recuerdo contar como estando en una ocasión en el pago La Raja recogiendo aceituna, muy cercano a la sierra, se encontró con tu abuelo, que se había acercado a preguntar por alguien. De él decía que era un hombre alto, muy valiente, al que le gustaba cazar y que, en una ocasión, ya anochecido y en el puente sobre el río, cerca del Pilar Cristino, pasó dando las buenas noches al cabo de Colomera y que, o no lo conocieron, o temieron por su vida y le dejaron pasar.

El padre de José Manuel había estado en el frente, en la batalla de Brunete, donde se luchaba bajo las órdenes de Líster, el Campesino y Modesto defendiendo al gobierno legítimo de la República y enfrentado a las tropas fascistas.

José Manuel tuvo una idea y, en marzo de 2019, escribió al catedrático Miguel Ángel del Arco, especialista en memoria histórica de Granada, para proponerle que se iniciara la petición al alcalde de Colomera para que se pusiera una placa en honor a mi abuelo en las ruinas de la casa del Tajo Colorao, donde vivía la familia. Varios historiadores andaluces apoyan la iniciativa, aunque agregando que la placa debía contener también los datos de mi abuela Leonor, una heroína silenciada. Los hermanos

Quero, célebres guerrilleros granadinos, hace años que tienen su placa en el Albaicín.

Yo misma, a través de un correo electrónico, lo planteé al alcalde del pueblo, el socialista Justo Sánchez Pérez. Actualmente, el PSOE obtiene en Colomera un 52% de los votos, el PP el 44% y Ciudadanos el resto. Hay que ser valiente para poner esa placa estando el pueblo dividido entre dos ideologías tan contrarias, donde la mayoría consideran al maquis un héroe y otros un bandolero, o donde hay vecinos que quieren olvidar la tragedia de esos terribles y sangrientos años. Por ahora, el alcalde socialista ni ha contestado a mi proposición y ni siquiera ha acusado recibo de mi carta. Insistí con el anterior alcalde de Colomera, Higinio Almagro, que sé que habló con el alcalde actual, pero tampoco tengo respuesta de éste, a pesar de haber pasado ya casi un año.

Por el contrario, supe a mediados de mayo de 2021, a través de mi ya amigo José Manuel Gutiérrez Rueda, que se había puesto una placa en honor a los guerrilleros en la sierra de Moclín. Lo hizo posible el Colectivo por la Recuperación de la Memoria Histórica y el grupo de Izquierda Unida de Moclín. Se instaló por primera vez el 14 de abril de 2009 y luego en dos ocasiones más, ya que fue arrancada por sátrapas que no desean que la verdadera historia de nuestro país se conozca. La última vez que se ha puesto de nuevo y realizado un sencillo pero hermoso acto, con la asistencia de un numeroso grupo de vecinos del pueblo, fue el 15 de mayo de 2021. Dice la placa: «En recuerdo y admiración de todos los hombres y mujeres que en estos montes lucharon contra el fascismo, por la justicia, la libertad y la República». Hablaron Rafael López Civantos, concejal de IU, diciendo, entre otras cosas: «Rendimos homenaje a los luchadores que combatieron con su sufrimiento y su vida al franquismo en la posguerra, la política del terror y la persecución que originó el fanatismo de pensamiento único».

Habló también el diputado y parlamentario Jesús Fernández, que leyó un hermoso texto escrito por Juan Sánchez Molina, *Remendao*, maestro y vecino de Olivares, que no pudo asistir debido a un problema de salud. Reivindicó la memoria de los que dieron la vida por la libertad; esta placa busca mantener la memoria sin fomentar odios. Recordó especialmente a uno de los homenajeados, Juan Garrido Donaire, *Ollafría*, mi abuelo, y a su mujer, mi abuela Leonor. Y también a María, mi madre, por su valentía y dignidad. También nombró a la partida de Yatero, los Quero y el Claris. Esos días se publicaron algunos tuits mencionando y ratificando la necesidad de más homenajes a Ollafría, así como se refería que «no estaría mal, un año de estos, homenajear las figuras de su valerosa hija mayor, María, y su mujer, que la mayoría de la gente del municipio desconoce». Cincuenta metros más arriba del peñón en el que se colocó la placa, en el Barranquillo de las Zodreras, se encuentra otra cueva en la que se refugiaba Ollafría y los miembros de su partida. Llamaban a mi abuelo «el mítico tío de la sierra de Colomera».

López Civantos recordó a los homenajeados diciendo: «Hoy, ante esta placa y este paraje que para nosotros es un pequeño bastión y pequeña fortaleza de lucha, recordamos la libertad, la ilusión y el sacrificio».

Todos los asistentes acabaron gritando con pasión y al unísono: «NO ERAN BANDIDOS, ERAN GUERRILLEROS» y, junto a la placa clavada en una gran roca, dejaron una bandera tricolor y unos claveles rojos.

Dos artículos se publicaron al día siguiente en sendos periódicos granadinos, *El Independiente de Granada* y *Granada hoy*, detallando el acto de homenaje a los guerrilleros.

José Manuel planteó y reiteró otra idea al mismo Miguel Ángel del Arco, que había encargado un mapa de la represión en Granada, denominado «mapa de la memoria histórica de

Granada»; le pidió que ampliara el mapa a toda la provincia e incluyera a guerrilleros como mi abuelo. Su última carta a del Arco decía, tras agradecerle su mensaje y decir que tratarían de cumplir su propuesta:

> Pues muchísimas gracias, Miguel Ángel, porque estoy convencido de que el recuerdo de la figura de Juan Garrido Donaire, *Ollafría*, entronca de lleno y de forma rotunda con la justificación del proyecto, como espacio de reflexión democrática, de fortalecimiento de la sociedad civil y acercamiento al pasado para comprender la historia más cercana y cotidiana, como decís en la presentación del mapa. La actual situación política de involución democrática y auge de los postulados de la extrema derecha con su revisionismo histórico hace más necesario y pertinente aún, en mi modesta opinión, este proyecto que la sociedad actual y las nuevas generaciones os agradecerán.

A pesar de haber pasado muy poco tiempo desde que he entablado relación epistolar y telefónica con José Manuel, ya lo considero un verdadero amigo. Es una persona con grandes valores y con una ideología similar a la nuestra, honesto, sencillo, generoso y amabilísimo.

Mi abuelo era un personaje legendario, pero en el pueblo había otro personaje igual de conocido, pero en las antípodas. Ese era el cabo de Colomera y, según recoge el artículo publicado en *El Ideal* por Andrés Cárdenas (12/3/2010):

> Llegó a ser sargento en el Albaicín. Antonio Bedía (o Vedía) Martín, había nacido en Ogíjares, en 1911, y falleció en su mismo pueblo en 1994, con 82 años. Era un hombre alto y flaco, con un bigotillo daliniano. Apenas sabía leer y escribía con muchas faltas de ortografía. Un hombre del que se dice que fue despótico, tiránico, autoritario, dictatorial, arbitrario, duro, cruel, cacique, un personaje siniestro

> que se erigió en bastión del orden y que fue retirado del cuerpo de la Benemérita por participar en la propiedad de una casa de citas.
>
> En Colomera ganó los galones de cabo, pero se creía comandante. De él se cuentan decenas de anécdotas hasta convertirse en un personaje de leyenda, un mito. Reinó de forma cruel con los vecinos de los barrios, muy especialmente con los gitanos, a los que perseguía con saña. De él se dice: «Eres más malo que el cabo de Colomera» y «*E*sto no lo arregla ni el cabo de Colomera», personaje que hasta los chiquillos temían. Fue comandante de puesto del cuartel del Albaicín. Allí fueron a verlo un grupo de mujeres, cuyos maridos eran albañiles que se dejaban el salario en la taberna, para pedirle ayuda. Obligó a los hombres a entregarle el salario completo a él y él se lo entregaba íntegro a las esposas, que se mostraron muy agradecidas.

Ese cabo de Colomera amargó la vida a mi familia, persiguiéndolos con saña. Tendría yo unos 15 o 16 años cuando conocí, en el barrio de la Salud de Badalona, a un nieto suyo. Como estábamos todavía en dictadura, no me atreví a decirle que yo era la nieta de Ollafría, pero de inmediato me alejé de su compañía.

En el diario digital *Alhama*, en junio y julio de 2020, se publicaron dos magníficos artículos de Mariló V. Oyonarte, con el título «La muerte no es el final. Cerro Lucero y Antonio, el guardia civil», basados en documentos sacados a la luz por los historiadores José Aurelio Romero Navas y José Mª Azuaga Rico. Explica cómo no pocos muchachos de los pueblos andaluces, sin estudios, sin cultura, formación ni posibles tenían que elegir entre trabajar la tierra como labradores o guardias civiles, para disponer de un raquítico sueldo con el que mantener a sus familias, librándose de la incierta vida de jornalero. Termina la segunda parte del artículo diciendo:

> Muchos compatriotas combatieron en la oscura guerra de guerrillas que el régimen franquista silenció por completo. Acosados unos por soñar un ideal que terminó costándoles la vida y otros obedeciendo órdenes férreas, ineludibles, en contra a veces de sus propias conciencias. A todos ellos les iba la vida en ello. Perseguidores y perseguidos, muchachos que, de no haberse visto forzados a luchar, seguramente habrían sido amigos, víctimas de una situación que no buscaron, llevando existencias precarias, dándose caza unos a otros como animales salvajes, lejos de sus familias y con el miedo a flor de piel. *¿Dónde están los héroes, dónde los delincuentes? A fin* de cuentas, unos y otros no hicieron más que cumplir con su deber.

Mi experiencia me dice que hubo muchos guardias civiles, personas semianalfabetas, a los que se les subía a la cabeza el uniforme, el tricornio y la pistola, creyéndose unos reyezuelos, despóticos y violentos con la población, torturando, expoliando y aterrorizando a las buenas gentes.

Cuando cualquiera de nuestra familia ha ido a Colomera, hemos sido recibidos con abrazos, sonrisas o lágrimas, y hemos sido invitados a comer y hasta a residir en una y otra casa por parte de muchos colomereños. A veces no nos dejaban ni andar, parándonos unos y otros para saludarnos con afecto y empatía al ver en nuestros rostros los genes de Ollafría.

Tanto mi madre como sus hermanos no han querido ir a su pueblo durante muchos años. Concretamente mi madre sólo fue en una ocasión, por la muerte de uno de sus hermanos, Juan, y se volvió para Badalona en dos días, no pudiendo soportar estar allí donde tanto había sufrido con los suyos.

De los seis hijos de mis abuelos, tan solo Paquita no quiere que nadie recuerde historias del pasado y le ofende que se escriba sobre sus padres. Ella es de derechas, va a misa los domingos y todos los días de guardar. La única de la familia. Se casó con el negro Quitín, un campesino analfabeto como ella, un hombre que llegaba a casa borracho en más ocasiones que sobrio. No pocas veces le daba grandes palizas a su mujer y destrozaba muebles y enseres. En alguna ocasión tuvo mi tía que ir a buscarlo al monte, avisada por algún vecino, porque su marido se había defecado encima y había manchado toda su ropa. Ella le llevaba ropa limpia, para que los vecinos no lo vieran en esas condiciones. Yo lo conocí en algunas visitas veraniegas a Colomera, cuando iba con mi padre a ver a mi hermana Enri en el convento.

Cuando salíamos a pasear por el pueblo, mi tía se quedaba en su casa. Mi padre insistía en que ella nos acompañara y el marido de mi tía contestaba: «Cuando nos íbamos a casar, yo le pregunté: "*¿Tú que eres una mujer de tu casa o de la calle?*", y ella de me dijo: "De mi casa". Pues en su casa».

Algunos años, toda la familia de Quitín iba a vendimiar a Francia. Trabajaban mi tía y las hijas. Él recogía todo el dinero ganado y se lo guardaba en la faltriquera, una bolsa de tela que se cerraba con una cinta y se colocaba en la cintura y que generalmente llevaban las mujeres bajo la falda o el delantal. En alguna ocasión, de regreso a España pasaron por nuestra casa, en el barrio de San Roque. Él les compraba a sus hijas calzado barato en el mercadillo. El resto del dinero, en su mayor parte, se lo guardaba para sus juergas y comilonas con los que él creía que eran sus amigos: el cabo de la guardia civil, el médico, el cura y el boticario del pueblo, que lo usaban de criado en la caza. Era como un personaje de la película *Los santos inocentes*. Era franquista.

Los pocos días que estuvieron en mi casa, yo no consentía que viniera tarde a comer. Mi madre estaba en Bélgica con mis abuelos y yo hacía las labores de ama de casa, a la vez que trabajaba de administrativa y estudiaba por la noche. Al mediodía, yo hacía la comida y ponía la mesa; luego de comer, retiraba todo y fregaba. Después aparecía él, bebido como siempre, y pretendía que le pusiera de comer, a lo que yo me negaba. Quitín no podía comprender que una muchacha le plantara cara a él, un hombre.

Como veía que yo no era como él creía que debía ser una adolescente, le decía a mi padre: «*Déjamela quince días y te la devuelvo recta como una vela*». Él solo sabía *educar* en sus principios, a su manera, a palos, y quería a las mujeres sumisas y obedientes

V

MI ABUELA

Mi abuela materna, Leonor Martín Pajares, nació en julio de 1899 en Colomera. Hija de Salvador y María, no recibió instrucción alguna; era semianalfabeta, pues leía y escribía con dificultad. Fue un ama de casa y madre de familia numerosa que colaboraba, como casi todas sus vecinas, en las tareas del campo; además, criaba algunos cerdos y gallinas en su casa.

Era una mujer pequeñita y delgada, ancha de caderas y de pelo negro y rizado. Padeció mucho y durante muchos años a causa de la escapada de su marido a la sierra, pues continuamente expoliaban su hogar, la interrogaban a ella y a sus hijos y eran molestados por la guardia civil.

Fue investigada, junto a otros siete procesados, todos hombres: Guillermo Pajares García, Juan Ramón Milena Ortega, José de la Fuente Cabello, Antonio Pajares Rosales, Francisco Ramírez López, Francisco Puentedura Uris y Manuel Martínez García, por los delitos de ser «cómplices y encubridores de los huidos de la sierra y tenencia ilícita de armas», hechos que pretendidamente ocurrieron en Colomera el 6 de febrero de 1945, pero se sobreseyó el procedimiento sumarísimo nº 162, de 1945.

En la declaración de mi abuela, se recoge:

> Mujer de cuarenta años, casada, de profesión, su sexo (sic) natural y vecina de Colomera, calle Barrio Alto. Dice conocer a su convecino Guillermo Pajares, pero sólo por ser del mismo pueblo, pero sin ninguna otra relación, por lo que no ha ido nunca en unión del mismo a entrevistarse con su marido al que no ha visto desde que se fue ni deseos de hacerlo. En cuanto a la pregunta que se le hace sobre con qué dinero está haciendo la obra que está llevando a cabo en su domicilio, dice que con la de la venta de un cerdo y seis gallinas.

Resulta extraña la definición «de profesión, su sexo». Según me explicó el historiador Juan Hidalgo Cámara, algunos investigadores franceses creían, al leer las causas en las que estaban inmersas las mujeres, que éstas eran prostitutas. Los investigadores españoles tuvieron que sacarlos de su error y explicarles que los Tribunales Militares y las fuerzas del orden llamaban así a las amas de casa.

A continuación, figura un parecer del instructor que dice:

> En Colomera existe el rumor de que el Ollafría le facilita cuanto necesita y que a ella se le ve con frecuencia vagabundear por los montes, seguramente buscando a su esposo. Por lo que parece necesario ponerla a disposición judicial.
>
> Señalaremos que la propia guardia civil hace de Leonor Martín Pajares, esposa del Ollafría, [...] es persona de buena conducta tanto moral como pública y privada, dedicada solamente a las faenas de su clase. Nunca tuvo actividad política alguna, es esposa del bandolero Juan Garrido Donaire, que es el que capitanea la partida que merodea por estos contornos y se cree que pueda estar relacionada con los mismos.
>
> Preguntado a José Lafuente Cabello qué relación ha tenido con la mujer del Ollafría, dijo que un día, cuando el declarante marchaba hacia la cuadra donde tiene una bestia para el pienso, vio venir por

la calle a la mujer del Ollafría y le dijo estas palabras: «Juan te espera esta noche en el Tajo de la Sanguijuela».

En la resolución, el fallo del consejo será condenar a Guillermo Pajares a la pena de tres años de prisión, a Ramón Milena a la de seis meses y un día. Condenas que serán aceptadas y aprobadas por el Capitán General.

En el libro *Diccionario de la represión sobre las mujeres en Granada (1936-1950)*, el historiador Alfonso Martínez Foronda dice de mi abuela:

> Leonor Martín Pajares, vecina de Colomera (Granada) y esposa del guerrillero Juan Garrido Donaire *Ollafría*, 40 años, forma parte de una sumaria contra ocho vecinos de esta localidad acusados de ser cómplices de la partida de Ollafría. Todos ellos fueron detenidos el 6 de febrero de 1945. Su causa se inicia el 10 de febrero de 1945 y es procesada por el caso 1º art. 723 del CJM. Fue sobreseída en Consejo de Guerra el 12 de septiembre de 1945 (Causa 162/45 AJTM). Sin embargo, ya estaba condenada por otra causa a ocho *años de reclusión*, de los que cumplió tres (Hidalgo Cámara, 2014:559). Su delito, complicidad con Ollafría.

Hidalgo ha localizado una tercera causa contra ella, que también fue sobreseída.

El historiador José María Azuaga Rico me ha regalado documentos del expediente del archivo del maquis que consultó en la dirección de la Guardia civil, con informes emitidos por el comandante del Puesto de Colomera de la 136 comandancia, firmados en 1954, 56 y 57. Por ellos me he cerciorado de lo que imaginábamos, que mis abuelos y padres eran vigilados también en esa época, quince y hasta a dieciocho años una vez acabada la guerra. Hablan de forma muy ofensiva sobre todos ellos, hombres y mujeres, por el hecho de ser «marxistas o socialistas». De mis abuelos dice que son *peligrosos* y sus hijos *sospechosos*. Quien mecanografió uno de los informes escribe *Hollafría*, con *h*, lo que da una idea de su escasa cultura. La gente debería conocer el poco nivel de las autoridades de la época con mando y pistola, que podían aniquilar y llevar la desgracia a las familias modestas y honradas.

Concretamente, dicen de mi abuela:

> De igual ideología que su esposo y peores sentimientos que éste, durante el Glorioso Movimiento Nacional, sin cometer ningún hecho delictivo, cooperó cuanto pudo al triunfo de la causa marxista, posteriormente hizo de enlace de su esposo, causa por la que fue detenida en agosto de 1941 y condenada a ocho *años de prisión, puesta en libertad en 1943 y volvió a ser detenida por igual concepto en 1945 y permaneció en prisión* cinco meses.

El historiador malagueño José Aurelio Romero Navas, que ha publicado varios libros sobre los guerrilleros malagueños y granadinos y la represión en la ciudad y provincia, y con el que mantengo una buena amistad desde noviembre de 2008, me proporcionó recientemente el documento que lo prueba. Años antes, cuando coincidimos en las jornadas en homenaje a los maquis españoles, me había dicho que admiraba más a mi abuela que a mi abuelo, porque a pesar de las continuas presiones que ella recibió, de las torturas y de los años de cárcel que sufrió, siempre fue leal, no desfalleció y nunca denunció a su marido. Y eso a pesar de que, según el historiador sabe, mi abuelo mantenía otra relación amorosa cuando marchó hacia Marruecos. Él dice de mi abuelo que era un *pinta*, un mujeriego que compaginaba su relación matrimonial con mi abuela con no pocas aventuras.

Aún a día de hoy no puedo olvidar las torturas que sufrió mi abuela en el cuartelillo de la Guardia Civil, torturas de las que nunca habló delante de nosotros y que conocí siendo ya muy mayor: la citaban en el cuartelillo y además de golpearla, la colgaban, la cogían por el pelo y le metían la cabeza en un cubo con agua y vinagre hasta casi ahogarla una y otra vez, intentando que delatara a su esposo, lo que nunca hizo. Imagino su angustia, su terror cada vez que la citaban o cuando iban a su casa, la registraban y destrozaban, expoliando los enseres domésticos.

Recientemente, he sabido por mi tío Pablo que a los pocos años de huir mi abuelo a la sierra, la Guardia Civil también lo interrogó a él, que debía tener siete u ocho años; le ofrecían caramelos a cambio de que dijera si había ido algún hombre a su casa. Ningún niño de su clase social comía caramelos en aquella época. El pequeño siempre lo negó, porque así se lo enseñó su madre. Mientras, a su hermano Miguel Silverio, siendo un jovencito, lo interrogaban en el cuartelillo, amenazándolo y aterrorizándolo, tácticas variadas de la Benemérita.

Como he dicho, mi abuela había sido condenada a ocho años de prisión. Durante mucho tiempo he buscado esa sentencia en los diferentes archivos históricos de los Tribunales Militares andaluces, sin conseguir encontrarla. Dice Hidalgo que hay más de un millón de sumarios en España, que ni en la Segunda Guerra mundial se produjo tanto volumen de represión como durante y tras la Guerra Civil española. Azuaga afirma, no obstante, que solo ha encontrado aproximadamente un 20% de las sentencias.

El colomereño José Manuel Gutiérrez Rueda me cuenta:

> Mujeres como tu abuela y tu madre son todo fortaleza, las mujeres que escriben la historia, aunque hayan permanecido invisibles y en el anonimato. Fueron sujetos que transformaron la sociedad

> y cambiaron el relato, escribiendo páginas y páginas de lucha, de dignidad y, aunque ellas no fueran conscientes, de feminismo activo y militante.
>
> La dureza de la vida y las vicisitudes que hubieron de sufrir tus familiares, en relación a las mujeres, hay esa doble persecución, trabajo y humillación y escaso reconocimiento que la sociedad en general les ha brindado.

Acaba agradeciendo la labor feminista, los esfuerzos de militancia, trabajo y dedicación en la labor de reconocimiento de lo aportado por las mujeres, labor que será reconocida y legada a generaciones futuras.

En los años 60, mi abuela Leonor vino a vivir con nosotros en la barraca de Badalona. Allí, mis padres, tras meses de búsqueda, le consiguieron un pasaporte, a través de un policía corrupto, que instalaba su *oficina* en un bar cerca de la Plaza de España de Barcelona y, mediante el pago de una importante cifra, entregaba el preciado documento. Nadie de mi familia podía salir del país y la correspondencia estaba censurada. Pude vivir un tiempo con mi abuela Leonor, una mujer cariñosa, a la que adoré. Y pude verla feliz, reencontrándose con el amor de su vida, al que siempre le fue fiel, y padre de sus seis hijos, a quienes inculcó el amor, la admiración y el respeto al padre lejano.

Como he adelantado, mis abuelos pudieron reencontrarse en Casablanca y enseguida fueron trasladados al Centre de Solidarité Social, en un pueblecito a 18 kilómetros de Bruselas (Bélgica). Vivieron juntos los últimos años de su vida en aquella residencia de La Hulpe, donde disponían de un pequeño apartamento. Allí mi abuelo trabajó durante años como jardinero, dinero que agregaba a su pequeña pensión como exiliado político. Tuvieron la inmensa suerte de conocer, querer y ser queridos por una mujer maravillosa, un ser humano extraordinario, una belga de Flandes: Anny Mélain —de soltera Böels—. Se ocupó de ellos, de sus necesidades y derechos, siendo una estupenda amiga y defensora. Anny conoció a mis tíos Miguel Silverio, Rafael y Juan, además de a sus respectivas familias, pues se exiliaron junto a mis abuelos; luego nos conoció a mi madre y a mí. Anny era una mujer llena de virtudes; en un principio, se consideraba apolítica, si bien tenía inquietudes sociales y era una gran humanista, una persona culta, autodidacta y con un corazón de oro. Luego se inclinó hacia la izquierda, influenciada por la ideología de mi familia, comunista y feminista. Hemos establecido, las cuatro generaciones, una alianza de amistad que sobrepasa cualquier afecto que pueda mantenerse con un familiar cercano. Con Anny y su marido, Guy, otra gran persona y generoso donde los haya, he viajado en caravana y recorrido un gran número de países de Europa, invitada por ellos, y seguimos manteniendo una alianza, formada por los más bellos sentimientos que puedan existir que sólo romperá la muerte.

Mis padres me consiguieron un pasaporte legal a los 17 años para viajar a Bélgica, con la intención de conocer a mi abuelo Juan, el héroe, y reencontrarme con mi querida abuelita Leonor. Hube de firmar un juramento donde me comprometía a, una vez hubiera regresado de mi viaje, realizar el Servicio Social, aquel curso obligatorio de seis meses con el que pretendían idiotizarnos, hacernos lo que llamaban «mujeres de provecho», es decir, sumisas, beatas y fascistas. Conmigo no lo consiguieron.

En el año 1971, cuando por fin conocí a mis abuelos, Ollafría, tenía una percepción equivocada de España, pues seguía pensando en el país que él dejó tantos años atrás. Soñaba con volver a un país que, según él creía, hervía gracias a revolucionarios, comunistas, anarquistas y republicanos que, aunque tarde, por fin echarían del poder y juzgarían al dictador y a los bárbaros que se le habían sumado, alzándose contra el poder legalmente establecido y democráticamente elegido, la República y que habían ganado la guerra, con la ayuda de los ejércitos de Hitler y Mussolini, ante la no intervención de las fuerzas democráticas de los otros países, por miedo al comunismo. Él no aceptaba la reconciliación nacional que desde 1956 promovió el PCE.

Pasé dos meses en Bélgica, residiendo en casa de mi tío Miguel Silverio; tanto él como su mujer y sus tres hijos fueron muy generosos conmigo. Sin embargo, a pesar de tener allí a mis queridos abuelos, tíos y primos, y además de encontrar a la que ha sido y sigue siendo mi mejor amiga, Anny, no me quedé, pues no soportaba el clima ni la forma de vida; echaba en falta a mis padres, a mi hermano y la bella luminosidad de Barcelona.

En 1973, mi tío Pablo viajó también a Bélgica para ver a sus padres. Mi abuelo lo reconoció de inmediato, a pesar de que Pablo era ya un hombre de 41 años, casado y con hijos, y cuando él lo había dejado solo tenía unos cinco años. Se fundieron en un largo y cálido abrazo y los dos lloraron de emoción. En ese momento estaban en Bélgica cuatro de los hijos de Ollafría y Leonor; solo faltaban las dos hijas, mi madre, María, y su hermana Paquita.

Visité también en Bélgica a mi tío Juan, exiliado económico, que trabajó muchos años en ese país cuidando un vivero de orquídeas. Aún permanecen allí algunos de sus hijos.

Ya no volví a ver a mis abuelos. Mi abuela falleció de cáncer, el 26 de febrero de 1974 y al año, en abril de 1975, fallecía mi abuelo de tristeza, al volver a verse solo, sin su esposa, acompañado de mi tío Juan y Anny. Murió tan solo siete meses antes que Franco. La ilusión de ambos había sido siempre poder volver a su tierra, lo que no consiguieron. Juan Garrido Donaire, *Ollafría*, fue un hombre honesto que puso su vida al servicio de una causa noble: la transformación del mundo, para acabar con la explotación del hombre por el hombre y conseguir que este fuera un lugar más justo, menos terrible para los pobres como él y su familia. Un hombre que se vio obligado a una dura vida que no quería ni buscó.

De mi querida abuela Leonor he heredado, entre otras cosas, sus rizos. Ella fue una heroína que nunca aparecerá como tal en ningún texto, como si su aportación a la lucha y a la resistencia no hubieran tenido valor ninguno. Además de por esas y otras muchas cosas, soy feminista, pero esa es otra historia.

Luis Bará, el 22 de agosto de 2020 escribía en el diario digital *Público*, en el apartado «Verdad, Justicia, Reparación», que las mujeres son las grandes olvidadas de la historia, del tiempo del miedo y también de la resistencia y de la fraternidad:

> Mujeres valientes y solidarias que amasaban pan y empanadas de maíz sin pedir nada a cambio. Mujeres que cocinaban potes de cocido gallego que los vascos calentaban en latas de pimientos. Mujeres que caminaban durante horas para recoger bolsas de ropa sucia que devolv*í*an en la fecha acordada. Mujeres que esperaban la llegada de convoyes de presos para entregarles agua y alimentos.
>
> Mujeres que transformaban sábanas en camisas y ropa interior con mensajes en las dobladuras. Era una ola de solidaridad, para salvarlos de la soledad y del miedo. También mujeres sometidas a extorsión económica y sexual por los carceleros, porque compraban la vida de los hombres, con una inmensa dignidad humana. Eran la belleza frente al espanto, en momentos de infierno y agonía. Y ha habido una gran ausencia de actos oficiales de reconocimiento y homenaje para las mujeres que protagonizaron una auténtica epopeya de resistencia y fraternidad… Hay que recuperar unas voces silenciadas. No olvidar nombres, fechas, símbolos, como tarea moral en nuestro tiempo.

Mi padre siempre nos comentaba emocionado cómo mujeres que no conocía le entregaban comida, bebida y ropa limpia en diversas ciudades de España, mientras estuvo en las prisiones franquistas o cuando lo llevaban esposado en tren de una ciudad a otra, entre dos guardias civiles.

No hay que olvidar tampoco que muchas mujeres fueron asesinadas, a veces frente a un pelotón, otras en una tapia cualquiera en ejecuciones extrajudiciales y, como ocurrió con muchos hombres, en su certificado de muerte figuraba «hemorragia interna» o «parada cardíaca».

Como dice Galeano, «no hay historia muda por mucho que la quemen, la rompan, la mientan; la historia humana se niega a callarse la boca. El tiempo que fue sigue latiendo vivo…».

Hay un poema de Consuelo Ruiz que me emociona hasta las lágrimas y que dibuja perfectamente a mi abuela y a tantas y tantas mujeres de su época. Se llama «Las mujeres de los rojos» y dice así:

Quisiera escribir un himno
a un pobre racimo humano:
las mujeres de los rojos
que en España nos quedamos,
para las que no hubo escape,
para las que no hubo barco.
Las que quedamos solas
con sus niños en los brazos.
Sin más sostén ni más fuerza
que el que daba el estrecharlos
como prendas de un amor
contra nuestros pechos flácidos.
Todos perdimos la guerra,
todos fuimos humillados,

pero para las mujeres
el trance fue aún más amargo.
Largas colas en Porlier
con nuestros pobres capachos.
Caminatas bajo el sol
con los pies semidescalzos.
Caminatas sobre el hielo
tiritando en los harapos.
Largas duras caminatas
en busca de algún trabajo.
Cansancio y humillación
si lograbas encontrarlo.
Y si no lo conseguías,
humillación y cansancio
por el pan de nuestros hijos,
siempre un combate diario.
Esos días siempre solas,
esos días largos, largos,
que fueron semanas, meses,
que duraron tanto, tanto,
que entre dolor y entre lágrimas
se convirtieron en años!
Nuestros hombres exiliados,
nuestros hombres cada día
cayendo como rebaños
en manos de furia ciega
de matarifes fanáticos.
Y las mujeres seguimos
a nuestro modo luchando
y esa guerra, solo nuestra,
esa guerra la ganamos.
Los hijos de nuestros hombres

quedaron en nuestras manos
y supimos inculcarles
un culto casi sagrado.
Por los nuestros, los ausentes,
los padres que les faltaron.
Se los pusimos de ejemplo
porque siguieran sus pasos
y logramos convencerles
de que eran buenos y honrados,
aunque en la calle, en la escuela
les dijeron lo contrario.
Éramos pobres mujeres
y supimos elevarnos
sobre el dolor, sobre el miedo,
sobre el hambre y el fracaso.
Y criamos nuestros hijos
dignos de sus padres, bravos,
serios, dignos, responsables.
Los íbamos cultivando
pilares para un futuro
que aún parecía lejano
y en el que siempre creímos
con los puños apretados.
Quisiera escribir un himno,
grande, estupendo, fantástico,
de pobres mujeres débiles
con heroísmos callados,
de esfuerzos y sufrimientos
que eran el vivir diario.
Y a pesar de ello supieron
con un esfuerzo titánico
ir manteniendo la llama

de amor al padre lejano,
al padre que estaba preso
o al que habían fusilado.
Yo quisiera a voz en grito
poder entonar un cántico
que dijera todo eso,
que bastante hemos callado.
Las mujeres de los rojos
que en España nos quedamos
creemos tener al menos
el derecho de contarlo.

VI

POR FIN DUCHA Y VIVIENDA

¿Cómo era el nuevo barrio, San Roque, tras las barracas? Las autoridades de Badalona decidieron destruir el barrio de barracas donde vivíamos y trasladarnos a un barrio cercano, en bloques de pisos, recientemente construidos. El piso que nos tocó en suerte en 1969, un octavo recién construido delante de la autopista, costaba 3000 pesetas —18 euros—, una verdadera ganga, pero era dinero que mis padres no tenían, porque vivían al día. O si lo tenía, nuestro padre se lo calló y guardó, como hacía en tantas otras ocasiones. Él entregaba a mi madre un tercio de lo que cobraba y el resto se lo quedaba; cuando mi madre le imploraba que le diera más porque lo necesitaba, pues ella aportaba la totalidad de lo que ganaba, él le gritaba y hasta le golpeaba. Él escondía los billetes en un cajón de una mesa escritorio. Tenía una llave con la que creía que sólo él podía acceder. Ponía trampas, como un hilo, un pelo o un trocito de papel, para estar seguro de que ninguno tocábamos. Sin embargo, al cajón le iban bien todas las llaves de los armarios de la casa. Y mi madre, en ocasiones muy desesperadas, pudo coger algún billete de 1000 pesetas —6 €— con el que afrontar las necesidades más perentorias. Siempre regateó el dinero para atender las necesidades de la familia, de manera que mi madre sufrió mucho por ello.

No fue hasta que falleció que supimos lo que hacía con el dinero: jugárselo en quinielas y loterías, porque siempre soñó con hacerse y hacernos ricos.

Las 3000 pesetas para el piso se las prestaron Victoria Martín y Pepe Almagro, ella prima hermana de mi madre y él su esposo, que siempre fueron muy cariñosos, solidarios y generosos con nosotros. Ambos de Colomera, eran unas grandes personas. Él era militante comunista y sindicalista de CCOO desde la clandestinidad, mientras trabajaba como conductor de autobuses en Barcelona (TMB). También su familia había sido represaliada. Victoria se dejó la vista tricotando suéteres en su casa de Santa Coloma de Gramanet (Barcelona) con varias máquinas industriales, ayudada por su madre.

Nos encantó nuestra nueva vivienda, un piso nuevo de 62 metros, con mucha luz natural, comedor-salón, tres habitaciones, cocina, cuarto de baño y terraza con lavadero. ¡Por fin luz, agua y gas! Mi hermano tenía entonces 16 años y yo 15.

Mi padre construyó un nuevo banco de carpintero y allí, en la terraza, puso sus herramientas. Mi madre colocó numerosas plantas y flores en macetas, no solo en la terraza, sino también en las ventanas de las tres habitaciones. Debido a ello, no podíamos bajar las persianas, que nos libraban un poco del ruido de la autopista que corría a la altura del sexto piso, con seis carriles, por las que no cesaban de pasar coches, motos y camiones las 24 horas del día, los 365 días del año. Yo me despertaba cada día con las uñas clavadas en las palmas de las manos de la tensión que sufría mientras dormía; así durante diez años. No hubo forma de convencerla de que lo más conveniente y necesario era cerrar las persianas. Ella necesitaba vivir con plantas y flores a su alrededor.

Al cabo de un tiempo, nuestro padre hizo unas reformas en el piso, construyó y puso bonitos muebles azules en la cocina y mejoró el baño, modificó la instalación de luces para que fueran conmutadas, cambió las baldosas del suelo y puso una división de madera y vidrio, separando el recibidor del comedor-salón. Lo ayudó mi hermano. Quedó todo muy bonito.

No fue hasta nueve años después, concretamente en septiembre de 1978, que escribí un artículo sobre el barrio, junto con una fotografía que hice. Lo publiqué en la revista *Vindicación Feminista*, bajo el título «SAN ROQUE: un esperpento». Allí explicaba que el barrio está situado en el extrarradio de Barcelona, lindante a Sant Adrià de Besós, con una población de 17.000 personas, distribuidas en 155 bloques con 3400 viviendas. Ese barrio constituye parte de la otra Barcelona, la otra cara de la bella ciudad condal. Este barrio fue promovido por la Obra Sindical del Hogar en consecuencia a las riadas e inundaciones de septiembre y noviembre de 1962. En un principio, se instaló a los vecinos en barracones prefabricados, donde residirían los damnificados, y posteriormente ocuparon el barrio los habitantes de las barracas del Somorrostro y Montjuic, así como de varios barrios de Badalona —como nosotros—. Cuando fuimos instalados allí, se construiría la autopista, que dividía en dos el barrio, con los consiguientes problemas de ruidos, que sobrepasaban en mucho el límite máximo tolerable. A pesar de que cuando escribí el artículo era un barrio de reciente construcción —11 años—, los desperfectos eran enormes, tanto que las pocas entidades que se ocupaban de su problemática dijeron en numerosas ocasiones que la situación del barrio era más propia de sectores rurales del tercer mundo que de una ciudad altamente industrializada. No hay que olvidar que Badalona es una gran ciudad, con unos 250.000 habitantes.

Explicaba que el deficiente acondicionamiento de las viviendas las hacía inhabitables: penetración de la lluvia, humedad, tuberías embozadas que producían a menudo infecciones de tipo fecal, desperfectos de diversos tipos en los cuartos de baño y en las ventanas de madera, suelos levantados, mala orientación hacia el sol, superficies que no llegan al mínimo habitable —había pisos de 62,55 metros y otros de 32, donde en muchas ocasiones residían varias familias—.

La panorámica que ofrecía el barrio a la vista del visitante era desastrosa: los espacios que fueron destinados a zonas verdes estaban arrasados, llenos de objetos cortantes, bolsas de basura rotas, escombros, ratas. Y entre todo ello debían jugar los hijos de los pobres que allí vivían. Las farolas no tenían luces, lo que propiciaba el robo y las agresiones sexuales al amparo de la impune oscuridad. La falta de mercado. Los treinta bares. La carencia de estafeta de correos y telégrafos, así como de buzones —sólo había dos para todo el barrio—. La necesidad de cabinas telefónicas, pues sólo había tres. La falta de guarderías y colegios de EGB, enseñanza media y profesional. De EGB solo existían dos, el Lestonac, religioso, y el Bori i Fontestá, nacional, que albergaba a unos 1300 alumnos, así como el Instituto Eugeni d´Ors, estatal, que alojaba a unos 600 y ninguna escuela profesional, ningún parvulario, ni ambulatorio de la Seguridad Social, Este último era sustituido, con grandes esfuerzos, por el consultorio médico del centro social, que desarrollaba una gran labor social en el barrio. Sólo había una farmacia, en el mismo bloque donde nosotros vivimos y, felizmente, nuestro bloque era el mejor construido del barrio, porque allí estaba el «piso muestra». Tuvimos suerte en el sorteo. No poseía zonas de recreo, centro para jóvenes ni para ancianos. Existía una instalación deportiva pública, pero de uso privado. Por todo ello, el barrio presentaba una imagen tétrica y desoladora.

El nivel profesional, económico y cultural del vecindario era bajísimo; el número de obreros no cualificados y parados sobrepasaba el 90%. En consecuencia, los ingresos medios por familia eran de unas 10000 pesetas al mes por obrero —60 euros—. La mayoría de las mujeres debían realizar una doble jornada laboral, el cuidado de su hogar y el trabajo como empleada doméstica, además de los graves problemas que les ocasionaba la falta total de los servicios colectivos más elementales. El analfabetismo entre los adultos era elevadísimo, pero, gracias a las luchas llevadas a cabo por el centro social, se consiguió que se impartieran clases para ellos, en dos o tres turnos.

No se disponía de camas hospitalarias, ni de servicios de urgencia o casas de socorro. No había centro de medicina preventiva o de salud; tampoco había ambulancia, sólo una farmacia que funcionaba en turno normal, sin servicio nocturno. En contrapartida a tan grave situación, la Seguridad Social cobraba directamente del barrio más de seis millones de pesetas mensuales —35.928 euros—, sin contar otros 35 millones que pagaban los empresarios —210000 euros—. O sea, en total, 41 millones de pesetas —246000 euros—.

En un estudio realizado en 1977 por varias entidades cívicas, resultó que, de 80 nacimientos, tan sólo tres eran embarazos deseados; el resto, fortuitos. Eso daba una idea del desconocimiento total de la sexualidad y de los más elementales métodos anticonceptivos.

En 1978, en un Consejo de Ministros, se decidió conceder 1.500 millones de pesetas —9 millones de euros— para el acondicionamiento del barrio. Se debía urbanizar como un lugar habitable, cambiar tuberías, arreglar cocinas y baños, ventanas, goteras y barandillas, que al estar algunas de ellas podridas habían llevado a la muerte a personas que se apoyaron, y un largo etcétera, hasta conseguir un barrio digno.

Todos los datos que yo aportaba en mi artículo fueron obtenidos gracias a un profundo estudio realizado el año anterior, 1977, por varias entidades cívicas del barrio.

Algunas anécdotas dan idea del escaso nivel cultural del barrio: Un vecino y amigo de mi hermano me vio hablando con nuestros amigos belgas, que nos visitaron en 1972, y, muy asombrado, le dijo a Antonio: «¡Tu hermana habla extranjero!». Él no sabía concretar que era francés. Otra vecina joven, en los años 90, se cruzó conmigo y me preguntó de qué trabajaba. Le dije: «Soy abogada». Quedó también asombrada y me preguntó: «*¿Pero de carrera?*».

Un día, me encontré en el autobús a una antigua compañera del colegio. Hablamos y me preguntó si seguía trabajando de modista. Le dije que nunca había trabajado de eso y que era abogada. Me puso la mano sobre el hombro y, con pena, me respondió: «No te preocupes, cada uno se gana la vida como puede». Creo que si le hubiese explicado que me dedicaba a la prostitución no me hubiera respondido con más lástima…

El barrio de San Roque ha ido degradándose a medida que han pasado los años, a pesar de que se han invertido allí muchas e importantes sumas de dinero, especialmente porque el barrio tiene aluminosis, puesto que fue construido con pésimos materiales. Hoy día ya se han marchado de allí todas las familias que han podido hacerlo y solo quedan grupos de personas muy pobres: pakistaníes, árabes, rumanos, personas procedentes de varios países del este de Europa y muchos de etnia gitana. Algunos de estos últimos, cuando los instalaron allí, vendieron hasta los grifos, pegaron fuego a puertas en hogueras que hacían en las calles y hasta quisieron meter a algún burro en la vivienda, ya que antes vivían en barracas y allí podían tener esos animales.

En los ochenta entró en el barrio la heroína y se llevó por delante a muchos jóvenes, destrozando familias. Eso dio lugar a muchos robos y extorsiones. Algunos grupos comerciaban con drogas; también robaban y luego vendían los radiocasetes de coches que se aparcaban debajo de la autopista. Años antes, en los

70, a mi hermano Antonio le robaron su moto y se la devolvieron al día siguiente, cuando supieron los ladrones que era del hijo del carpintero, al que admiraban y respetaban.

Hace unos meses se ha detenido en San Roque a una peligrosa banda internacional y, en sus pisos, los 700 policías nacionales que los rodearon y atraparon han encontrado grandes cantidades de drogas, armas y dinero.

Recientemente, publicaba *El Periódico de Catalunya* un estudio sobre el barrio y, en relación al tema de la salud, decía que el CAP de San Roque atiende «la problemática más crítica y necesitada de Catalunya». Afirmaba que «se alimentaban de dietas desequilibradas y padecían diabetes, que mermaban su salud». Esos malos hábitos alimentarios consisten en bebidas azucaradas y patatas fritas.

También afirmaba que el 35% de los pacientes asignados al centro de San Roque son inmigrantes, la gran mayoría pakistaníes. Aclaraba que muchas mujeres acudían al centro acompañadas de sus hijos, porque ellas no sabían hablar ni comprendían el castellano ni el catalán, de manera que no podían explicar sus dolencias ni comprender lo que se les aconsejaba.

Las mujeres del barrio

La situación de la mujer allí era como la de cualquier otro lugar: mucho peor que la del hombre, por pobre, marginado o explotado que estuviera.

Una señora, enferma mental, entraba y salía del manicomio donde a veces se pasaba años. La mujer parecía muy triste y sumisa, pero se ponía agresiva si le parecía que mirabas a su guapo esposo. Cada vez que recibía el alta, su joven marido le fabricaba un hijo. A veces la veíamos con su bebé, sentada en la escalera, dándole de comer lentejas chafadas en lugar de teta o biberón. Nunca entendimos cómo sobrevivieron esos niños, que se hicieron altos y fuertes, cuando no habían sido debidamente atendidos por una madre que no estaba capacitada. Siempre me he cuestionado si personas que no disponen de las capacidades mínimas necesarias para ser padres deben poder tener hijos.

Otra jovencita tenía un novio que hacía el servicio militar. Mantenían relaciones sexuales en el coche de él. Ella se quedó embarazada y el muchacho la abandonó a su suerte. Cuando el padre de ella lo supo, la echó de casa tras propinarle una tremenda paliza. La chica no tenía donde ir. Trabajaba de aprendiz de peluquera y no ganaba un salario, sino que percibía tan sólo las propinas. Cada noche, casi de madrugada, la madre le abría la puerta, mientras el padre dormía, y la muchacha podía comer algo y descansar en su cama, sin que el padre lo supiera. Aunque tenía amenazada a su mujer para que no echara una mano a la hija, la buena mujer no estaba dispuesta a abandonarla a su suerte. De madrugada y tras haber hecho su cama y desayunado, la muchacha marchaba a la peluquería, así hasta que nacieron sus gemelos, cuando tuvo que marcharse de casa de sus padres y buscarse la vida. Se le murió el niño y se quedó sola con su hijita. No volví a saber de ella hasta que la hija tuvo 18 años, porque me la encontré por la calle. El padre de las criaturas nunca apareció, no se interesó por su hija y en nada colaboró para sacarla adelante.

Había una familia compuesta por cuatro miembros, padre, madre y dos hijas. Gran parte del barrio sabía que el padre se acostaba con la hija mayor, una adolescente a la que dejó embarazada en dos ocasiones, de las que nacieron dos hijos. Siempre convivieron todos juntos, incluso cuando falleció la madre y el padre, ya viejo, recibía los cuidados de su hija mayor. El vecindario decía, comprensivo: «Qué va a hacer… Al fin y al cabo, es su padre».

Otra mujer decidió separarse de su marido, alcohólico. Él desconfiaba de su fidelidad y le reprochaba si se duchaba o se arreglaba. Solía enfrentarse a ella cuando volvía del trabajo que hacía como limpiadora. Entonces recibió una noticia que la dejó helada. Su hija adolescente le confesó, entre llantos, que su padre la violaba desde que era pequeña. Esa confesión la hizo delante del abogado de su madre, que preparaba la separación judicial, y decidieron denunciarlo.

Tras un terrible proceso judicial, condenaron al padre a ocho años de prisión. Se ahorcó en su celda. En el barrio y en su trabajo le hicieron la vida imposible a la mujer y a la jovencita, de tal manera que tuvieron que dejarlo todo, trabajo, colegio, piso, barrio, y marchar lejos. Yo no podía salir de mi asombro cuando escuchaba a mujeres cercanas decir: «No creo que un padre haya hecho eso con su hija y, si lo ha hecho, eso no se cuenta, se queda en la familia, porque la ropa sucia se lava en casa». Como militante feminista y como abogada sé de muchas situaciones familiares en las que un padre viola reiteradamente a su hija o a su hijo durante años. Por otro lado, sé que no se condena a un hombre a ocho años de prisión si no hay pruebas suficientes, porque por encima de todo está la presunción de inocencia. Si hubiera alguna duda se absuelve al procesado.

Recuerdo también la historia de una niña que fue abusada sexualmente por su padre, desde los ocho hasta los dieciocho años, cuando pudo escapar de casa al cumplir la mayoría de edad. Me lo contó, como amiga, cuando tenía veintitantos. En su familia, estaban enteradas la madre, la abuela, las tías y todas lo consentían. La niña se escapaba de la casa de sus padres y se refugiaba en la de su abuela, en la de sus tías o en la de una amiga o compañera del instituto. De inmediato la devolvían, porque así lo exigían los progenitores. El padre era policía y simpatizante del Partido Popular. Si ella amenazaba con denunciarlo, le decía: «Nadie te va a creer a ti, que eres tortillera, y sí a mí, que soy un hombre decente y una autoridad». La chica le amenazó seriamente cuando el padre comenzó a mirar con lascivia a una de sus hermanas pequeñas. Nunca lo denunció y el delito ya ha prescrito.

Dos noticias que recibí una vez entregado el texto a la imprenta

La primera notícia: a través de la investigación de Alfonso Martínez Foronda y su magnífico trabajo para el *Diccionario de la represión en Granada,* que ya tiene más de siete mil páginas, de las que no pocas están dedicadas a mis abuelos, a mis padres y a la tía Silveria, hermana de mi abuelo. Sé que fue Ricardo Vizcaíno Alarcón, del Comité de la CNT de Sevilla, quien posibilitó la documentación falsa para que mi abuelo y tres de sus hombres huyeran a Marruecos. Y que la red de salida anarquista gaditana fue quien se ocupó de solucionar todo el tema del viaje. Salieron para Tánger el 20 de marzo de 1949, en una motora llamada «Las tres hermanas mandaderas», comprada por doce mil pesetas. Y que la tripulaban Aurelio López Trejo y José Buada Morales. Es importante para mí conocer quiénes ayudaron a cuatro guerrilleros, uno de ellos mi abuelo Ollafría, a escapar del terror fascista y alcanzar la libertad. Les debo gratitud.

Y la segunda noticia: a través del diario El Independiente, de Granada, me contactó el esposo de María del Carmen Poveda Garrido, maestros, vecinos de Cádiz. Me cuentan que ella es la nieta del otro Juan Garrido de Colomera, hombre que estuvo con mi abuelo primero en la partida de Salsipuedes y después en la de Ollafría... Garrido fue dado por muerto por la Guardia Civil, al acribillarlo cuando atracaba una entidad bancaria en Pinos Puente, en julio de 1945. Le piden a la familia que vaya a reconocerlo y la madre le dice a su otro hijo: "si es, lo reconoces, y si no, también". Y así lo hizo su hermano, reconociendo a otro guerrillero como si fuera Juan. Evitaron de esa forma continuos registros y detenciones de la familia, ya que los perseguían para intentar saber dónde se encontraba el maquis. Solo ese hermano supo dónde estaba y cuando las mujeres de la familia, madre y esposa, preguntaban, les contestaba llorando que no preguntarán más, por su propia seguridad, que no podía decirles más, solo que estaba vivo y muy bien. El mítico guerrillero conocido como El Garrido vivió hasta 1990, lejos de su familia.

Ahora su nieta, María del Carmen, escribe una novela sobre su emotiva historia.

Mi abuelo materno, Juan Ollafría. (finales de 1948)

Mi abuela materna, Leonor (principios de 1950)

Mi madre, María, con 30 años

Mi padre, Antonio, con 42 años

Mis padres, mi abuela Leonor, mi tío Miguel Silverio, mi hermano y yo (1958)

Placa homenaje a los maquis granadinos en Barranquilla de las Zorreras (Moclín, Granada)

Cueva donde se escondía mi abuelo cerca de Colomera. Entrada e interior.

Abuela Leonor y yo en Barcelona.

Victoria. Primera esposa de mi padre, con sus hijas Isabel y Antonia en Campotéjar

Mi hermana Isabel

Mi hermana Antonia

Bautizo Isa, hija de Isabel. Delante Antonio y yo (1958)

Concha. Segunda compañera de mi padre

Enriqueta, hija de Concha y de mi padre

Enriqueta, monja de clausura

María, mi madre. Tercera esposa de mi padre

Mi hermano Antonio y yo

Armarito fabricado por mi padre para mis Reyes

Colegio de monjas. Clase de música. Yo sentada delante a la derecha con guitarra

La abuela Verónica con mi padre en la Plaza Cataluña (años 50)

Los abuelos en Casablanca (1965)

GARRIDO
JUAN (a) HOLLA FRIA
DONAIRE.

Natural de Colometa(Granada),de 51 años de edad en 1953,hijo de Pablo y Maria,casado,del campo,vecino de Colomera.

ANTECEDENTES

De pasima conducta en general,significado marxista en todos los órdenes, autor de numerosos atracos,robos a mano armada,secuesros y anonimos,refriegas con las fuerza del Cuerpo y se le supone intervino en el asesinato del dueño del cortijo Elvira,termino de Montillana(Granada).

En el año 1.940 huró a la sierra,mando una partida de bandoleros hasta el día 6 de Enero de 1949 en que se marcho a Tanger y desde esta Plaza a Casablanca,donde actualmente se encuentra.

A este individuo se la atribuyen 88 atracos,43 secuestros,el asesinato de un paisano y 10 agresiones,de ellas 8 a paisanos,resultando uno muerto y dos heridos y las dos restantes a fuerza de la Guardia Civil, resultando un Guardia muerto y otro herido,lo que demuestra la gran significacion de este bandolero al frente de su partida.

Al finalizar el año 1948 la partida que mandaba quedó disuelta y en gran parte exterminados sus componentes. El Olla Fria,como anteriormente se expresa logró marchar al extrangero y en 6 de Enero de 1949 por via Sevilla-Tanger marcho al Marruecos Frances(Casablanca).

Granada 18 de Septiembre de 1954

ABR

Antecedentes de mi abuelo por la Guardia Civil.

en partida.-

-10-1948.- Disolvió la partida,cuando la vió en gran parte exterminada y el resto de sus componentes acosados por fuerzas de la 136ª Comandancia (Granada).

6 - 1-1949.- Salió de Granada clandestinamente en dirección a Sevilla,desde donde marchó a Tanger y a continuación a Casablanca (Marruecos francés),donde estableció su residencia y en donde se cree continua en la actualidad.-

Antecedentes hasta 1949, marcha a Tanger

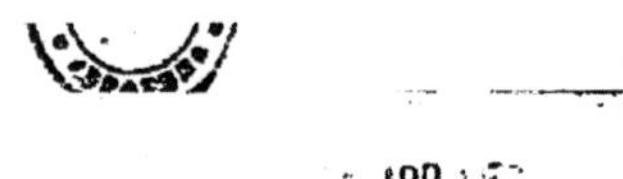

ABR [illegible]

DOMAIZE [illegible]

N. I. 16

(a) Hollafría, de 51 años en 1.953, natural de Colomera (Granada) hijo de Pablo y de María, casado, campo, vecino de Colomera.

ANTECEDENTES:

[illegible] Elvira, [illegible] Montillana [illegible] provincia.

[illegible] 1.940, [illegible] partida de bandoleros [illegible] 1.942 [illegible] marchó a Tánger y [illegible] Llanos (Marruecos Francés), donde actualmente se encuentra.

Antecedentes de la Guardia Civil

Badalona, 31 de Diciembre de 1.956

[illegible] Comandancia de la Guardia Civil — JEFATURA

RELACION de los nombres y residencias de los familiares del bandolero JUAN GARRIDO DOMAIRE (a) Ollafria.

Nombres	Parentesco	Residencia	Domicilio
Leonor Martín Pajares	Esposa	Colomera (Granada)	Tajos Colorados
María Garrido Martín	Hija	Badalona (Barcelona)	Barrio la Salud.
Juan Garrido Martín	Hijo	Colomera (Granada)	Barrio Alto.
Silverio Manuel Garrido-Martín	Hijo	Colomera (Granada)	Tajos Colorados
Francisca Garrido Martín	Hija	id id	Barrio Alto
Pablo Garrido Martín	hijo	id id	Tajos Colorados
Rafael Garrido Martín	Hijo	id id	id id
Silveria Garrido Domaire	Hermana	id id	Callejón de las Ventas.
Carmen Garrido Domaire	Hermana	Granada	

Informe de la Guardia Civil de 1956. Relación de familiares de Ollafría

COPIA DE UN INFORME.-

"Consecuente a lo interesado en su superior escrito núm.2 de fecha 2 del pasado mes de Diciembre, tengo el honor de informar a V. que MARIA GARRIDO MARTIN, de 33 años en 22 de Enero de 1.957, hija de Juan y de Leonor, con anterioridad al G.M.N. y durante el mismo, debido a su poca edad, carecía de antecedentes políticos si bien por el ambiente en que vivía su inclinación era Socialista, y no se conoce que durante el mismo tomara parte en ningun hecho delictivo ni desfavorable, con posterioridad su conducta moral, pública y privada ha sido mala, puesto que sin ser mujer pública era algo aficionada a los hombres lo que demostró posteriormente al marcharse su marido José Pérez Cervera en el año 1.948 a Francia, pues ella se marchó al poco tiempo a servir a Granada donde se amancebó con un tal Antonio, desconocido en esta población y con el que según informes que se tienen está haciendo vida marital y tiene dos hijos, tambien es de rumor público servía de enlace a su padre Juan Garrido Donaire que actuaba de bandolero en las sierras de esta Provincia, si bien estos hechos no se han comprobado.

Su esposo marchó en la fecha expresada a Francia clandestinamente por que según sospechas que se tienen estaba complicado con los bandoleros que capitaneaba su padre politico, era persona de mala conducta pública por su afición a lo ajeno e ideología socialista.

El padre de la informada como antes se dice ha sido bandolero, de ideas marxistas con anterioridad al G.M.N. fué gran propagandista de estas ideas, no llegando a ser dirigente de ninguna organización politica por su falta de cultura, individuo de mala conducta moral pública y privada y cazador furtivo, durante el G.M.N. no tuvo actividades de ninguna clase y logró no ser movilizado por el Ejército rojo en cuya Zona le sorprendió y permaneció durante toda la cruzada por lo que a su terminación no fué detenido, posterior se hizo bandolero y tomó parte en infinidad de atracos y secuestros y en 1.948 se pasó clandestinamente a Francia encontrándose en la actualidad, según los

Informe sobre mi madre de la Comandancia de la Guardia Civil (1956)

Nº 2

ANEJO QUE SE CITA.

Relación

DE LOS SERVICIOS
MAS DESTACADOS
DE BANDOLERISMO
REALIZADOS POR LA FUERZA DEL CUERPO

Madrid 23-Julio-19[illegible]

Relación del *medallero* por el que pagaban los servicios de la Guardia Civil contra los maquis

PROCEDIMIENTO SUMARÍSIMO Nº 162 DE 1945 (LEGAJO 493 / 22 AD)
CONTRA : **Guillermo Pajares García, Juan Ramón Milena Ortega, José de la Fuente Cabello, Antonio Pajares Rosales, Francisco Ramirez López, Francisco Puentedura Uris, Mauel Martinez García y Leonor Martín Pajares.**

Por ser cómplices y encubridores de los huidos de la Sierra y tenencia ilícita de armas.

Ocurrieron los hechos en **Colomera** el día 6 de Febrero de 1945.

Vamos a destacar los hechos a través del Atestado efectuado por la G. Civil de Colomera. Este sería el relato : El 6 de febrero de 1945 se procederá por la G. Civil a la detención de **Guillermo Pajares García** de 39 años, casado, del campo, natural y vecino de Colomera cuando acababa de comprar en un comercio, tres kgs. de salchichon , cuatro de chorizo y uno de morcilla además de una arroba de patatas.

Interrogado, manifiesta que el día anterior, sobre las 19 horas, estando labrando en su propiedad se le presentó **Juan Garrido Donaire a) Ollafría** , acompañado de otro apodado **"el Sordillo"** portando el primero un fusil y el segundo un subfusil ametrallador.

Añade, que el **Ollafría** le entregó un billete de mil pesetas con el encargo de que se lo cambiara su convecino **José Lafuente,** guarda municipal jurado del municipio de Colomera y una vez realizada la operación viniera a Pinos Puente al día siguiente y efectuara la compra de comestibles ya mencionada más una lata de atún de tres kgs. que no pudo efectuar por no haberla en el Comercio.

Que también quedó convenido con el "Ollafría", que la tarde del día seis, sobre el oscurecer, y cuando regresara desde Pinos Puente, le saldrían al camino en el Barranco del Piojo para recogerle los comestibles.

Sabido esto, la Fuerza dispondría el correspondiente servicio, llevando al detenido que iba montado en una caballería, seguido de parte de la Fuerza mientras que el resto rodeaban los contornos del lugar, no obstante, quizás porque estuvieran enterados, éstos no se presentaron a por los comestibles.

Hasta aquí el relato de los hechos según el detenido que involucra en sus manifestaciones a José Lafuente Cabello, José Ramón Milena , Antonio Pajares Rosales, Francisco Ramirez López , Guillermo Pajares García, Francisco Puentedura Uri, Manuel Martín García y por último, a la esposa del "Ollafría".

Todos estos encartados serán detenidos y puestos a disposición judicial . De las declaraciones que efectúan ante el Instructor señalaremos los aspectos más interesantes.

Leonor Martín Pajares : de carenta años, casada, profesión su sexo, natural y vecina de Colomera, calle Barrio Alto. Dice conocer a su convecino Guillermo Pajares pero sólo por ser del mismo pueblo, pero sin ninguna otra relación, por lo que no ha ido nunca en unión del mismo a entresvistarse con su marido al que no ha visto desde que se fué ni tiene deseos de hacerlo. En cuanto a la pregunta que se le hace sobre con qué dinero está haciendo la obra que está llevando a cabo en su domicilio, dice que con la de la venta de un cerdo y seis gallinas

A continuación, figura un "parecer" del Instructor que dice que en Colomera existe el rumor de que el "Ollafría" le facilita cuanto necesita y que a ella se le ve con frecuencia vagabundear por los montes, seguramente buscando a su esposo. Por lo que parece necesario ponerla a disposición judicial

A continuación, se suceden los antecedentes y conducta de cada uno de los encartados, pero que vamos a obviar por no prolongar demasiado la Causa. Solo señalaremos la que la propia G. Civil hace de Leonor Martín Pajares, esposa del "Ollafría" ..."es persona de buena conducta tanto moral como pública y privada, dedicada solamente a las faenas de su clase. Nunca tuvo actividad política alguna, es esposa del bandolero Juan Garrido Donaire, que es el que capitanea la partida que merodea por estos contornos y se cree que pueda estar relacionada con los mismos."

Mientras tanto, al guarda jurado José Lafuente Cabello, se le ponen las cosas peor pues en un registro que la G. Civil efectua en su domicilio se le encuentra tres rifles de los que no tiene la autorización pertinente así que será acusado además, de tenencia ilícita de armas.

El Alcalde de Colomera, dice no tener queja alguna por el trabajo del guarda Lafuente al que nunca se le ha reprochado por su trabajo que siempre ha cumplido con su trabajo., pero que en los asientos de libros de actas del Ayuntamiento no figuran los rifles como pertececientes al mismo.

Esto viene a colación porque Lafuente desde la prisión, había declarado que dos de los rifles pertenecen al Ayuntamiento mientras que el tercero se lo había entregado el maestro de escuela D. Antonio Bernales, que uno lo tenía él por ser propio de su oficio y el otro, que estaba inservible, se lo había entregado el Teniente de Alcalde Miguel Escudero para que lo llevase a una herrería por si podía tener arreglo.

Vuelve a declarar **Guillermo Pajares** que manifiesta que un día le dijo el "Ollafría" que fuera Juan Ramón Milena a verlo, que ese día estaba con Milena en Granada, esperando el declarante que llegara la alsina que en ella llegó el Milena, diciéndole el declarante que" Juan nos espera", que marcharon los dos en dirección del cementerio y diciéndole el Milena, al primo del declarante Antonio Pajares, ven con nosotros. Que cree el declarante que el Antonio

- 27 -

Procedimiento sumarisimo contra ocho personas, entre otros mi abuela Leonor

PARTIDA DE "OLLAFRÍA"

Esta partida surgió en la provincia de Granada en 1942, con los bandoleros JUAN [illegible] DONAIRE (a) "Ollafría", jefe de la partida, JUAN GARRIDO LÓPEZ (a) "El Garrido" y RAFAEL DONAIRE BOLÍVAR (a) "El Chorras", que actuaron en los términos de Colomera y Trujillo, donde cometieron 9 atracos.

En 1943, se incorporaron a la partida JOSE LÓPEZ ZORRILLA (a) "El Tomatero" y JOSÉ CORDÓN (a) "Cogollero", extendiendo la zona de acción a los términos de Villas de Infantes y Motril, donde cometieron 10 atracos, 2 secuestros y una agresión a un paisano.

En 1949 (?), se incorporan a la partida EDUARDO BUENO HERRERA (a) "Chamarra" fugado de la penitenciaría de Dos Hermanas (Sevilla); LÓPEZ ANDRADE DÍAZ "El Gordo". RAFAEL CARRASCO SOTO (a) "Loro Rizado" y MANUEL LUNA ALARCÓN (a) "El Santillo", con los que cometieron 11 atracos y 2 secuestros y llegaron a alcanzar gran popularidad.

En 1944, se les conocieron 13 atracos y 4 secuestros, ampliada ya la zona de acción a los términos de Huevéjar y Cogollos Vega. En un encuentro sostenido el 4 de febrero resultaron heridos dos guardias.

En 1945, causaron alta en la partida MANUEL GARCÍA HERMOSO (a) "Chavisco", FRANCISCO DE LA CRUZ GARCÍA (a) "Pirri" y FRANCISCO GUERRERO SÁNCHEZ (a) " El Nariz". Cometieron 20 atracos en los que obtuvieron 34.000 pesetas, 5 escopetas, alhajas, ropas y víveres; 15 secuestros con los que cobraron 86.000 pesetas, y 4 agresiones en las que resultaron heridos un paisano y un guardia muerto. En este mismo año, en diversos encuentros resultaron muertos JUAN GARRIDO LÓPEZ (a) " El Garrido", el 27 de junio, en el término de Pinos Puente; JOSÉ LÓPEZ ZORRILLA(a) "El Tomatero" , el 28 de junio en el término de Illora; RAFAEL CARRACO SOTO (a) "Loco Rizado", el 29 de junio en el término de Albolote; FRANCISCO GARRIDO LÓPEZ, en la misma fecha; RAFAEL DONAIRE BOLÍVAR (a) "El Chorra" y MANUEL LUNA ALARCÓN (a) "El Santillo" , el 31 de julio en el término de Colomera al igual que los enlaces que los acompañaban; EDUARDO BUENO HERRERA (a) "El Chamarra" y FRANCISCO GUERRERO SÁNCHEZ (a) "El Nariz", el 21 de noviembre, en cuyo servicio murió el sargento del Cuerpo don Eloy Gago Núñez.

En 1946, a pesar de quedar sólo tres bandoleros cometieron 19 atracos en los que obtuvieron 174.735 pesetas, 5 escopetas y víveres; cuatro secuestros, y una agresión a un guardia que resultó herido en 25 de febrero en el término de Monte Fría, así como un asesinato en La Montillana el 21 de junio.

En 1946 además LÓPEZ ANDRADE DÍAZ (a) "El Gordo".

En 1947 solamente quedaba en la partida "Ollafría", "Cogollero" y "Chavico" a los que se unieron MANUEL, ANTONIO y JOSÉ CASTILLO ESCALONA (a) "Castillillos", procedentes del grupo del "Yatero", con los que cometieron 6 atracos y 10 secuestros.

En 1948, decaída ya la moral de sus componentes no tuvieron otra preocupación que conseguir dinero para marchar al extranjero y el 11 de octubre cometieron su último secuestro por el que obtuvieron 40.000 pesetas y se ocultaron para preparar su marcha al extranjero. "Cogollero" consiguió pasar a Francia en el mes de noviembre y MANUEL CASTILLO ESCALONA consiguió llegar a Burdeos.

En este año, antes de ocultarse, habían cometido otros seis secuestros por los que obtuvieron 370.000 pesetas y asesinaron a un paisano en Víznar.

En 1948, "Ollafría" y "Chavito" se trasladaron a Sevilla, de esta a Tánger y finalmente a Casablanca y los hermanos "Castillillo", en el mes de marzo se trasladaron a Tánger, desde donde pasaron a Casablanca quedando así extinguida la partida.

Informe de la Guardia Civil

28 Octubre 38

SENTENCIA.

En la Plaza de Granada a doce de abril de m l novecientos treinta y nueve año de la victoria, reunido el Consejo de Guerra Sumarisimo Permanente de la misma para ver y fallar la sumaria - instruida bajo el numero 4.132 referencia 1.677 contra Antonio FERNANDEZ LÓPEZ, de 26 años de edad, casado, carpintero, hijo de - padres desconocidos, natural de Motril y vecino de Campotejar; y

RESULTANDO: Que el encartado a quien serprendió el Glorioso Movimiento Nacional en el pueblo de su vecindad, se afilió seguidamente al Partido Comunista, habiendo sido designado Secretario - del Comité del Frente Popular cafgo que vino desempeñando hasta el mes de diciembre de mil novecientos treinta y seis, en que - se enroló a las milicias populares, y de los informes aportados si bien se demuestra que dicho individuo es de ideas izquierdistas, tambien aparece perfectamente comprobado que era contrario a que se cometieran asesinatos, robos, saqueos y otros abusos y se - sabe salvó la vida a diferentes personas entre las que puede citarse a José María Guerrero Jimenez que se encontraba detenido en Benalúa de las villas para ser fusilado, de donde fué sacado por el procesado consiguiendo con ello que no le mataran. Hechos que se declaran probados .-

CONSIDERANDO: Que los hechos que se declaran probados en el resultando que antecede son constitutivos del delito de auxilio a la rebelion previsto y penado en el articulo 240 del Codigo de Justicia Militar por cuanto que el procesado, al iniciarse el Glorioso Alzamiento Nacional se afilió enseguida al Partido Comunista, fué nombrado Secretario del Comité del pueblo de su residencia e ingresó despues voluntariamente en las milicias rojas, por lo que procede imponerle la pena señalada al delito en su grado minimo.-

CONSIDWRANDO: QUE hallandose este delito previsto en los enumerados en el articulo cuarto de la Ley de Responsabilidades Politicas, procede que en su dia y una vez que se constituya el Tribunañ Regional de Responsabilidad s Politicas, se remite a este testimonio literal de la presente resolucion, a fin de que se determinen las civiles en que el, prpcesado haya podido incurrir por la comisión d l mencionado delito.-

Vistos los articulos 240 y demas pertinentes del Codigo de - Justicia Militar, así como las demás dispósiciones de general aplicacion.ª

FALLAMOS

Que debemos condenar y condenamos al procesado ANTONIO FERNANDEZ LOPEZ, como autor del delito de auxilio a la rebelion, a la pena de doce a;os y un dia de reclusion temporal, con la accesoria de inhabilitacion absóluta durante el tiempo de la condena; siendole de abono para el cumplimiento de esta, todo wl tiempo que ha estado privado de libertad por esta causa. Remitase en su dia y luego que se constituyan los Tribunales Regionales de Responsabilidades politicas, testimonio literal de esta resolucion, para determinarse las civiles en que el condenado haya podido incurrir por comision del delito porque se le juzga.-

Y a los efectos de aprobación de esta sentencia si procede, remitase con las actuaciones al Iltmo. Sr. Auditor de Guerra del Ejercito del Sur.

Asi por esta nuestra sentencia, lo pronunciamos, mandamos y firmamos.-

Examinada- Granada a cinco de Septiembre de mil novecientos cuarenta

Por la Comisión

COMISION DE EXAMEN DE PENAS * GRANADA

Sentencia condenando a 12 años y un día de prisión a mi padre, por «auxilio a la rebelión»

Nº EXP. : 23687

CENTRO PENITENCIARIO DE TENERIFE

D. JOSE [illegible] RUIZ SUBDIRECTOR DE REGIMEN
DEL CENTRO PENITENCIARIO DE TENERIFE (GRAN CANARIAS)
DEL QUE ES DIRECTOR D. JOAQUIN GARCIA GOMEZ

C E R T I F I C A

Que según datos obrantes en los archivos de este Establecimiento :

D. ANTONIO FERNANDEZ LOPEZ
Nacido el 05-08-12 en MOTRIL
Provincia de GRANADA
Hijo de FELIPE y VERONICA

Ingresó en prisión el 17-sept.-1938 a disposición de Juzdo.Militar de Granada en méritos de Sumario Ord. nº 4.132/39

Siendo juzgado el 12-4-1939 y condenado a la pena d 12 años, 00 meses y 01 dias , por un delito d Auxilio a la rebelión.-

Siendo excarcelado el dia 24-mayo-1942 . Habiendo permanecido en prisión por un periodo de tiempo de tres años ocho meses y siete dias.

Y para que conste a petición del interesado ,y a efectos de acogerse a los beneficios prevenidos en la Disposició Adicional decimoctava de los P.G.E. 1.990, expido el present en El Rosario, a 24 de octubre de mil novecientos noventa.-

Vº Bº

EL DIRECTOR

EL SUBDIRECTOR DE REGIMEN

Certificación centro penitenciario de Tenerife

MINISTERIO DE CULTURA
ARCHIVO HISTORICO NACIONAL
SECCION «GUERRA CIVIL»
37001 SALAMANCA

En contestación a su escrito de fecha 1-12-87

que fue registrado en este Archivo con el n.º 12.588

adjunto remito 1 fotocopias certificadas y compulsadas, en las que consta que Vd perteneció al Ejército de la República con el empleo de Delegado Político.

Le ruego acuse recibo para constancia en este Archivo.

Salamanca, 21 de Septiembre de 1.988

EL JEFE DE LA SECCION

Fdo. Antonio González Quintana.

D. ANTONIO FERNANDEZ LOPEZ
C/ Jerez de la Frontera nº 90 8º 4ª
BADALONA (Barcelona)

El Ministerio de Cultura certifica que mi padre pertenecio al Ejército de la República como delegado político

COMPARECENCIA: En Campotéjar a veinte y cuatro de Septiembre de mil novecientos noventa, ante el Sr. Juez de Paz D. José Luis Hernandez-Carrillo Lozano, asistido de mi el Secretario, comparecieron D. Juan Fernandez Cabello, mayor de edad, casado, pensionista, vecino de Campotéjar, domiciliado en la Calle Nueva nº 37, con D.N.I. nº 23.403.703 y D. Manuel Bolivar Garcia, tambien mayor de edad, casado, vecino de Campotéjar, domiciliado en la Calle San Antón nº 19, pensionista, con D.N.I. nº 23.403.807, los que juramentados en legal forma manifiestan: Que por razones de ser paisano y encontrarnos prestando el servicio militar dentro de la misma Brigada la 93 Mixta, nos consta que durante los años 1.937 y parte del 1.938, D. Antonio Fernández López, mayor de edad, casado, pensionista, vecino de Badalona (Barcelona), C/ Jerez de la Frontera nº 90-8º-4ª, Barrio San Roque, con D.N.I. nº 38621097, ostentó el cargo de COMISARIO POLITICO DE BATALLON.

Leida que les fué esta su comparecencia en la que se afirman y ratifican firmando con el Sr. Juez de Paz de que doy fe.

JUZGADO DE PAZ DE CAMPOTÉJAR (Granada)

Comparecencia vecino de Campotéjar

N° 257. — L'an mil neuf cent septante-quatre, le vingt-sept février, à onze heures, après constatation, Nous, Guy Messiaen, Echevin délégué, Officier de l'Etat civil de la commune d'Uccle, dressons l'acte de décès de : Léonore M a r t i n - P a j a r e s, sans profession, décédée le vingt-six de ce mois, à sept heures, avenue De Fré, numéro 206, en cette commune, domiciliée à La Hulpe, rue de la Grotte numéro 1, née à Colomera (Espagne) le dix juillet mil huit cent nonante-neuf, réfugiée de l'ONU, d'origine espagnole, épouse de Juan Garrido-Donaire, pensionné, né à Colomera (Espagne) le dix-huit mai mil neuf cent deux, réfugié de l'ONU d'origine espagnole, fille de Salvador Martin, et de Maria Patajares, conjoints décédés, sans autres renseignements. Sur la déclaration de Maria Garrido-Martin, épouse de Antonio Fernandez-Lopez, fille, sans profession, âgée de cinquante ans, domiciliée à Badalone (Espagne) et de Carmen Perez-Balboa, épouse de Miguel Garrido-Martin, bru, sans profession, âgée de trente-six ans, domiciliée de fait à La Hulpe, lesquelles ont signé avec Nous.

Duquel acte il leur a été donné lecture. — Van welke akte er hun lezing is gedaan geworden.

Certificado de defunción de mi abuela. Bélgica a 1974

ACTE DE DECES N° 47.

L'an mil neuf cent septante-cinq, le vingt-huit avril à dix heures, après constatation, Nous Pierre Rouelle, Bourgmestre, Officier de l'état civil de la commune de La Hulpe, arrondissement judiciaire de Nivelles, Province de Brabant, dressons l'acte de décès de : G A R R I D O - D O N A I R E, Juan, de nationalité espagnole, réfugié de l'ONU, pensionné, décédé le vingt-sept avril mil neuf cent septante-cinq, à dix-huit heures trente minutes, en cette commune, au Centre Social de Solidarité, rue de la Grotte, n° 1, domicilié au même lieu, né à Colomera (Espagne) le dix-huit mai mil neuf cent deux, veuf de MARTIN-PAJARES, Léonore, décédée à Uccle, le vingt-six février mil neuf cent septante-quatre, fils des conjoints décédés GARRIDO-DONAIRE Pablo et de DONAIRE, Maria.

Sur déclaration de VERHAEGHE, Léon, âgé de soixante-six ans, négociant et de GAMBY, Marie-José, âgée de quarante-sept ans, employée, tous deux domiciliés à La Hulpe.

Duquel acte fait en double, il leur a été donné lecture et qu'ils ont signé avec Nous.

Certificado de defunción de mi abuelo. Bélgica 1975

MINISTERIO
DE DEFENSA

SECRETARIA GENERAL TECNICA

SUBD.GRAL. DE RECURSOS E INFORM. ADMTTVA.
SERVICIO DE INFORMACION ADMTTVA.

MINISTERIO DE DEFENSA
03.01.03 083548
REGISTRO GENERAL
SALIDA

O F I C I O

S/REF.: 29028 Núm.: Fecha: 10-05-02

N/REF.: 423-I Núm.: 138667

FECHA: Madrid, 27 de Diciembre de 2002

ASUNTO: **CARENCIA DE ANTECEDENTES DE PERMANENCIA EFECTIVA EN PRISIÓN.**

DESTINATARIO: GENERALITAT DE CATALUNYA
DEPARTAMENTO DE JUSTÍCIA I INTERIOR
Secretaria de Serveis Penitenciaris,
Rehabilitació i Justícia Juvenil
C/Aragó, 332
08009-BARCELONA

En relación con el escrito de referencia, se comunica a esa Sección de Régimen Penitenciario que, consultados los Organismos militares pertinentes, no aparecen en los mismos antecedentes relacionados con la permanencia efectiva en prisión, correspondiente a

D. **MARIA GARRIDO MARTIN**

Adjunto se devuelve la documentación aportada.

EL CAPITÁN, JEFE INTERINO DEL SERVICIO

Fdo.: Manuel Caballero Moreno

CORREO ELECTRÓNICO
infodefensa@mde.es

Pº DE LA CASTELLANA, 109
1ª planta
28071 - MADRID
TEL.: 91 395 50 50
FAX: 91 395 51 52

Documento que certifica la carencia de antecedentes de prisión de mi madre (2002)

Generalitat de Catalunya
Departament de la Presidència
Secretaria General del Conseller en Cap

RESOLUCIÓ DE DATA 19 D'OCTUBRE DE 2004 PER LA QUAL ES CONCEDEIX UNA INDEMNITZACIÓ AL SR./SRA MARIA GARRIDO MARTIN DE CONFORMITAT AMB EL QUE DISPOSA EL DECRET 288/2000, DE 31 D'AGOST.

La Llei de pressupostos generals de l'Estat per a 1990, en la seva disposició addicional divuitena, va estipular la concessió d'una sèrie d'indemnitzacions a favor d'aquelles persones que van patir presó com a conseqüència dels supòsits regulats a la Llei 46/1977, de 15 d'octubre d'amnistia.

El Govern de la Generalitat de Catalunya amb la voluntat d'ampliar la cobertura d'aquelles indemnitzacions a persones residents a Catalunya que, havent patit privació de llibertat en els supòsits previstos en la Llei 46/1977, no complien algun dels requisits exigits de la disposició divuitena abans mencionada, va dictar el Decret 288/2000, de 31 d'agost, pel qual s'estableixen els requisits per regular les indemnitzacions de les persones incloses en els supòsits previstos a la Llei 46/1977, de 15 d'octubre, d'amnistia, i excloses dels beneficis de la disposició addicional divuitena dels pressupostos generals de l'Estat per als períodes 1990 i 1992.

Atès que el/la Sr./Sra. MARIA GARRIDO MARTIN d'acord amb el que s'estableix a l'article 2 del Decret 288/2000, de 31 d'agost, ha presentat una sol·licitud, ja que considera que es troba inclòs/a en els supòsits establerts pel Decret per poder ser persona beneficiaria d'aquest ajut.

Atès que la Mesa de Valoració constituïda a aquest efecte, va valorar la documentació presentada per la persona interessada i va considerar que s'acrediten els requisits exigits en el Decret 288/2000, de 31 d'agost.

En ús de les facultats previstes a l'article 13 a) de la Llei 13/1989, de 14 de desembre d'organització, procediment i règim jurídic de l'Administració de la Generalitat de Catalunya,

RESOLC,
Concedir al Sr./Sra. MARIA GARRIDO MARTIN la quantitat de 901,52 Euros, en concepte d' "indemnització per haver patit privació de llibertat", durant el període de 3 mesos acreditat/s (92 dies), d'acord amb el que estableix el Decret 288/2000, de 31 d'agost .

Contra aquesta resolució, que exhaureix la via administrativa, podeu interposar recurs de reposició davant del mateix òrgan que l'ha dictada, en el termini d'un mes, a comptar des de l'endemà de la notificació, d'acord amb els articles 116 i 117 de la Llei 30/1992, de 26 de novembre, o, directament recurs contenciós administratiu davant la Sala Contenciosa Administrativa del Tribunal Superior de Justícia de Catalunya, en el termini de dos mesos a comptar des de l'endemà de rebre la notificació, d'acord amb els articles 10.1.a i 46.1 de la Llei 29/1998, de 13 de juliol, reguladora de la jurisdicció contenciosa administrativa.

P.D. Resolució PRE/435/2004, d'1 de març (DOGC núm. 4085, de 5 de març de 2004).
Raimon Carrasco i Nualart

Barcelona, 19 d'octubre de 2004

Resolución de indemnización para mi madre, por haber estado en prisión

Serie A № 586713

MINISTERIO DE JUSTICIA

SERVICIO DE IMPRESOS
DEL REGISTRO CIVIL

13 NOV. 1985

Folio

REGISTRO CIVIL DE ____ DISTRITO ____

Número 2694

NOMBRE Y APELLIDOS

Antonio Fernández Garrido

NOTA

Certificación librada para la obtención del Documento Nacional de Identidad. Decreto 22 Febrero 1.962

12-5-61

Timbre 25-
Tasas 100-
TOTAL 195-

REGISTRO CIVIL DE BARCELONA

CERTIFICO que la presente certificación literal expedida con la autorización prevista en el artículo 26 del Reglamento del Registro Civil, contiene la reproducción íntegra del asiento correspondiente obrante en el libro 225 (8) de la Sección Primera, de este Registro Civil.

13 NOV. 1985

Delegado D. SANTIAGO HERNANDO

Certificado de nacimiento de mi hermano Antonio. Consta como hijo natural de nuestros padres

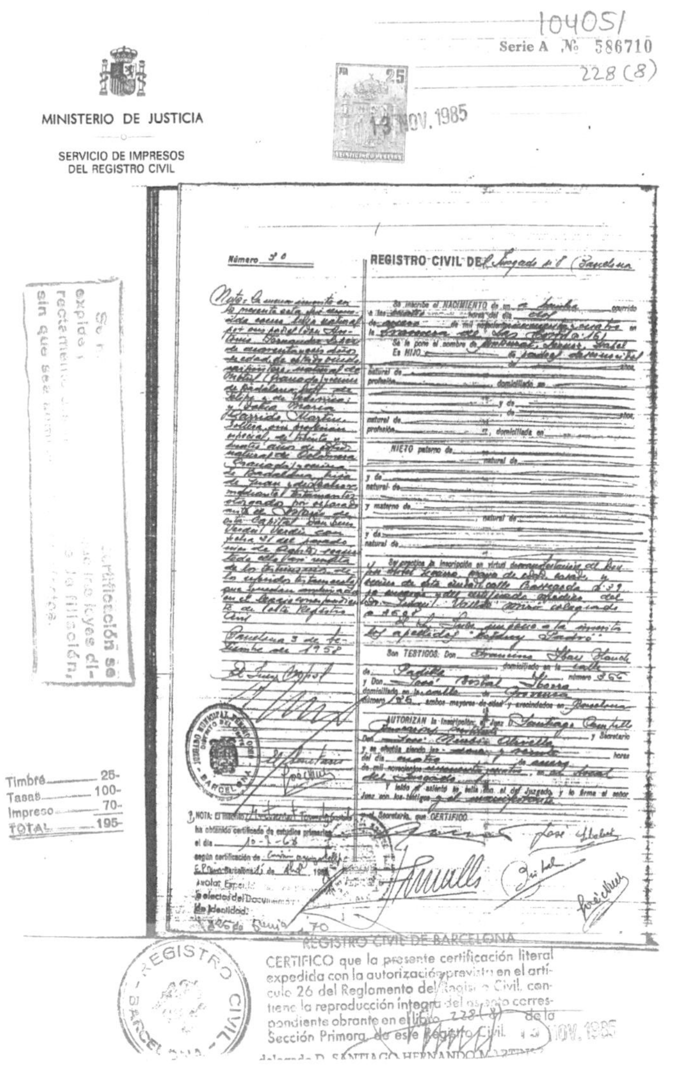

10405/

Serie A Nº 586710

228 (8)

13 NOV. 1985

MINISTERIO DE JUSTICIA

SERVICIO DE IMPRESOS
DEL REGISTRO CIVIL

Número 30

REGISTRO CIVIL DE

Se inscribe el NACIMIENTO

Se le pone el nombre de

Es HIJO

natural de

profesión

domiciliado en

NIETO paterno de

natural de

y materno de

Son TESTIGOS: Don

y Don

AUTORIZAN la inscripción

Barcelona 3 de febrero de 1958

Timbre 25-
Tasas 100-
Impreso 70-
TOTAL 195-

NOTA:

ha obtenido certificado de estudios primarios

el día 10-7-68

según certificación de

Barcelona de 1968

REGISTRO CIVIL DE BARCELONA

CERTIFICO que la presente certificación literal expedida con la autorización prevista en el artículo 26 del Reglamento del Registro Civil, contiene la reproducción íntegra del asiento correspondiente obrante en el libro 228 (8) de la Sección Primera de este Registro Civil.

13 NOV. 1985

delegado D. SANTIAGO HERNANDO MARTINEZ

Certificado de mi nacimiento, como hija de padres desconocidos

Segunda parte

EN BUSCA DE MI IDENTIDAD

VII

PREÁMBULO DE LIBERTAD

Poco tiempo después de volver de Bélgica tuve que hacer el Servicio Social, tal como había prometido para poder sacarme el pasaporte. Era obligatorio para las mujeres solteras, de los 17 a los 35 años; de lo contrario, no se podían desarrollar muchos trabajos, ni ser funcionaria, ni sacarse el carnet de conducir, ni el pasaporte. Cumplí el servicio en enero, febrero y marzo de 1974, a los 20 años. Iba todas las tardes de lunes a viernes, de siete a diez de la noche, a un local situado en el centro de Badalona. Lo cierto es que constaba de seis meses, tres de teoría y tres de prácticas en alguna institución, generalmente religiosa, pero se podían cambiar estos últimos por un regalo de tipo caritativo, como en mi caso; regalé ropita para niños pobres, puesto que ya trabajaba.

Las asignaturas que se impartían por parte de mujeres miembros de la Sección Femenina eran Cocina, Religión, Sindicatos, Música, Formación del Espíritu Nacional, Trabajos Manuales, Puericultura, Economía Doméstica, Corte y Confección, Actividades Culturales y Convivencia.

Las clases de Política comprendían el siguiente temario: «El hombre como portador de valores eternos: dignidad, integridad y libertad», «*La c*onstitución del Estado español», «*E*l fuero de trabajo, derechos y deberes», «*La* Ley de Cortes», «El fuero de los españoles», «*Los p*rincipios del movimiento», «*El* refer*é*ndum», «*la* Ley de sucesión», «la Ley orgánica del Estado», «*Los d*erechos políticos, sociales y de trabajo de la mujer», «*El c*oncepto de Estado y elementos que lo integran», «*Las f*ormas de poder según las formas de gobierno y funciones del Estado».

Algunos de los temas que nos dictaron y que recogí en apuntes que todavía hoy guardo eran normas para hacer la compra, el alumbrado, el teléfono, las diversiones —el baile—, la relación con nuestros semejantes, el orden, las lecturas y la correspondencia, el modelo de solicitud de una instancia y la música, la lengua, la ciencia y el arte.

Nos hicieron varios exámenes y yo saqué una media de notable, aunque tanto en Política como en Corte y Confección obtuve un 10 y en Puericultura un 9. Fue entonces cuando creí que me iba a dedicar profesionalmente a esta última, pues me gustaban los niños y el estudio de la materia. Lo cursé por correspondencia más adelante. Por el contrario, odiaba la asignatura de Corte y Confección, pero mi madre me inscribió a un curso en una academia privada y me obligaba a ir a clase. Ella cosía prendas de confección, pero no sabía cortar y, como quería lo mejor para mí, soñaba con que yo fuera modista. Me sacó de las clases de inglés, que me iban muy bien, porque, según ella, no iba a servirme para nada, y me matriculó en Corte y Confección, sistema Martí, que hice durante unos años. Sólo me faltó el examen final para ser modista.

En los tres meses del Servicio Social tuve seis faltas, el máximo tolerado, para irme a bailar, mi pasión.

Era notoria la poca formación que tenían algunas compañeras del curso. Hubo una que me hizo una confesión y me pidió que no me riera de ella. No podía reírme de su ignorancia ante temas delicados. Me preguntó cuál era el orificio por el que se mantenían las relaciones sexuales, si era por el mismo por el que salía la orina. Sentí mucha pena por la muchacha. Yo tampoco había mantenido relaciones sexuales todavía, pero mi desconocimiento no era tan enorme.

Así pues, la función de la Sección Femenina era claramente triple: adoctrinadora, educadora y asistencial. Decía su fundadora, Pilar Primo de Rivera: «La mujer nunca descubre nada. Carece del talento creador, reservado por Dios a los hombres. Nosotras solo podemos interpretar mejor o peor lo que el hombre nos da hecho». Así relegaban a las mujeres a su función de ama de casa y reproductora, y al mismo tiempo la adoctrinaban en la formación religiosa, política y moral. Estuvieron dando cursos desde 1934 hasta 1977, dos años después de la muerte del dictador.

Su ideología era retrógrada. Consistía en recluir a las mujeres en el hogar, sumisas al padre primero y al marido después. Se las alejaba del trabajo y de los focos públicos. Se las consideraba «el templo de la raza». Eran las socializadoras de los hijos. La mujer tenía unas limitaciones jurídicas de capacidad y control de su cuerpo y mantenían una política natalista, «cuantos más hijos mejor».

Era una época de represión de la libertad sexual, en la que estaban prohibidos los anticonceptivos. Se sancionaba a quien los prescribiera o vendiera y, por supuesto, también a quien los tomara. Desde luego, el aborto estaba gravemente sancionado, aunque sí, había una reducción de pena si el aborto era para evitar la deshonra, según el artículo 416 del Código Penal de la época. Mientras, el Código Civil equiparaba a la mujer con los locos; no pudo ser ni tutora ni testigo en testamentos hasta 1973. En cuanto a otras leyes, el divorcio estuvo prohibido hasta 1981; las mujeres estaban obligadas a obedecer al marido y éste tenía el derecho de «reprenderla moderadamente». El adulterio era condenable solo para la mujer y el amancebamiento para el hombre; es decir, él era condenado solo si residía en la casa familiar con su amante y tenía un leve castigo si asesinaba a su mujer en el caso de encontrarla yaciendo con otro hombre: era desterrado de la ciudad en que vivieran durante solo seis meses. La patria potestad sobre los hijos era siempre sólo del padre. Había que pedir permiso marital para abrir cuentas, abrir un negocio, firmar un contrato de trabajo o sacar el pasaporte. El marido podía cobrar el salario de su esposa y siempre era él quien lo administraba. No fue hasta 1975 cuando se abolió la licencia marital, con modificaciones en el Código Civil y Código de Comercio, y, aunque las mujeres solteras alcanzaban la mayoría de edad a los 21 años, no podían dejar el hogar paterno hasta los 25, salvo que fuera para entrar en religión. Como he explicado, en el caso de mi hermana Enriqueta, para hacerse monja bastaba con tener 16 años y no era necesario el permiso paterno. Hasta los años 60, a las mujeres les estaba prohibido fundar una empresa, viajar sin permiso paterno o marital; también tenían cerrado el acceso a la abogacía del Estado, al Registro de la Propiedad, a Aduanas, a la Marina Mercante, a Inspección de Trabajo, a la Judicatura y a la Fiscalía y, desde luego, al acceso a la policía, la guardia civil y al ejército.

José Luis

José Luis y yo empezamos a salir en diciembre de 1974. Nos fuimos a vivir juntos en marzo de 1979, a un piso nuevo que compramos en Badalona y convivimos, sin casarnos, hasta agosto de 1992, cuando lo hicimos «por lo criminal», como llamaba mi suegra al matrimonio civil.

Nos casamos en el bonito Ayuntamiento de Pals (Girona), un recinto gótico situado en el centro histórico, en un local recién rehabilitado; la ceremonia corrió a cargo de un campesino, juez de paz que sustituyó al alcalde, quien se hallaba de viaje. Pals es un precioso pueblo medieval, rodeado de arrozales, cultivos de manzanos, melocotoneros y maíz e inmensos campos de amapolas y girasoles, que llenan el paisaje de bellos colores, con una hermosa y extensa playa. Nuestro paraíso terrenal. No informamos a nadie de la boda, salvo a nuestros padres, que actuaron de testigos. Luego, los seis lo celebramos con una comida en un restaurante del pueblo.

José Luis y yo, desde el principio de nuestra convivencia, decidimos no tener hijos, a pesar de que a los dos nos gustan mucho los niños. Mi marido no tiene paciencia y yo quería estudiar, trabajar, seguir militando en causas justas y viajar —hemos visitado más de treinta países de cuatro continentes—; eso era evidentemente incompatible con la responsabilidad de tener hijos.

Militancia

Desde jovencita y hasta los veinticinco años colaboré como simpatizante con el PSUC (Partido Socialista Unificado de Catalunya), en el que militaban una gran parte de las personas que luchaban en la clandestinidad por los derechos políticos y sindicales. Era el partido de mi padre desde que llegó a Barcelona, hermano del Partido Comunista de España. El lema de la época era *Llibertat, Amnistía i Estatut d'Autonomía*. Nunca pensamos que esa amnistía sería no sólo para los prisioneros de izquierdas, luchadores por las libertades, sino también para los verdugos, torturadores y asesinos fascistas. Ese fue uno de los engaños de la llamada Transición, que en absoluto fue tan pacífica —en esos años hubo cientos de muertos— ni tan magnífica como se ha contado.

Julio Anguita, alcalde de Córdoba durante nueve años en los 90, secretario general del PCE primero y coordinador general de Izquierda Unida luego, hombre honesto y clarividente donde los haya, recientemente fallecido, decía en una entrevista televisiva concedida en 2012 al periodista Jordi Évole sobre la Transición: «La democracia en España nació mal. De modélica, nada. La Transición fue un *apañito* para que el poder económico del franquismo se bañase en el Jordán democrático, siguiese mandando económica y políticamente, de forma que continuasen mandando hasta hoy».

En cuanto se formó el sindicato Comisiones Obreras (CCOO), aun en la clandestinidad, me afilié y así estuve hasta finales de 1978.

Trayectoria

Desde abril de 1969, con quince años recién cumplidos, trabajé de administrativa primero y de secretaria después en varias empresas a lo largo de diez años. En esas épocas no se oía hablar catalán, pues estaba prohibido. Yo oí por primera vez una palabra en esa lengua cuando ya tenía 18 años y fue *cama*, que quiere decir «pierna», lo que me sorprendió. Hoy hablo y leo catalán, aunque no sé escribirlo pues nunca lo he estudiado.

Entretanto, iba estudiando por las noches el graduado escolar, Secretariado de Alta Dirección y algún curso de inglés. A los 25 años, tras haber hecho una reducción de plantilla en la empresa donde trabajaba, en Sant Adrià de Besós (Barcelona), en la que se desprendieron de todo el Departamento Administrativo, en abril de 1978 empecé a trabajar en el despacho de la abogada y escritora feminista Lidia Falcón, que me contrató para que consiguiera publicidad para la revista *Vindicación Feminista*, aunque a los dos meses dejé de hacerlo, pues no conseguí ninguna que no fuera contraria a la ideología de la revista.

Hacía unos meses que yo era militante del grupo de mujeres que ella dirigía, la Organización Feminista Revolucionaria. Colaboraba en la revista, publicando algunos artículos y realizando encuestas.

La periodista Carmen Alcalde era la directora de la revista, lo que supuso un privilegio y un honor para mí. Fue durante tres años la mejor revista feminista que se ha publicado en España y una de las mejores del mundo, con un precioso y moderno diseño de Toni Miserach, buen papel y donde escribían las mejores plumas nacionales: la propia Carmen Alcalde, Lidia Falcón, Maruja Torres, Carmen Sarmiento, Marisa Hijar, Montserrat Roig, Anna Mª Moix, Cristina e Inés Alberdi, Rosa Montero, Cristina Fernández Cubas, Sara Presutto, Mª José Ragué, Magda Oranich, Carmen Riera, Isabel Segura, Anna Becciu, Maite Goicoechea, Nuria Pompeia, Amparo Moreno, Victoria Sendón, Regina Bayo, Encarna Sanahuja, Nuria Beltrán, Nati Preciado, Amparo Moreno, Laura Palmés, Esther Tusquets, Empar Pineda y Soledad Balaguer. También escribían magníficas plumas internacionales y en ella publicaban dos excelentes fotógrafas, Colita y Pilar Aymerich, que tienen las más altas distinciones de su profesión.

La revista tuvo que dejar de publicarse en 1979 a causa de graves problemas económicos, y ello a pesar de las generosas aportaciones de algunos compañeros como Jaume Torras, Eliseo Bayo y Federico de Valenciano. Las mujeres feministas a las que iba dirigida la compartían, en lugar de comprar una cada una, y los partidos de izquierdas dieron orden a sus militantes de hacerle boicot, porque desde la revista se atrevían a criticar también sus comportamientos machistas, no sólo los de la derecha. Se pudieron hacer tres monográficos sobre el divorcio, la sexualidad femenina —con un título muy sugerente, *El placer es mío, caballero*— y la última, mucho más modesta, sobre el aborto.

Como decía, a los dos meses de empezar a colaborar en la revista dejé de encargarme de la publicidad y pasé a trabajar como secretaria de Lidia Falcón, que parecía muy satisfecha con mi labor, pero el hecho de trabajar con tan prestigiosa letrada significó pasar de cobrar un salario medio a un tercio del mismo, un sueldo misérrimo. Trabajé en su gabinete jurídico durante 15 años como secretaria y coordinadora del despacho, aunque solo estuve dada de alta en la Seguridad Social durante cinco. Luego seguí trabajando en el bufete otros diez años, ya como abogada y socia. En total, 25 años, 17 de los cuales Lidia estuvo en Madrid y yo era la responsable del despacho de Barcelona.

Allí conocí a Elvira Siurana Zaragoza, gran amiga desde entonces, también secretaria en el despacho y con la que he militado en el feminismo durante muchos años. En pocos meses fundamos el Gabinete Jurídico y Psicológico para la mujer (1979), formado por abogadas, psicólogas, una trabajadora social y, más adelante, también una ginecóloga, además de nosotras dos secretarias. Fue una bonita y excitante experiencia piloto en España. Gracias a ese trabajo y a la militancia en la Organización Feminista Revolucionaria pude, durante años, participar en muchos programas de radio y de televisión, nacionales e internacionales, o en revistas, siendo entrevistada por grandes periodistas del país.

Acción feminista

Escribí, publiqué y coordiné la revista *Poder y Libertad* y colaboré en el montaje y la fundación de los clubes Vindicación Feminista de Barcelona y Madrid, donde ofrecíamos servicios para mujeres, a la vez que realizábamos actividades como conferencias y mesas redondas, teatro militante, con el que llegamos a actuar en un teatro del barrio de Gracia y hasta en la Plaza Catalunya, saliendo nuestra actuación en los informativos de las televisiones de toda España. En un hermoso local modernista de la calle Bailén de Barcelona montamos la sede del Partido Feminista y del Club Vindicación, donde pusimos también un bar que servía bebidas y cenas. Desde allí las responsables de los temas de reproducción ofrecían información de viajes de mujeres hacia Inglaterra u Holanda para abortar, ya que aquí estaba prohibido, perseguido y gravemente penado. Se llenaban aviones de mujeres que llegaban a Barcelona desde todos los rincones de la península ibérica. Los hospitales regalaban la intervención a una de cada diez de las que enviaran. Mandaban a mujeres gitanas que tenían ya muchos hijos o a otras que padecieran una grave situación económica. También la empresa de viajes a la que acudían las mujeres a comprar los billetes de avión les hacía descuentos.

Asimismo, empecé a viajar, tras haber convertido la OFR en Partido Feminista y ser una de las dirigentes, organizando y colaborando en mesas redondas y conferencias, no sólo en España, sino también en París, donde celebramos un congreso de tres días sobre feminismo y pacifismo. Allí di una conferencia en francés sobre el tema y conocí a una gran intelectual francesa, Suzanne Blaise, creadora de los Partidos Feministas de Bélgica y de Francia, escritora y poeta, con la que he seguido manteniendo una gran amistad. Susanne Blaise nació en noviembre de 1923. Su padre estuvo preso durante cinco años en un campo de concentración alemán. Su madre apenas podía alimentarse, alimentar y atender las necesidades básicas de la pequeña, que creció en la más absoluta soledad y pobreza. En breve va a cumplir 98 años. También llegamos a Londres, a la Feria Internacional del Libro Feminista; junto a Lidia Falcón y Elvira Siurana, llevamos nuestros libros y revistas. En Ginebra asistí a unas jornadas sobre feminismo y pacifismo que se organizaron en la sede de la ONU, donde coincidí con la dirigente socialista Anna Balletbó, la que, estando embarazada de mellizos, consiguió que los golpistas del 23F la dejaran salir del hemiciclo y avisar al rey; me consiguió una entrevista en una radio suiza, la cual compartí con ella.

A Nairobi, en julio de 1985, en el Decenio del Año Internacional de la Mujer, que reunió allí a 15000 mujeres de todo el mundo, fui con Lidia Falcón y Elvira Siurana, pero allí coincidimos con nuestra compañera, la periodista y reportera de guerra Carmen Sarmiento. Las cuatro éramos dirigentes del Partido Feminista. Pudimos hacer varios paneles —mesas redondas y debate—, donde tratamos temas candentes de entonces y de ahora: la violencia machista contra la mujer, el trabajo doméstico, el aborto y la reproducción.

Nuestra amiga y compañera Carmen Sarmiento, que era la vicepresidenta del Partido Feminista, mostró uno de sus magníficos reportajes sobre la situación de las mujeres en el mundo, seguido de un interesante debate. También realizó un documental sobre la conferencia, subvencionado en España por el Instituto de la Mujer (Madrid).

Gracias a Carmen Sarmiento conocí a grandes figuras del feminismo, como Ángela Davis, la hermosa filósofa feminista y miembro de las Panteras Negras de EEUU, y a Rigoberta Menchú, dirigente guatemalteca que unos años después ganó el Premio Nobel de la Paz, entre otras. Todo un honor y un orgullo para mí, que tanto las admiraba.

Angela Davis, además de filósofa, había sido una política marxista, activista afroamericana, antirracista y feminista que padeció años de cárcel en su país. Trabajaba como profesora del Departamento de la Conciencia, en la Universidad de California, en Santa Cruz, EEUU. Había nacido en Alabama, el 26 de enero de 1944. Escribió *Mujer, raza y clase* y *¿Son las prisiones obsoletas?*

Ella difundía mensajes como que «el feminismo es la idea radical que sostiene que las mujeres somos personas». También hizo aún más conocida la frase de Rosa Luxemburgo: «Quienes no se mueven, no notan sus cadenas»

Conocía su rostro y su biografía porque la revista *Vindicación Feminista* le había dedicado una portada, con una hermosa fotografía de ella, en la que estaba bellísima y con el titular *Black is beautiful* (Negro es bello), acompañado de un amplio artículo sobre su vida. Pero al verla me llevé tal decepción que perdí el interés y ni siquiera me apetecía que Carmen nos la presentara. Ángela había cambiado drásticamente su físico: se había aclarado la piel, llevaba el pelo teñido de rubio y vestía como cualquier burguesa occidental. Ya no era la luchadora negra, orgullosa de su color y de sus raíces. Me equivoqué, porque Angela ha continuado su lucha a pesar de sus cambios físicos.

De Rigoberta Menchú había leído su escalofriante biografía, *Me llamo Rigoberta Menchú y así me nació la conciencia.* Defensora de los derechos humanos, era miembro del pueblo maya *quiché* y embajadora de la Unesco. En su día, me había impresionado mucho la lectura de su biografía, por la que supe que era una reputada líder. Luego sería Premio Nobel de la Paz y después Premio Príncipe de Asturias de Cooperación Internacional.

Gracias a Lidia Falcón pude conocer y debatir sobre feminismo con Manuela Carmena, que en aquella época era magistrada y hace pocos años ha sido alcaldesa de Madrid, con la que he coincidido años después en otros actos. Coincidimos también con la ya amiga Anna Balletbó, la catedrática de sociología Marina Subirats, la abogada y fundadora del Colectivo Ronda de Barcelona Angelina Hurios Calcerrada, que durante muchos años fue presidenta de la Federación Internacional de

Mujeres Juristas y de la Associaciò Catalana de Dones Juristes, así como con la también prestigiosa abogada comunista Cristina Almeida, entre tantas otras —cincuenta españolas en total—. En Nairobi tuvieron lugar interesantísimos debates. Fue una gran experiencia de 15 días en la que aprovechamos para hacer luego un safari fotográfico; pude descubrir un país y unas gentes maravillosas. Tanto me enamoré de África y sus habitantes, de su tierra rojiza, que regresé a Kenia cinco años después a otro safari, esta vez con mi compañero.

Para organizar las actividades de Kenia, previamente celebramos en Madrid unos actos que duraron tres días. La sala que el Ayuntamiento nos facilitó estaba abarrotada, con mujeres venidas de toda la geografía española. Allí coordiné y fui moderadora de una de las mesas de debate y tuve la oportunidad de acallar, cerrando el sonido del micro, a la entonces diputada y años más tarde ministra del partido Alianza Popular —luego Partido Popular— Isabel Tocino, quien pretendía darnos lecciones sobre democracia y feminismo, ella, que ni era demócrata ni feminista y que provenía del franquismo. Recibí muchas felicitaciones por la respuesta que le di a la ministra Tocino, quien tuvo que abandonar la sala, abucheada.

Desde el Partido Feminista realizamos una gran actividad durante los años que milité. Éramos muy pocas, aunque la máxima dirigente y líder más reconocida, Lidia Falcón, siempre decía que éramos 6.000 militantes.

Para entrar como militante en la Organización Feminista Revolucionaria y luego en el Partido Feminista había que comenzar asistiendo a grupos de iniciación, que eran clases de teoría política. Estudiábamos textos de Marx y Engels, maoístas, anarquistas, y las biografías e ideario de muchas figuras femeninas: Alejandra Kollontai, Emma Goldman, Rosa Luxemburgo, Clara Zetkin, las sufragistas inglesas, las feministas americanas, todas y cada una de las precursoras feministas españolas, como Concepción Arenal, Victoria Kent, Clara Campoamor, Emilia Pardo Bazán, comunistas como Dolores Ibárruri y la anarquista Federica Montseny. Para mí era un gran orgullo y un honor estar militando entre mujeres cultas y grandes profesionales, todas universitarias y eminentes intelectuales. Las clases y los debates eran muy interesantes y de gran altura política.

Durante muchos años fui coordinadora de la revista *Poder y Libertad*, que publicábamos desde el Partido Feminista, y allí colaboré escribiendo variados artículos. El eslogan «Poder y Libertad» fue ideado por la periodista, escritora y directora de *Vindicación Feminista* Carmen Alcalde, que nunca militó en el partido.

Mi primer acto como militante de la Organización Feminista Revolucionaria para la creación del Partido Feminista fue acompañar a la dirigente Anna Estany, profesora universitaria de Lógica Matemática, a Zaragoza, donde ella daría un mitin a favor del divorcio y yo pondría una mesa para distribuir nuestros materiales y atender a las posibles simpatizantes. Fuimos en el coche que nos prestó el periodista de investigación y escritor Eliseo Bayo, entonces compañero de Lidia Falcón, y el conductor fue mi compañero, José Luis, que durante años colaboró con nosotras en las tareas militantes: conducir, poner tenderetes, hacer fotografías de los actos, montar los escenarios para las funciones de teatro, asistir a las manifestaciones, etc. Una televisión pública le hizo un amplio reportaje en nuestra casa, para saber cómo se vivía con una militante feminista radical, por aquello de coger las cosas por la raíz.

Legalizaron el Partido Feminista en marzo de 1981, varios días después del golpe de estado del 23F. Poco antes hicimos un acto para conseguir adhesiones de solidaridad, en el Teatro

Victoria de Barcelona, que fue todo un éxito: ni una butaca vacía. Cantó Lluis Llach y actuaron las actrices Mª José Arenós y Araceli Bruch. Todos sin cobrar. Organizamos una gran fiesta en la discoteca Bocaccio para celebrar la legalización.

Desde el partido nos ocupamos de temas como el divorcio, los anticonceptivos, los derechos de los y las homosexuales, la legislación discriminatoria, el amor y la sexualidad, la reproducción, el aborto, el trabajo doméstico, el salario al ama de casa, y realizamos infinidad de mesas redondas, congresos, debates, participando además en todo tipo de medios de comunicación y en la Coordinadora Feminista.

Una de las campañas que nunca podré olvidar es la que realizamos en Badalona, por una mujer que se llamaba Rosa. Estaba casada con un maltratador que además era impotente; dado que no podían tener hijos, convenció al marido para adoptar un niño. Así lo hicieron y, a los pocos años, se separaría la pareja. En medidas provisionales en el juzgado civil le dieron la custodia del pequeño a la madre, pero en el tribunal eclesiástico, que es donde se desarrollaba luego el procedimiento, le dieron la custodia al padre. La mujer acudió al despacho de Lidia Falcón, el Gabinete Jurídico y Psicológico para la mujer. Nada se podía hacer jurídicamente porque habían finalizado los plazos. Como parecía que al poco tiempo se aprobaría la Ley del Divorcio, decidimos entretanto hacer una campaña en el barrio para explicar allí la injusta situación en que se encontraba la mujer. Algunas militantes del Partido Feminista nos turnábamos para estar con Rosa y su pequeño, día y noche, evitando que se lo llevara el padre, que no estaba en sus cabales, y así durante cuatro meses; mientras, nos manifestábamos los sábados ante el Tribunal Eclesiástico, en la calle Rivadeneyra de Barcelona y, varias veces a la semana, por las tardes, delante de la puerta de su casa, ayudadas por un megáfono. El barrio estaba junto al que yo vivía y conseguí el apoyo y solidaridad de los vecinos. Estuve a punto de recibir una agresión por parte del marido de Rosa, que un día salió de la casa e intentó golpearme con un palo; tuvo que intervenir un vecino, que se enfrentó al susodicho. Me interpuse para tratar de evitar el brote de violencia, que no deseábamos de ninguna manera y, por suerte, no me alcanzaron los golpes. El tipo llamó a la policía, que pronto llegó, y me entrevisté con ellos como portavoz de Rosa, pero ya había desmovilizado a los vecinos y todo estaba calmado cuando llegaron. Al cabo de pocos días, se entrevistaron con Lidia Falcón como abogada de la señora, ignorando que yo trabajaba para ella y que era compañera de ésta en el Partido Feminista. Todo fueron buenas palabras por parte del jefe de la patrulla sobre mi estilo como dirigente política y hasta hicieron comentarios sobre mi «agraciado físico», mi gentileza y destreza para dirigir a las masas. Ignoro cómo terminó el tema, porque Rosa no aguantó hasta que se dictara la Ley del Divorcio, obligada por su padre a obedecer la resolución del Tribunal Eclesiástico. Fue una campaña que había recibido la atención de muchos medios de comunicación, que incluso le dedicaron portadas.

En los años 80, no recuerdo exactamente qué año, acudí a unas jornadas del Front d'Alliberament Gay de Catalunya (FACG: Frente de Liberación Gay de Cataluña), con el que teníamos muy buenas relaciones al militar en causas similares por la libertad sexual y de las personas homosexuales. No me sorprendió ver que, en la mesa de exposición y debate, era la única mujer, porque ya era muy habitual en la época. Todos los demás eran hombres. El tema concreto de aquel día era la pedofilia. Hice mi exposición, rechazando que los adultos mantuvieran relaciones sexuales con menores de edad y cuál no sería mi sorpresa cuando, uno tras otro, fueron levantándose hombres de la sala —psicólogos, profesores universitarios, maestros de escuela, jefes de grupos de *esplais*, escritores, psiquiatras— para ponerme verde, casi insultarme. Absolutamente todos los que intervinieron, y la sala estaba abarrotada, estaban a favor. Nadie salió en mi defensa. Me llamaron dictadora, carca, represora, de moral victoriana, porque ellos defendían que tener relaciones sexuales es beneficioso y sano para los niños y niñas. Acalorada e indignada, les pregunté por el tabú del incesto. *¿También es ético y sano mantener relaciones sexuales con los propios hijos?* «Sí, por supuesto. Es una forma de amor que los menores deben aprender desde la infancia y es muy gratificante para ellos, lo desean», *respondieron.* Salí de allí asqueada, con ganas de vomitar; nunca he podido olvidar aquel acto, al que lamenté haber acudido. Contacté con la persona del Ayuntamiento de Barcelona que los subvencionaba y que tenía que financiar la publicación de las ponencias. La puse en antecedentes de lo ocurrido y no se las publicaron. Ese ya no era el FAGC que yo conocía y admiraba.

También hacíamos campañas internacionales, en favor de mujeres de otros países. Recuerdo especialmente dos. La primera fue en favor de una mujer embarazada de Sri Lanka, antes Ceilán. Había sido condenada a morir lapidada por haber mantenido relaciones sexuales con su compañero sentimental, ya que venía de un país en el que existía el divorcio. A él lo condenaron a recibir 30 latigazos. Junto con cuatro militantes del Partido Feminista, realizamos una gran campaña internacional. Escribimos al Papa, al presidente de los EEUU, a varios presidentes europeos y a varios ministros españoles. Mandamos telegramas y cartas a una gran cantidad de grupos feministas de todo el mundo, urgiéndolos a intervenir desde sus respectivos países. Conseguimos parar la lapidación y, finalmente, le cambiaron la condena por 100 latigazos, que recibió unos meses después de haber nacido su bebé, una niña. Los soportó y, tiempo después, leímos una entrevista con ella. Creía que había sido su dios, Alá, quien la salvó de la muerte; qué poco sabía del inmenso trabajo que las feministas habíamos realizado, las noches sin dormir y el enorme gasto de energía y de dinero de nuestro bolsillo. Pero para nosotras fue una gran experiencia y un gran éxito: una mujer salvada de la muerte y un tema candente puesto sobre la mesa en muchos países.

La otra campaña fue en favor de una mujer muy culta y prestigiosa, una reputada psiquiatra egipcia, escritora, activista política y feminista, que había tenido relevantes cargos en el gobierno de su país, Nawal el Saadawui, nacida en Egipto en 1931. Llevaba ya tres años en prisión por haber escrito y difundido, junto a su marido, otro intelectual egipcio comunista y ateo, que las mujeres podían leer e interpretar el Corán, su texto sagrado. Reafirmaba el derecho de la mujer a la sexualidad propia, a la vez que criticaba la ablación, proceso que consiste en cercenar el clítoris, generalmente a corta edad, y en ocasiones cerrar los labios con espinas de acacia, dejando un pequeño orificio para la orina y para la sangre de la menstruación. El día de la boda el marido, cortaba con una navaja y abría los labios para poder mantener relaciones sexuales con ella, con los consiguientes problemas sanitarios, físicos y psíquicos.

La propia Nawal nos confesó que había sido mutilada de pequeña, como el 90% de las mujeres egipcias, a pesar de estar prohibido desde hace años. Llevamos adelante una campaña internacional tan exitosa que consiguió la inmediata liberación de la psiquiatra feminista. Un día, Nawal se presentó en nuestro local para darnos las gracias por nuestra campaña y pasamos un par de días con ella, comiendo y charlando de feminismo y de luchas de liberación.

VIII

DE PROFESIÓN, LA LUCHA POR LA JUSTICIA

Estudiar derecho

Desde que montamos el Gabinete Jurídico y Psicológico para la mujer, pasé a ser, además de secretaria de Lidia Falcón, coordinadora del gabinete. Pude aprender mucho derecho en la práctica, pues se discutían con detalle los temas de las clientas, la táctica y la estrategia de los casos, en reuniones que tenían lugar todos los viernes; así aprendí a defender a las mujeres. Entre el trabajo, la militancia y las tareas que compartía con mi compañero en nuestra casa, no podía estudiar una carrera universitaria, como insistía Lidia. No obstante, ella pretendía que continuara trabajando ocho horas diarias, militando en el Partido Feminista y en el Club Vindicación, compartiendo las tareas de ama de casa y que estudiara de madrugada en mi casa. Cuando en 1985 me decidí, le expuse claramente que iba a pasar a trabajar en jornada intensiva, hasta las tres, y a bajar mi ritmo en las militancias para estudiar Derecho. Me lanzó un serio y despectivo «No mees fuera del tiesto» y yo le contesté: «No te he pedido permiso, te he dicho lo que pienso hacer y, si no estás de acuerdo, dejo el despacho». No quiso que me marchara, porque yo le solucionaba mucho trabajo y no pocos asuntos personales, y así lo ha reconocido en uno de sus libros más conocidos: *Memorias Políticas, 1959-1999* en el que dice textualmente:

> Por fortuna entraron a trabajar en mi bufete y a militar en el Partido Feminista Elvira Siurana y Montse Fernández Garrido, de las que ya no me he separado. Montse ha sido durante más de veinte años base y columna vertebral de mi bufete, del que se ha hecho cargo tras largos años de trabajo y estudio.

Lidia Falcón le debe muchísimo a Elvira Siurana Zaragoza. Mi compañera fue su secretaria, amiga, editora, dirigente feminista y mano derecha; trabajó como eficiente ayudante, imprescindible para mayor gloria de la abogada, escritora y dirigente feminista, durante nada menos que 40 años, ocupándose también de sus asuntos personales.

Realicé un curso de nueve meses de preparación para entrar en la Universidad por la prueba de acceso a mayores de 25 años. Lo hice en una academia, situada en un hermoso edificio diseñado por Antonio Gaudí, la *Pedrera*, en la calle Provenza, esquina con Paseo de Gracia, en pleno centro de Barcelona. Acudí todos los días de lunes a viernes, de siete de la tarde a nueve. Éramos siete muchachos y yo. En los primeros meses también asistía a clase una chica de 18 años. Al mostrarle nuestro asombro, pues todos nos preparábamos para entrar en la universidad siete años después de la edad que ella tenía, nos contó que, como no era muy inteligente, debería repetir el curso tantas veces como fuera necesario hasta poder aprobar. Su padre la acompañaba a la entrada de clase y la recogía a la salida. Felizmente para ella, pronto se desanimó y lo dejó,

En la facultad hicimos dos exámenes, uno de Cultura General, incluyendo un idioma —yo lo hice en francés— y el segundo de Derecho. Éramos 10.000 personas y aprobamos unas 900. En octubre de 1986, subí por primera vez las escaleras de la Facultad de Derecho de Barcelona, un edificio que, en 1958, había ganado el primer premio FAD de arquitectura, equivalente al Premio Nobel, por su construcción novedosa. Los arquitectos habían sido Guillem Giráldez Dávila, Pere López-Iñigo y Xavier Subías Fages. También colaboraron en la construcción el escultor Josep Mª Subirachs y el ceramista Antoni Cumella.

Para el arquitecto Oriol Buigas, fue el primer edificio público moderno y civilizado construido en Catalunya después de la guerra. Allí había trabajado mi padre de encofrador, presumiblemente en 1957, a razón de 17 horas diarias. Nunca imaginó que yo, su hija menor, iba a estudiar allí una carrera, porque él sólo había soñado con su hijo varón universitario. Mucho menos que allí, durante diez años, sería profesora del Máster de Derecho de Familia e Infancia.

Me dividí los cinco cursos de la carrera en seis años, para poder seguir trabajando y militando algo en feminismo, a la vez que colaboraba con mi compañero en las tareas de casa, aunque él se ocupó de la mayoría. Durante seis años acudí diariamente a las clases, de lunes a viernes. Cuando salía del gabinete a las tres de la tarde, cogía un bus y me iba al bar de la facultad, me comía un bocadillo o un menú y comenzaba las clases de cuatro a nueve. Luego cogía dos autobuses para desplazarme hasta Badalona, donde vivía con José Luis. Llegaba a casa sobre las diez y media de la noche. Los sábados, domingos y festivos, así como en vacaciones, hacía fichas de resumen a máquina de escribir, para estudiar más cómodamente, preparando los exámenes. En total, siete años de estudio, entre el curso de preparación y la carrera, con poquísimas horas de ocio y descanso. En verano, cuando acababan las clases, mi compañero y yo, junto con tres amigas, íbamos a la Costa Brava. Ellos marchaban a la playa y yo me quedaba en la Pensión Ramírez de Palafrugell (Girona), donde estudié muchas horas, tal como recordaban las propietarias, amables hermanas que siempre nos trataron magníficamente.

Por la edad —tenía 33 años al inicio—, por mi cultura anteriormente adquirida y por mis conocimientos de la práctica del Derecho después de diez años en el despacho de Lidia Falcón, sabía qué era lo fundamental de cada tema y qué paja había en cada asignatura. Mis trabajos de práctica en la mayoría de asignaturas eran muy bien puntuados y reconocidos por los profesores, que me auguraban un gran futuro como jurista. Me enamoré del Derecho Penal, del Laboral y del Político, aunque yo sabía que en el futuro iba a dedicarme al Derecho de Familia, tal como hice, seguramente debido a lo complicado de mi historia familiar. En esas tres materias tuve excelentes profesores. También el de Mercantil era bueno, pero los demás me decepcionaron mucho. Yo siempre pensé que la universidad era la cuna del saber y, sin embargo, vi mucho profesorado recitando la lección como papagayos, sin entusiasmo, sin pasión por la materia, incluso alguno leía fichas, levantando poco la vista. Eso sí, los más mediocres eran luego muy exigentes con los exámenes y ponían demasiados suspensos. Tan sólo tuve problemas con Derecho Internacional Privado, donde la cátedra que me tocó en suerte —mejor dicho, en desgracia— era propensa a suspender a la mayoría, para evitar que se acabara la carrera si ellos presuponían que el alumno no sería buen jurista. Una criba hecha en quinto curso, en lugar de en primero. Me suspendieron injustamente en junio y septiembre y tuve que presentarme en febrero, cuando por fin aprobé la única asignatura que me faltaba, que se me atragantó y que la gran mayoría habíamos suspendido.

No encontré tampoco en la mayoría del alumnado el interés, la ilusión y la pasión que yo creía debían tener. Había gente muy despreocupada, muy de derechas o muy poco politizada; no les interesaba casi nada de lo que ocurriera en el mundo.

Inicios

En febrero de 1993 me licencié y me di de alta en el Ilustre Colegio de Abogados de Barcelona. Un honor para mi familia, aunque a mi padre le parecía poco. Su hija debía llegar, por lo menos, a ministra, gracias a sus conocimientos y militancia política. ¡Pobre iluso! La gente de mi clase social en pocas ocasiones llega tan lejos y además yo no me creo capacitada.

Ya en 1986, Lidia Falcón, cuando yo comenzaba mi carrera, se marchó a vivir a Madrid y me dejó como responsable y administradora del gabinete.

En ese mismo año, 1986, abandoné el Partido Feminista, aunque la mayoría de las compañeras creían que se trataba de una excedencia a causa de mis estudios universitarios. Se habían marchado prácticamente todas las fundadoras del partido. En Barcelona sólo quedó una dirigente y militante, Pilar Altarriba Muradell, que también lo abandonó, desilusionada, en 2005.

El partido se había creado en Barcelona y era aquí donde tenía el grueso de militantes y casi la totalidad de sus dirigentes, a excepción de Carmen Sarmiento, hasta que Lidia Falcón y Elvira Siurana se instalaron también en Madrid en 1986. Desde 2005, no quedan militantes ni dirigentes en Catalunya.

También desde Madrid, las fundadoras y dirigentes Carmen Sarmiento y Elvira Siurana dejaron el partido. Hoy no queda ninguna de las fundadoras en el Partido Feminista más que Lidia Falcón.

Las mujeres que habíamos fundado el Partido Feminista en Barcelona, en 1979, fuimos: Lidia Falcón, Carmen Sarmiento, Anna Estany Profitós, Regina Bayo Falcón, Encarna Sanahuja Yll, Mª José Ragué Arias, Elvira Siurana Zaragoza, Teresa Estany Profitós, Mercedes Izquierdo González, Isolina Lucas, Pilar Altarriba Muradell, Laura Freixas y yo misma. Lo presentamos en el paraninfo de la Universidad de Barcelona, en una sala a reventar de mujeres entusiastas. Estábamos en la mesa, como representantes del partido, Lidia Falcón, Encarna Sanahuja, Mª José Ragué, Regina Bayo y yo, y nos acompañaban Carmen Alcalde y Marisa Híjar, que nunca formaron parte del partido, pero que eran feministas de reconocido prestigio y buenas amigas nuestras.

En 1993, ya instalada en el despacho como abogada y con diez años de experiencia previa al inicio de la carrera, comencé a defender a mujeres. En resumen, he pasado 24 años de trabajo administrativo y otros 24 como abogada, dedicada fundamentalmente a los derechos de las mujeres y de los niños. Durante esos últimos 24 años, no he dejado de estudiar para estar al día: clases, congresos por distintas ciudades de España y cursos para especializarme. He estudiado sin descanso, formándome también como mediadora de familia, aunque empleaba lo aprendido en mi trabajo como abogada mientras negociaba, porque en pocas ocasiones he actuado como mediadora. Y ello es porque me cuesta mucho ser neutral y no implicarme y defender lo que creo que es más justo, posicionándome al lado de la parte más débil. Lo cierto es que, mientras he trabajado como letrada, he llevado los asuntos principalmente de forma amistosa, al menos el 80%, porque creo que, como dice el refrán popular, vale más un mal acuerdo que un buen pleito. Sólo el 20% o menos de los casos los he llevado al juzgado como contenciosos, donde he obtenido éxitos y también algunas derrotas, que han significado un varapalo para los derechos de las mujeres. Tenía en mi despacho un cuadro con un *adagio* jurídico, para que lo leyeran las clientas, que decía: «Para ganar un pleito son necesarios tres requisitos: tener razón, saberla pedir y que te la quieran dar».

En algunas ocasiones teníamos razón o la habíamos sabido pedir: había redactado una buena demanda, de cuyo texto las clientas estaban admiradas y orgullosas, había preparado una buena estrategia de defensa, había llevado adelante un buen juicio, con numerosas pruebas documentales y testificales, pero podías encontrarte con una mala sorpresa como perder cuando menos te lo esperabas.

Así ocurrió con el caso de una señora de un barrio de la provincia de Barcelona que había sido ama de casa durante 35 años. Su marido trabajaba, ganando un salario digno. Ella había convenido con él que no iría a trabajar fuera, que se dedicaría a su casa, a cuidar del esposo y de los tres hijos que llegaron. Así lo hizo, sin queja alguna por parte del esposo. A sus 55 años, la mujer comenzó a tener enfermedades y lesiones varias y, una vez que decidió separarse, porque las cosas con el esposo iban muy mal, ya no podía ponerse a trabajar, ni siquiera a buscar trabajo. No tenía ninguna experiencia, ni formación, ni profesión alguna, y sólo podría dedicarse a limpiar casas o cuidar ancianos, siempre que su físico se lo permitiera, lo que no era el caso. Conseguimos una pensión de 600 euros mensuales para ella —él tenía un muy buen salario— en doce mensualidades al año, ya que no se establecen pagas extraordinarias para las pensiones en derecho de familia, y el uso del domicilio familiar, puesto que él se quedó con la que era la segunda residencia de la pareja, una casa mayor y más cara que la de ella. Al cabo de unos años, una vez habían empeorado sus condiciones físicas y anímicas, a mi clienta le retiraron la pensión, mandándola a trabajar cuando ya tenía 66 años, estando gravemente enferma y sin poder disponer de pensión pública alguna.

A otra mujer de la provincia de Barcelona le otorgaron una pensión compensatoria a cargo de su marido, un prestigioso ingeniero, por todos los años que ella se había dedicado a ser ama de casa, cambiando de ciudad y vivienda hasta en siete ocasiones a causa de traslados laborales del marido y con dos hijos a su cargo. La pensión duró unos pocos años y se acabó cuando ella cumplió 60 años. Los magistrados, en la sentencia, la instaban a volver a su antiguo trabajo de soltera: azafata de vuelo en Iberia. ¿Quién conoce a alguna azafata que haya sido contratada para trabajar a los 60 años, después de ser ama de casa durante 40?

Vi no pocas injusticias en estos 24 años: notarios que escrituraban los bienes como gananciales cuando eran privativos de la mujer, de inmuebles comprados de soltera, pensiones misérrimas para los hijos —que en su mayor parte no pagaban los *amorosos* padres— y muy pocas y también míseras compensatorias para la mujer, quedándose ellas en la indigencia, así como custodias compartidas a padres que no actuaban como tales y que las pedían y conseguían bajo engaño, diciendo que compartían todos los trabajos domésticos con la mujer, ocupándose a medias también de los hijos comunes; lo hacían con el sólo propósito de poner a la venta el domicilio familiar y así repartir el beneficio entre ambos, aunque en la mayoría de ocasiones había una hipoteca y poco se repartía, pero se quitaban de encima una deuda de pago mensual. Muchas veces había padres que pagaban más cuota mensual de su coche, con marcas de alta gama, que por la pensión para sus hijos. Muchas incomparecencias en los fines de semana o las vacaciones que les correspondían estar con los niños, muchas vacaciones a lejanos países, mientras la madre y los hijos las pasaban canutas durante todo el año. Vi a jueces explorar a menores y aterrorizarlos desde el estrado. Grandes y terribles historias. Oí asuntos espeluznantes que hacían difícil dormir por las noches y también frases que algunas decían intentando hablar mejor de como sabían y acostumbraban, porque creían que una abogada era alguien importante y culta; muchas me decían: «Usted no parece abogada, porque la entiendo cuando habla».

Recuerdo a una clienta que me decía: «Es que yo *sodomizo* todo», cuando lo que quería decir es que lo somatizaba. Otras me hablaban de su sexualidad, poco feliz. Por ejemplo, con tristeza y vergüenza, una me dijo: «Mi marido me da por el intestino, a mí no me gusta y me hace daño». U otra andaluza, muy expresiva, que me espetaba: «¿Cómo quiere usted que me guste el sexo? Si muchas noches me cae encima la puerta de un armario de casi dos metros, ¡con la llave puesta!».

Recuerdo también el caso de una muchachita muy joven, también de una población cercana a Barcelona, que convivía con su novio. Se separó de él tras una brutal paliza que no denunció, estando ella embarazada de seis meses. El chico, de 20 años, no quiso saber nada de la niña que nació y durante tres años ni la vio, ni se preocupó por ella, ni entregó un céntimo a mi clienta para ayudarla con los gastos de la pequeña. Tampoco los padres de él, que vivían frente a los de ella con el interfecto y que hasta pretendieron e insistieron en que la joven abortara. Él trabajaba y ganaba algo más de 1100 euros, los cuales se probó en el juicio que gastaba en sus caprichos, recibiendo incluso dinero de sus padres, a los que él no ayudaba económicamente en nada. Los padres de ella, una familia muy humilde, ayudaban a su hija con los gastos de la menor. Cuando la niña iba a cumplir cuatro añitos, el chico pidió la custodia compartida, a pesar de vivir a media hora en coche de la vivienda de la joven madre, y ofreció una mísera pensión para la niña de 150 euros mes. La fiscal y la jueza, partidarias de la custodia compartida en todos los casos, la propusieron y aprobaron, a pesar de que las profesionales del Gabinete Psicosocial que se ocupa de estos temas en los Juzgados defendieron con toda claridad que no correspondía tal custodia compartida y que iba a hacer mucho daño a la menor. Agregaron que, quizás, podría probarse cuando la niña tuviera al menos diez años. La pequeña no conocía la cara ni la voz de su padre; para ella era un extraño, pero tenía que irse con él, llorando y asustada. A veces, de puro miedo, se orinaba en las braguitas y así, sin cambiarla y hasta con los zapatos mojados, el padre la reintegraba a la madre. Él no sabía cuidarla ni tenía sitio al que llevársela. En principio, el padre la paseaba algún día del fin de semana, concretamente en domingo. Hace unos meses sé que se revisó la sentencia en la Audiencia Provincial de Barcelona y la confirmaron: custodia compartida y una pensión a pagar por cada progenitor de 150 euros mensuales, a ingresar en una cuenta común. ¡Sorpresa! El joven le dijo a la joven madre que él no podía ocuparse de la niña con custodia compartida porque trabaja todos los días, incluidos los sábados, que no tiene sitio en casa de sus padres, que éstos no se van a ocupar de ayudarle, que él no sabe atender a una niña tan pequeña, que ahora es para él una muñequita preciosa con la que jugar. Deja toda la responsabilidad a la joven madre, pero paga solo los 150 euros mensuales, que es lo que en realidad quería, lo único que cumple de la sentencia. Los procedimientos judiciales son largos, lentos, complicados, pesados y costosos, a pesar de que todos los juristas sabemos que, si la justicia es lenta, no es justicia, y que en no pocas ocasiones no resuelve los problemas planteados al juzgado.

Un ejemplo de esta tardanza que puede ser usada para perjudicar es el caso de una clienta mía que comenzó su separación a los 50 años y casi los acaba a los 71. Digo casi, porque aún faltan por cobrar dos cifras que él le adeuda, 3000 euros en total, por haber sido condenado al pago de las costas —minuta de abogada y gastos de procurador de ella— al presentar sendos procedimientos a sabiendas de que eran injustos, intentando quitarle a la mujer los 380 euros de pensión mensual a los que estaba obligado, en pensión compensatoria, de por vida. Esa situación es así porque el marido se quedó con la cuasi totalidad de los bienes gananciales, bienes y dinero, a cambio de que ella tuviera esa pensión asegurada para siempre, pensión que suma a su pequeño salario de conserje de un bloque, donde durante muchos años se hubo encargado de la limpieza de las casas de los vecinos.

Fue condenado también por falsear sus propiedades, consiguiendo pleitear con derecho a justicia gratuita —abogado y procurador pagados por todos nosotros— cuando no le correspondía, ya que, además de su pensión, era propietario de cuatro bienes inmuebles, más unos ahorros de más de 100.000 euros que se había adjudicado en la separación. Tenían bienes gananciales, por lo que a ella le correspondía la mitad, pero la esposa se adjudicó tan sólo un modesto piso y 6.000 euros, amenazada de muerte por él, así como a los dos hijos, lo que la hizo conformarse y aceptar tan injusto reparto. Mientras convivieron, esposa e hijos dormían en habitaciones con sendos cerrojos, por miedo a que el esposo y padre los matara.

No es que uno o dos procedimientos duren tantos años, pero se pueden ir enlazando uno tras otro, comenzando con las medidas provisionales, la separación, la apelación si no gusta la sentencia, un procedimiento de modificación de medidas, la apelación de éste, el divorcio y su apelación, la ejecución de las sentencias, la reclamación de las costas si las hubo. ¿Cómo soportar económica y anímicamente 21 años de pleitos, de nervios, de miedos? Muchas mujeres tiran la toalla, no reclaman lo que les corresponde y se conforman con que las dejen tranquilas.

Resultaba sorprendente para mí comprobar cómo la inmensa mayoría de las clientas que acudía a mi consulta creían que eran copropietarias con el marido de los bienes y patrimonio que habían comprado durante el matrimonio, lo que hubiera significado tener bienes gananciales, cuando en Catalunya los matrimonios están generalmente en régimen de separación de bienes, es decir, el bien será propiedad exclusivamente del que lo haya escriturado a su nombre y en la mayoría de las ocasiones lo estaba sólo a nombre del marido. Gran y desagradable sorpresa.

Otra situación que se repetía en muchas ocasiones era que mi clienta, cuando quería separarse, acudía al banco a sacar la mitad del dinero que había en la cuenta conjunta con el esposo y el empleado de turno le ponía excusas, instándolas a volver al día siguiente. De inmediato telefoneaban al marido poniéndolo en antecedentes; le informaban de que su esposa intentaba sacar la mitad del dinero de la cuenta, quedaban con el esposo y éste sacaba la totalidad. Cuando al día siguiente llegaba la mujer, se encontraba con la cuenta a cero. Así se comportaron no pocos bancos durante años.

Al principio de mi licenciatura, recibí a una mujer andaluza, residente en Santa Coloma de Gramanet (Barcelona). Me contó que su hija de 15 años se había quedado embarazada. Su marido la había amenazado a ella y a la hija con que las mataría si la chica un día mantenía relaciones sexuales antes de casarse. Para evitar males mayores, la mujer le contó al marido que el embarazo se había producido porque la niña se había *contagiado* en el váter del colegio de las monjas al que iba. Y él se lo creyó, o hizo ver que lo creía. La mujer hasta se atrevió a ir al colegio y reñir a las monjas, porque «debido a la suciedad de los v*áteres su hija estaba embarazada*». Vivir para ver.

Asociaciones

Casi acabada la carrera de Derecho, me inscribí como miembro de la Associació Dones Juristes, donde llevo militando ya casi 30 años y he sido secretaria, como vicepresidenta, vocal y actualmente socia. Desde allí, he podido realizar muchas actividades feministas muy interesantes.

También he pertenecido durante algunos años al grupo Feministes de Catalunya. Una de las actividades que me complació especialmente en este último grupo fue la de recabar adhesiones a un texto que escribí para que la Iglesia católica pidiera perdón a los que, siendo niños, sufrieron malos tratos, agresiones sexuales, exploración laboral y experimentos médicos dudosos, además de hambre y miedo en los centros regidos por curas y monjas, por ser pobres o abandonados por sus padres. Conseguimos más de 200 firmas de personalidades relevantes que apoyaban mi petición y pedí una entrevista con el actual arzobispo de Barcelona. Me la concedió, en una verbena de San Juan. Fui acompañada de otra abogada feminista y responsable de la Comisión de Memoria Histórica del Colegio de Abogadas y Abogados de Barcelona, Pilar Rebaque, y de dos eminentes periodistas, Montse Armengou y Ricard Belis, de TV3, que habían realizado un espléndido documental y un libro sobre el tema, tras lo cual yo comencé la campaña. Salimos muy decepcionados: el arzobispo no le dio demasiada importancia a los horrores que le habíamos contado y probado, con el material periodístico de TV3 que le habían hecho llegar —libro y DVD—. Ni siquiera con la pedofilia de los curas hacia niñas y niños de pocos años, exculpándolos al afirmar que «en las familias se dan más casos y nadie pone el grito en el cielo». Nos prometió consultar la petición de perdón en la Conferencia Episcopal y, al cabo de unos meses, en que tuve que insistirle en varias ocasiones, me contestó que habían decidido que no iban a pedir perdón. Conseguí que la periodista Cristina Fallarás publicara en el diario digital *Público* un excelente y crudo artículo, titulado «Ortigas en las partes íntimas: las vejaciones de sacerdotes en los internados franquistas», cuando el actual Papa ha ordenado a sus obispos pedir perdón por la pedofilia de los sacerdotes, presentando el tema en el artículo con mucho detalle, dando explicaciones sobre mi empeño y contando, por ejemplo, cómo a los pequeños que se hacían pipí en la cama les quemaban los genitales con una vela o se los pinchaban con ortigas, mientras los menores lloraban aterrorizados y se lo volvían a hacer de miedo.

Quizás el actual arzobispo de Barcelona, Juan José Omella, hoy presidente de la Conferencia Episcopal española, cuando nos recibió, se había informado de que los cuatro que fuimos a entrevistarnos con él habíamos presentado muchos años antes la declaración de apostasía. Yo por ser atea, es decir, no creyente en un Dios, y por no desear ser contabilizada entre los fieles de la Iglesia católica. Las razones que les expuse en mi escrito fueron éstas:

- Que en su día fui bautizada en la fe católica como consecuencia de una decisión tomada por otras personas sin que en ese momento, a causa de mi edad, mediara en modo alguno la participación de mi propia voluntad, y sin que dispusiera de libertad ni conciencia suficientes para emitir un juicio sobre mis convicciones personales.
- Que fui bautizada en la fe católica por decisión de mi familia, bajo la terrible presión ideológica ejercida por la Iglesia católica y por el Estado franquista, ignorando cuales serían mis convicciones morales y religiosas futuras, y negando por tanto la plena libertad para emitir un juicio personal —libre y consciente— sobre las convicciones nombradas.
- Que la fidelidad a la propia conciencia es un derecho constitucional inalienable, reconocido legalmente en el artículo 16 de la Constitución española.
- Que a través de la presente declaración y haciendo ejercicio del derecho de mi capacidad de juicio y mis derechos democráticos, tan duramente conseguidos a través de la lucha de miles de personas, entre ellos mi propia familia, abuelos maternos y padres, mientras la Iglesia como institución apoyaba sin recato la dictadura franquista, deseo expresar hoy en absoluta libertad mi

contradicción con la adscripción a una entidad caracterizada por su dogmatismo, y que ha mantenido instituciones tan terribles como la llamada Santa Inquisición o que tan injustamente se ha comportado a lo largo de los siglos con las mujeres —también en la actualidad, por ejemplo prohibiendo la ordenación de mujeres sacerdotes, u obligando al silencio a religiosas violadas por sacerdotes en Misiones de África—.

Asimismo, estoy en absoluto desacuerdo con el trato que la Iglesia dispensa a los divorciados, a las mujeres que se ven en la necesidad de abortar, a los homosexuales y a los que padecen el sida. También en cómo instan a los pobres a la resignación ante las injusticias y la violación de sus derechos más elementales, prometiéndoles el cielo a su muerte, mientras sufren un infierno en su vida diaria, a la vez que son tan complacientes con los poderosos y los ricos que los explotan. Y cómo han ninguneado y hasta perseguido a los llamados «teólogos de la liberación» o a personas tan dignas de admiración como el obispo Ernesto Cardenal, de Nicaragua, el exjesuíta Vicente Ferrer, o los obispos Pere Casaldáliga y Oscar Romero, mientras protegen a sacerdotes pedófilos, que han abusado y hecho sufrir a miles de menores en diversos países del mundo, contentándose con pagar ahora algunas indemnizaciones millonarias, sin haber expulsado ni castigado a los delincuentes que tanto padecimiento han causado a quienes más necesidad de protección precisaban: los/as niños/as.

También estoy en desacuerdo con el destino de las riquezas de la Iglesia, con sus privilegios económicos y en asuntos de educación, su actual postura de manifestarse en la calle cuando jamás lo han hecho en contra de la pobreza o contra la violencia doméstica, ni siquiera dedicando homilías contra tan terrible lacra. Y en desacuerdo con el actual Papa, que defendió en su juventud valores propios del nazismo —afiliado a las juventudes hitlerianas— y hoy no se ha mostrado abierto a los dignos valores que defienden un importante grupo de creyentes de la Iglesia católica, que exigen unos cambios que los acercarían a la doctrina que predicó Jesucristo, de la que tan lejos está la jerarquía de la Iglesia. Y que mientras tanto, la Iglesia católica va recibiendo ingentes cantidades de dinero de un estado aconfesional, dinero que pagamos todos los ciudadanos y que a mi entender emplean de forma absolutamente inadecuada.

- Que, por tanto, rechazando totalmente la fe cristiana y el comportamiento de la Iglesia católica, me considero incursa en apostasía, tal y como la define el canon 751 del Código de Derecho canónico.

El texto estaba fechado el 20 de noviembre de 2005. No me pusieron pegas.

Cuando mi madre cumplió los 82 años, me pidió como regalo que le diera de baja en la Iglesia católica; es decir, que planteara en Granada su declaración de apostasía. Sin embargo, inicialmente no se la aceptaron. Le contestaron con un «Piénsalo mejor, porque ya eres muy mayor y pronto te verás ante Dios, así como no podrás ser madrina de un bautizo, ni siquiera podrás casarte». En su nombre, escribí una carta al arzobispado granadino y fui muy convincente. ¡Al fin aceptaron la petición de mi madre!

Desde 2005 he colaborado con la Asociación Exil, ONG fundada y dirigida por el doctor Jorge Barudy Labrín, chileno pero formado en Bélgica como neuropsiquiatra, psiquiatra infantil y terapeuta familiar, así como autor de una decena de interesantes libros, y su compañera Maryorie Dantagnan, también chilena, formada en Colombia como pedagoga, psicóloga y psicoterapeuta infantil. Exil trabajaba, desde su origen en 1975, en la atención terapéutica, médica y psicosocial a personas traumatizadas por diferentes tipos de violaciones de Derechos Humanos. Tal y como recoge su web, son los beneficiarios:

1. Exiliados de guerras y persecuciones, encarcelamiento, violencia y tortura.
2. Menores víctimas de malos tratos y violencia machista.
3. Mujeres víctimas de violencia machista.

El modelo terapéutico es integral, sistémico y aplicado a través de prácticas en redes sociales: cuerpo, mente y relaciones afectivas y sociales. La filosofía de la acción es ética y política, siendo los pilares del modelo la promoción de los buenos tratos, el apoyo y la promoción de la resiliencia, con promoción de los afectos y el reconocimiento de la injusticia. Es decir, el valor terapéutico es la solidaridad, desde una perspectiva de género, con autocuidado de los profesionales que trabajan en el equipo.

Suma más de 35 años de experiencia entre Bélgica y España y ha recibido varios premios allí y aquí, en Barcelona, donde tiene su sede desde el año 2000.

En noviembre de 2007 tuve la oportunidad de participar en un encuentro, concretamente en una de las mesas redondas organizadas por ellos sobre la resiliencia, bajo el título «La vivencia de hijas e hijos, nietas y nietos de víctimas de la tortura» explicando la historia familiar. Me acompañaban en la mesa una psicóloga de Exil, Patricia Jirón, y Gloria, la hija mayor del doctor Barudy, médico quien, por su lucha, sufrió torturas y luego el exilio de su país, Chile. Fue una jornada de enorme éxito, con gran número de asistentes, mayoritariamente asilados y torturados en sus países de origen. Habló también, en otra mesa, el que desde entonces es mi amigo, el ciudadano de Togo Sénagbé Kpekou, un heroico africano que explicó su titánica lucha contra el estado dictatorial de su país y las torturas que sufrió allí: llegaron a su casa de noche y lo encontraron con su hija pequeña en brazos, Jacqueline, un bebé; se la arrebataron y la lanzaron contra un sofá. Lo torturaron allí mismo, en su propia casa. Poco después tuvo que salir huyendo, gracias al chivatazo de un militar demócrata que le advirtió que iban a asesinarlo. Huyó a pie, con lo puesto, dejando a su familia y sus negocios, llegando al país vecino (Ghana) y desde allí primero a Italia y luego a España, donde consiguió ser reconocido como exilado político primero y nacionalizado español muchos años después. Cuando comenzó la crisis económica aquí, pasó años sin trabajo, a pesar de tener muchas capacidades, experiencias laborales y hablar varios idiomas. La familia de cinco miembros sobrevivía con misérrimos ingresos y la ayuda de un grupo de amigas. Hoy vive solo en Francia, donde trabaja en dos empleos. Su esposa y sus tres hijos residen en un pueblo cercano a Barcelona, a donde pudieron venir tras muchos años de esfuerzos con la ayuda de una asociación llamada CEAR (Comissiò Catalana d´ajuda al refugiat). Ella se niega a volver a cambiar de país y de idioma y no acepta que los hijos se marchen con el padre, ni siquiera que lo visiten por miedo a que se queden allí. De nuevo él padece años de soledad, sin familia, por haber intentado llevar la democracia a su pueblo, lo que ha pagado muy caro. Sigue sin poder regresar a Togo, porque peligra su integridad física.

IX

AMISTADES DE PRIVILEGIO Y PERSONAJES ILUSTRES

A principio de los años 80 conocí a una pareja que eran la representación del amor con mayúsculas: Francina Ribas Xiqués y Antonio Campos Crespo. Han sido amigos míos hasta su muerte.

Tal y como se recoge en su libro, *Sí-Recuerdos de actualidad, poesía militante*, prologado por el periodista Eliseo Bayo, que compartió años de prisión con el comandante Campos en el Penal de Burgos, desde 1962:

> Antonio Campos Crespo nació en 1912 y falleció en 1995. Fue oficial del ejército de la República en el Arma de Artillería, comunista desde 1933, perseguido y encarcelado durante 25 años (1932, 1934, 1944 y 1946). Tras la guerra de España pasó a Francia, combatiendo contra los alemanes, al mando de la 87 de extranjeros, en la frontera italiana. Incorporado a los primeros grupos de guerrillas contra la ocupación alemana hasta que pasó a España al frente de un grupo, siendo herido y detenido en Castellfullit de la Roca (Girona). Condenado a muerte en su depuración militar, fue conmutado y salió en libertad en noviembre de 1945. Incorporado de nuevo en la guerrilla urbana en Barcelona y miembro de la Acción de Fuerzas Armadas de la República Española fue detenido en septiembre de 1946, condenado a cuatro penas de muerte que

> le fueron conmutadas por otras tantas de treinta años de reclusión mayor. Cumplió 25 años en prisión.

Antonio escribió también *Guerra y Cárcel en España: 1936-1975. Memorias del comandante Antonio Campos.*

Ya en democracia, recibió la Medalla de Honor del Ayuntamiento de Barcelona por la defensa de los intereses de las personas que, bajo el franquismo, lucharon por la libertad, sacrificando su vida en prisiones, campos de concentración y batallones de trabajo. Fue uno de los organizadores de la Associaciò Catalana d´Ex Pressos Politics del Franquisme, en 1975, siendo miembro de la primera gestora.

Francina Ribas, mujer hermosa por fuera y por dentro, lo esperó como novia suya durante los 25 años que él pasó en prisión. En no pocas ocasiones se hizo pasar por familiar de él, fundamentalmente como hermana, para escribirle y verlo alguna vez a lo largo de todo ese tiempo.

Fue una mujer habladora y triste, muy activa en la lucha por su hombre y los presos políticos, a pesar de las dificultades que vivió y las enfermedades que padeció.

Publicamos, en la revista *Poder y Libertad* nº 12, del Partido Feminista, una redacción sobre su vida y trayectoria; decía así:

> Septiembre de 1989.
>
> Nací en Barcelona, el 4 de septiembre de 1921. Cuando estalló la contienda, comencé a trabajar como activista en las oficinas del Socorro Rojo de Catalunya. En junio de 1937, dicha organización fundó el Casal dels Infants —institución pro infancia desvalida— *y yo pasé a ser* secretaria infantil de la junta directiva, donde desempeñé mi labor hasta la ocupación de Barcelona por las tropas franquistas. Al terminar la guerra, sufrí las vicisitudes de todos los que habían colaborado con el Gobierno de la República: persecución, boicot en el trabajo, etc.

Más tarde pude conseguir un trabajo en la empresa de información comercial y bancaria Control, como secretaria de dirección. Al poco tiempo, en junio de 1941, detuvieron a Carlos Sanahuja, el empresario, por rojo, quedando otra vez en el paro. Un sinfín de percances me llevaron a adquirir una afección pulmonar que me retuvo largamente inactiva. Al quedar en libertad Carlos Sanahuja, ya repuesta, volví a mi antiguo empleo.

Por mis relaciones —yo estaba prometida con Antonio Campos—, en 1945 me hice cargo de una estafeta de la Agrupación de Guerrilleros Antifranquistas del interior de Catalunya. En octubre de 1946, detenido Antonio en la redada en la que caen más de doscientos militantes de la AFARE (Agrupación de Fuerzas Armadas de la República Española), pasé a ocuparme de la ayuda a los presos, hasta que en 1966 salió en libertad y contrajimos matrimonio, después de esperar 20 años ininterrumpidos que pasó en los distintos penales de nuestra geografía; antes había pasado otros cinco años en prisión.

Durante esos 20 años que Antonio estuvo en las prisiones del Dueso, Almería, Gijón, Guadalajara, Burgos, etc., yo recibía constantemente visitas de la policía y un verano, en el año 45, estando en Taradell invitada por mi hermana, se presentó allí la Guardia Civil dándole el consabido disgusto a mi familia.

Más tarde, creada la Associaciò Catalana d´Ex Presos Politics del Franquisme me hice miembro de la misma y en ella presto ahora mi colaboración.

Como explica Francina, cuando el comandante Campos salió de prisión en 1966, pudieron casarse y fueron la pareja más hermosa y feliz que jamás he conocido. Se adoraban y él se comportaba de forma tan igualitaria y tierna con ella; se mostraba como un hombre feminista donde los hubiera. Cuando él falleció, a causa de un cáncer, ella dejó de vivir. No quería continuar de nuevo sin su amor. Había hecho publicar varios de los libros que había escrito él, pagándolos de su bolsillo y encargándose de su distribución, en actos dedicados a homenajearle.

Francina, poco antes de morir, me dejó libros de su esposo, encargándome que los entregara a alguna institución donde sirviera la lucha de su amado. Había también unos hermosos dibujos, hechos por él con tinta china, dedicados a Francina, con la bella dedicatoria: «Solo tuyo y para ti». Los había hecho en prisión, fechados el 30 de octubre de 1947. Una verdadera obra de arte. Después de muchas gestiones, logré que los aceptara la Biblioteca Arús, de Barcelona, especializada en anarquismo, a pesar de que el comandante era comunista.

Tuve oportunidad de asistir y colaborar con el homenaje a tres mujeres resistentes, de las que era amiga y admiradora, propiciado por el profesor de filosofía Bernat Castany en el Ateneo barcelonés: la propia Francina Ribas, Joaquina Dorado y Conxa Pérez Collado.

Joaquina Dorado nació en A Coruña en 1917 y falleció en Barcelona en 2017. Hija de familia humilde y nacida un barrio de pescadores. Su padre era viajante y su madre una católica ama de casa. En 1934, la familia se trasladó a Barcelona. Ese mismo año, Joaquina se afilió a la CNT, aunque no comenzó a militar hasta el 19 de julio de 1936.

Militante también de la Federación Ibérica de las Juventudes Libertarias del Poble Sec y, de profesión, tapicera y barnizadora, durante la Guerra Civil desempeñó varios cargos sindicales. En 1936 comenzó a trabajar como secretaria del presidente del Consejo Económico de la Industria de la Madera Socializada, el carpintero Manuel Hernández. Cuando él fue movilizado, Joaquina pasó a ocupar su cargo. En Barcelona conoció al que sería su compañero de toda la vida, Liberto Sarrau (1929-2001).

Exiliada en 1939, estuvo cerca de dos meses encerrada en un campo de concentración francés (Briançon, departamento de

Hautes Alpes, fronteriza con Italia). De allí escapó a Montpelier, partió a Toulouse y pasó por dos campos más, uno de ellos reservado para prisioneros alemanes, del que también se fugó.

En 1946, Joaquina junto con Liberto y otros compañeros del Movimiento Libertario de Resistencia regresaron a España para luchar contra la dictadura. Fue detenida en febrero de 1948, en compañía de Liberto. Pasó 18 días en los calabozos de la Jefatura Superior de Policía en la Vía Laietana, de Barcelona, donde la torturaron. En marzo ingresó en prisión, en Les Corts.

Fue juzgada y condenada a 15 años de cárcel por auxilio a la rebelión. Salió en libertad condicional en enero de 1949, por invalidación del Consejo de Guerra celebrado en junio del año anterior. Nuevamente fue detenida en Ripoll, cuando se disponía a abandonar el país en compañía de Liberto. Fue condenada a 12 años de cárcel por los mismos motivos: auxilio a la rebelión.

Ya gravemente enferma, fue trasladada al Hospital Clínico, donde le fue extirpado un riñón a causa de las torturas que había sufrido. Permaneció allí tres meses y salió a morir a su casa, desahuciada. Salvó la vida gracias al médico naturista Ferrándiz y al tratamiento de penicilina financiado por el sindicato fabril y textil clandestino de la CNT.

Ya recuperada y sabiendo que le quedaban tres meses de cárcel por cumplir, decidió renunciar al trabajo clandestino y regresar a la prisión, para poder mantener a sus padres ya mayores y a su compañero Liberto, encarcelado. El 21 de diciembre de 1953, se presentó en la cárcel de Les Corts para cumplir el tiempo de prisión que le faltaba, para abono de la condena, descontando el tiempo del indulto. Fue puesta en libertad condicional el 13 de febrero de 1954. Estuvo encarcelada casi tres años. Con el trabajo de costurera que allí realizaba, contribuyó al mantenimiento de sus padres y de Liberto.

En 1956, logró pasar a Francia cruzando a pie los Pirineos con la ayuda del guerrillero anarquista Quico Sabaté, con el que pasó un tiempo en las montañas, y el 30 de junio le fue concedido por segunda vez el estatuto de asilada. Se estableció en Toulouse, trabajando de costurera. En 1958, también escapó de España Liberto Sarrau, recién liberado, tras pasar diez años en prisión de los 20 y un día a los que fue condenado en el mismo consejo de guerra que Joaquina. Ambos se establecieron en París, donde Joaquina trabajó de dependienta y cajera en una *boutique* de calzado.

En 2006, Joaquina regresó sola a Barcelona, para establecerse de forma permanente. Siempre se ha mantenido fiel a sus ideales anarquistas. El 1 de marzo de 2007, junto con otras 30 mujeres gallegas —Mulleres con Memoria—, recibió el homenaje de la Xunta de Galicia, en Santiago de Compostela.

Desde que se instaló en Barcelona hasta su fallecimiento tampoco dejó de luchar, a pesar de su precario estado de salud, pues recibía diálisis tres veces por semana. Tuve la suerte y el honor de conocerla y tratarla, de celebrar con ella su cumpleaños, a partir de los 80 años, reuniéndonos en su modesta y agradable casa un numeroso grupo de amigas. En diversas ocasiones escribí sobre ella y ella lo hizo sobre mi familia en revistas anarquistas gallegas.

En el libro *Un soldado de la República*, del escritor catalán Eduard Pons Prades, esposo de Antonina Rodrigo, uno de los mejores historiadores de la guerra, de la negra dictadura franquista, le dedica unas emocionadas páginas a la heroína anónima, Joaquina Dorado:

> En mi vida he conocido a una gran cantidad de mujeres enzarzadas en la lucha por la dignidad del hombre. Pero con la menudita gallega, Joaquina Dorado Pita, de dulce mirar, decir y obrar, frescas

> 19 primaveras, iría yo de sorpresa en sorpresa, porque durarían 20 años —hoy serían 70—. Sacaría energía, coraje… Revolucionaria de ley, siempre modesta, hermética y ni la muerte de su prometido, que cayó combatiendo por tierras de Aragón, logró erosionar su entereza. Haber llegado a realizar tantas y atrevidas obras puede deberse a la decisión suya de asumir dos papeles, el suyo propio y el que correspondía a su desaparecido compañero. «Nos veremos mañana en el sindicato. Adiós, peque», me dirías.

¿Y quién fue Conxa Pérez Collado? Había nacido en el barrio de Les Corts (Barcelona) el 17 de octubre 1915 y falleció el 17 de abril de 2014 también en la ciudad. Militante de la CNT, de artes gráficas, organizó varios Ateneos Libertarios e intervino en varias huelgas revolucionarias por lo que estuvo en prisión durante la II República. Participó en combates a fin de intentar parar la sublevación fascista en julio de 1936, en Barcelona. Luchó como miliciana en el Frente de Aragón, participando en ataques en Belchite. En la retaguardia, dirigió la primera fábrica colectivizada en la ciudad: era una fábrica de cosméticos que se convirtió en una fábrica de munición. Se exilió en Francia y pasó por varios campos de concentración hasta 1942, cuando regresó a España con un hijo de pocos meses. Fue compañera del también libertario Maurici Palau, con el que abrió una parada en el Mercado de Sant Antoni (Barcelona), desde donde vendían libros prohibidos y continuaban con su lucha clandestina contra el franquismo. En 1998 fue una de las iniciadoras de la Associaciò Les Dones del 36, hasta el día de su muerte.

Conxa me contó que al menos 1200 mujeres catalanas se habían ido al frente a luchar por la República. He sabido recientemente que tras la guerra civil se incoaron 5505 Consejos de Guerra contra mujeres catalanas, siendo juzgadas la menor con 13 años y la mayor con 89. 41 de ellas fueron condenadas a muerte: 17 fusiladas, a 24 se les conmutó la pena y pasaron larguísimos años en prisión.

A finales de julio de 1988, dos años después de comenzar la carrera de Derecho, escribí al escritor y catedrático de Estructura Económica José Luis Sampedro, enviando mi carta a la editorial en que publicaba. Le mostraba mis simpatías y mi enamoramiento del personaje principal de una de sus novelas, Bruno, de *La sonrisa etrusca*, explicándole un poco quién era yo. Mi sorpresa fue enorme al recibir su respuesta a vuelta de correo, pocos días después de mi carta, con una bellísima letra:

> Madrid, 6 agosto de 1988.
>
> Querida amiga:
>
> Permíteme ahora a mí que no te llame *distinguida* y permíteme también que te tutee, no porque ahora se use mucho —yo soy al contrario, como bien dices, «a la antigua usanza en el trato con las mujeres»—, sino porque estamos en la misma longitud de onda. Ya te lo demostrará el que te conteste a vuelta de correo (¡y a vuelta de vacaciones de Alfaguara), pero tu carta me ha llenado mucho, por ser de quien es, por decir lo que dice (y muchas cosas más) y también, seguramente, por llegar cuando llega. Te lo confesaré, después de cuatro años de rumiar una posible novela, y de vacilar entre esa y otros dos proyectos bastante avanzados, ahora estoy lanzado a ella, trabajando a todas horas para hacer ya un cañamazo general que pueda servirme de guía. Y tu carta ¡encaja tan bien! No sé decirte cómo, pero en vez de distraerme de lo que hago me ha *enmimismado*. ¿Te extraña? Bueno, yo vivo muy atento a los signos y tu carta se ha convertido en uno.
>
> Sí, seguramente —no era preciso decir «*¡perdone!*»— soy algo machista. ¿Qué quieres que sea, con mi edad y las peripecias externas de una vida cualquiera en este país? Pero también soy, como dices,

feminista en el mejor sentido (bueno, mejor tal como yo lo veo). Por lo menos, lo que descubre Bruno —*¡pero yo no soy Bruno, ni de lejos, no confundamos!*— tan tarde y empujado, lo he descubierto yo solo y a pesar de todo.

Porque (ahora te pido yo perdón) la verdad es que a veces vosotras lo ponéis también bastante difícil. Uno hace un gesto que cree comprensivo y resulta que ha metido la pata. Y es que nos educan a todos mal y hay que salirse de esa educación. Yo por lo menos lo intento, pero es una historia muy larga, para ser hablada: estoy seguro que nos descubriríamos cosas en común. Por ejemplo, yo también fui un universitario tardío, mientras trabajaba. Y comprendo a tu familia, porque en la de mi mujer y mi yerno hubo cosas parecidas y en la mía otras comparables.

Por eso me gustaría conocerte, en uno de mis viajes a Barcelona (ya supongo, en otoño). Te llamaré previamente a vuestros teléfonos, por si no te apetece o soy inoportuno (¡La antigua usanza: uno es como es!). Yo ahora me iré pronto quince días a Alhama de Aragón, que es un Baden Baden para pobres (relativos) sin *jet* de ninguna clase.

Antes de terminar, gracias por tu carta. No por los elogios a mi novela, sino por decidirte a escribir venciendo (supongo) el «si le llegará», «si contestará», etc. Gracias por lo que me das, que es mucho más de lo que puedo escribirte y que ya te contaré porque otra de las cosas que me ha llegado con los años es a no tener ese miedo de hablar que tiene todo el mundo.

Entre tanto, con solidaridad también y feminismo desde hombre, ¿me permites un abrazo? (Te lo doy).

Tu amigo José Luis

José Luis también había sido senador, por designación real, en la primera legislatura democrática tras la dictadura franquista. Y ello a pesar de que le dijo abiertamente al rey Juan Carlos I, cuando se lo propuso: «Señor, usted sabe que yo soy republicano». Pero también sabía el monarca que Sampedro era un gran humanista, además de un hombre cultísimo y lleno de valores.

Durante 25 años hemos mantenido una amistad de la que me honro, ya que considero que José Luis Sampedro es uno de los mejores escritores españoles; además de una mente privilegiada, es un hombre brillante, sabio bueno y una persona que se ha puesto siempre al lado de las causas justas y de las personas más vulnerables como los trabajadores, campesinos y mujeres, y que ha defendido la necesidad de respetar la naturaleza. Un hombre que, siendo ya mayor, se definía feminista, de lo que presumía y de lo que se mostraba orgulloso, algo que prueban varios de sus mejores libros.

No nos conocimos personalmente hasta el 18 de noviembre de 1992. Yo había viajado a Madrid y él me invitó a cenar a un encantador restaurante. Yo llevaba su libro, *La sonrisa etrusca,* y él me lo dedicó escribiendo: «A Montserrat Fdez. Garrido, después de tanto tiempo y para mucho tiempo. Con amistad fervorosa, JL Sampedro».

Nos hemos escrito decenas de cartas, que guardo amorosamente en una hermosa caja de cartón, como el gran tesoro que contiene. Y cuando venía a Barcelona o yo iba a Madrid, a la presentación de sus libros, cenábamos juntos. Tengo todos sus libros, algunos de ellos dedicados. Participé en el homenaje que se le realizó en la capital al cumplir 90 años. Fue una sorpresa, pues él pensaba que iba a reunirse con su editor. Estuvo acompañado por su segunda esposa, Olga Lucas, una gran escritora con cuentos tan hermosos como los que contiene su libro *El tiempo no lo cura todo*. Se encontró con 150 personas, llegadas de muchos rincones de la tierra; hasta desde EEUU viajó el doctor Valentín Fuster, prestigioso cardiólogo que le había salvado la vida en el Hospital Mont Sinaí y con el que después publicó un libro sobre la ciencia y la vida. Y personas a las que conocía desde su infancia hasta su vejez: parientes, amigos, lectores que lo admiraban, exalumnos, trabajadores agradecidos, sindicalistas con los que había hecho huelgas. Una treintena de nosotros hablamos sobre nuestra relación con él, definiéndolo y mostrándole nuestro afecto y gratitud, reivindicándolo como el mejor escritor en lengua castellana vivo en aquel momento. Moderó el acto la periodista de TVE Concha García Campoy, hoy tristemente fallecida, y terminamos la fiesta-homenaje con otra sorpresa, la actuación de Paco Ibáñez, que estuvo soberbio.

José Luis Sampedro defendía: «Cada cultura ha tenido su referente: los griegos, el hombre; la Edad Media, Dios; ahora, el dinero. Para mí el referente es la VIDA. Hemos recibido una vida y vamos a vivirla hasta el final. Pero para eso necesitamos la LIBERTAD, para que esa vida sea la nuestra y no la que nos mandan tener». Palabras de un sabio bueno.

En 1998 conocí a Lluís Martí Bielsa. Coincidimos en el Hospital de San Pablo, de Barcelona, ambos visitando a unos enfermos que compartían habitación: él a un amigo francés, hijo de un republicano español exiliado, y yo a mi suegro, que había sido operado de cáncer.

Hablamos mucho y enseguida congeniamos. Durante años lo he seguido o hemos coincidido en múltiples actos, relacionados con la II República o los maquis españoles.

Lluís había nacido en Galleu (Aragón), el 26 de diciembre de 1921, y falleció el 6 de octubre de 2019, en Santa Cruz de Moya (Cuenca), mientras le hacían un homenaje como maquis.

Acababa de regresar de París, donde había estado en el 75 aniversario de la liberación de la ciudad, con la entrada de la columna de españoles republicanos, la 2ª División Blindada, conocida como «La Nueve», a las órdenes del general Leclerc. Hubo muchos españoles reclutados a la fuerza por la Legión Extranjera; tenían que elegir entre eso o ser repatriados a la España de Franco. Algunos desertaron de la legión y otros fueron a luchar a las filas de la organización guerrillera. Lluís participó en la liberación de la ciudad luchando en las calles, desde la resistencia. Luego como oficial de las Fuerzas Francesas del Interior, donde fue teniente adscrito al Estado Mayor. En estos actos de homenaje, Lluís tenía ya 98 años e iba en silla de ruedas, ayudado entre otros por un compañero de la Associaciò d´Ex Presos Politics del Franquisme, Ignasi Espinosa Bruñola, amigo y vecino mío.

Lluís siempre ha defendido los valores de la solidaridad, el internacionalismo, el antifascismo y la justicia social. Es un referente de la lucha antifascista, conocido como héroe y bandera de la memoria histórica.

En la Guerra Civil fue guardia de asalto —entró con 15 años—. Exiliado en Francia, lo hicieron prisionero y estuvo internado en varios campos de concentración (Dachau, Argelès y Roselló), escapándose del tren que lo llevaba al último de ellos. Regresó clandestinamente a España, a pie, por los Pirineos, con ampollas y los pies sangrando, junto a sus compañeros que cargaban también una multicopista, para poder editar folletos clandestinos aquí. Detenido, sufrió seis años de cárceles españolas tras sesenta interrogatorios en los que padeció terribles torturas a cargo de los hermanos Creix y el comisario Polo, en la Jefatura Superior de Policía de Barcelona, por haber sido un infiltrado del PCE (Partido Comunista) en España. Ha pertenecido a la Associaciò Catalana d´Ex Presos Politics del Franquisme, en la que ha sido dirigente durante muchos años.

Fue presidente de Amical de las Brigadas Internacionales y hace pocos meses publicó un libro, explicando sus primeros 39 años de vida, libro que se titula *Uno entre tantos. Memorias de un hombre con suerte.*

En el capítulo V, cuando contaba cosas de mi abuelo, he comentado la poca cultura y formación que tenía la Guardia Civil, poniendo como ejemplo que quien se ocupaba de escribir los informes sobre los represaliados era capaz de poner la palabra «olla» con *h*. En su libro, cuya lectura recomiendo muy especialmente porque es toda una lección de sociología y de historia, Lluís ratifica lo antedicho. Habla de un funcionario de prisiones de Burgos, don Matías, y dice así:

> Como la mayoría de los funcionarios viejos, don Matías provenía de la Guardia Civil. Aquel cuerpo jubilaba a sus miembros a los cincuenta y ocho años y éstos, los jubilados, en buenas condiciones físicas, instaban por ingresar en la Dirección General de Prisiones como funcionarios, tras pasar un *riguroso* examen. El Tribunal le preguntó a don Matías: «Díganos usted los puntos cardinales»; «El caso es que me lo sabía, pero…». «¿Sabe usted por donde sale el sol?»; «Ah, eso sí que lo sé. Por lo alto del cerrillo de mi pueblo». «¡Aprobado!». Aquel era uno de los hombres que la dictadura destinaba a nuestra reinserción. Era ignorante, pero sádico. Una de las distracciones que le hacían mucha gracia era pisar las manos de los presos que, a catorce grados bajo cero, estaban obligados a fregar el patio arrodillados y provistos de unas rodilleras hechas con viejas cubiertas de neumáticos. Haciéndose el distraído, les pisaba las manos heladas y cubiertas de sabañones. Hay más anécdotas del tal don Matías, que al parecer era, además, un vago. Empleaba un perro para detectar a los presos que fumaban, con el fin de castigarlos. Un día alguien le mató al perro.

Lluís tenía mi ejemplar de su libro para dedicármelo cuando falleció. El 9 de octubre de 2019, en el tanatorio de Les Corts de Barcelona, en un acto multitudinario, le dimos el último adiós, una hermosa ceremonia civil a la que se sumaron 30 organizaciones de toda España. Estaba la Barcelona de los personajes políticos izquierdistas, incluidas la *consellera* de Justicia, Esther Capella, y la alcaldesa de Barcelona, Ada Colau, quienes, entre otros, tomaron la palabra. Muchos amigos, camaradas, admiradores y muchos intervinientes; la última, una de sus nietas, todos muy emotivos. Hubo música en directo y un recordatorio con una foto de Lluís, la Senyera —bandera catalana— y la bandera republicana. Y un poema que se le atribuye a Beltroch Brech, aunque es de una mujer de la que lamentablemente no recuerdo el nombre, según me indicó Antonina Rodrigo, que estaba a mi lado. Este poema decía así: «Hay hombres que luchan un día y son buenos. Hay otros que luchan un año y son mejores. Hay quienes luchan muchos años y son muy buenos. Pero hay los que luchan toda la vida, esos son los imprescindibles».

En 2007 conocí a Tàrio Rubio Cuevas y mantuve una amistad con él durante diez años hasta su fallecimiento, en mayo de 2017. Nos encontrábamos en actos relacionados con la represión franquista, la memoria histórica y la II República. Lo acompañé en las presentaciones de sus libros y en una charla que ofreció sobre su experiencia carcelaria en el Ateneo barcelonés, en la cátedra de historia oral; lo presentaron y acompañaron Bernat Castany, Tony Castells, Bernat Muniesa y Antonina Rodrigo.

Tàrio publicó *Per les presons de Franco. Memòries d´un pres de la posguerra. 1936-1945.* También *Petita historia del cartellisme de la Guerra Civil, Valle de los Caídos y la represión franquista* y *La tragedia de l´exil republicà català.*

Para él, el Valle de los Caídos, que él llamaba siempre *Cuelgamuros,* era nuestro Mauthausen. Pasó ocho años con las mismas botas, de los 18 a los 25 años, y, sobre todo, pasó mucha hambre y más miedo. Me explicaba que la comida era tan escasa en las prisiones y campos de concentración que los intestinos dejaban de trabajar y, a los pocos días de no defecar, las heces se hacían una «bola dura». Tenía que meterse el dedo por el ano e ir arañando para sacar las heces y, si no se hacía, morías de una infección.

Era un hombre ateo y anticlerical, porque culpaba a la iglesia española de bendecir 300.000 fusilamientos, sin que la jerarquía haya pedido perdón. En la prisión de Aranda de Duero, donde lo llamaban «rojo de mierda» *e* «hijo de puta», le daban palizas y pasó mucho miedo, además de hambre. Siendo aún menor, acudieron varios capellanes con sotana y pistolón. Confesaron a no pocos presos y, al día siguiente, los que habían sido sonsacados, fueron fusilados en el cementerio. No fue casualidad.

Pasaban tanta hambre que, trabajando como un esclavo mientras hacía la carretera de acceso al Valle de los Caídos, a pico y pala y con precarias vagonetas, llegaron a matar a un famélico burro clavándole un pico en la cabeza. Me explicaba que, con una navajita, cortaron trozos de carne y las asaron en un precario fogón. Miseria y esclavitud.

Vio morir a muchos compañeros y camaradas en las cárceles. Los sacaban de la celda por las noches y los fusilaban sin juicio alguno. Dormían inquietos siempre, temiendo ser el siguiente.

Para mí, Tàrio se me presentaba siempre como «el hombre de la cuchara». Me contaba que, desde que fue al frente, llevaba siempre una cuchara de metal consigo. Esa cuchara lo salvó de la muerte. Una bala le dio en el pecho y no lo mató porque la desvió la cuchara, que mostraba en las charlas que daba, donde se veía el agujero de la bala y otro para colgársela.

Tàrio había nacido en la provincia de Castellón. Con tan sólo 17 años, marchó como voluntario al frente de Teruel a fin de defender la legalidad republicana. Allí vio morir a su mejor amigo y vecino, Quimet, con el que había compartido colegio, y juntos se habían alistado al ejército republicano. Quimet cayó herido de muerte por una bala enemiga. En el frente pasaron tanta hambre que comieron algarrobas hasta ponerse enfermos. También mataron y comieron cabras, medio crudas.

En 1938, fue hecho prisionero por las tropas franquistas. Lo detuvieron unos legionarios, los tumbaron en el suelo y fusilaron allí mismo a su comisario. Ahí comenzó su periplo por las cárceles y campos de concentración. Estuvo preso en Miranda de Ebro (Burgos), Orduña (Alaba), Aranda de Duero (Burgos), Valdenoceda (Burgos), la ciudad de Burgos y Soria, Torrero (Zaragoza), la Modelo de Valencia y la de Castellón.

No sólo sufrió la prisión en todas esas, sino que además fue encuadrado en un batallón disciplinario de soldados trabajadores penados, para realizar trabajos forzados en Jalón (Soria), *Cuelgamuros* (Valle de los Caídos) Somaén (Soria) y Armiñón (Álaba).

En 1945, perseguido por su pasado de rojo y republicano, decidió marchar a Catalunya para comenzar una nueva vida. Trabajó como repartidor, albañil, taxista, barbero y profesor de autoescuela. Estuvo a punto de entrar a trabajar en la SEAT, pero lo rechazaron al conocer sus antecedentes penales.

Desde que comenzó la democracia, Tàrio invirtió grandes esfuerzos en explicar la dictadura franquista y su represión durante y tras la Guerra Civil. Impartió decenas de conferencias, charlas y entrevistas. Recibía en su casa a estudiantes y a historiadores y fue entrevistado por numerosos periodistas y medios de comunicación, donde explicaba su azarosa vida, a fin de recuperar la memoria histórica.

Casi siempre lo vi con su compañera Carmen, una bellísima mujer. Nunca conseguí que Tàrio me tuteara, siempre me trató de usted.

Tàrio me regaló una poesía que había escrito, titulada «Los campos de concentración franquista», el certificado de sus años de cárceles y de batallón de soldados trabajadores penados, además de un documento, que extrañó a propios y a ajenos y que lo asustó. Recibió una citación de la Capitanía General de la 4ª Región Militar, Parque de Artillería de Barcelona, Juzgado Militar eventual de Cuerpo, fechado el 13 de septiembre de 1985 —sí, en 1985—. Era un procedimiento sumarísimo instruido por ese juzgado militar por «EXCITACIÓN A LA REBELION», a fin de que se personara en ese juzgado el 19 de septiembre a las diez de la mañana con el fin de prestar declaración, bajo apercibimiento de ser conducido y procesado como reo de desobediencia y negación de auxilio a la autoridad, todo ello con arreglo a los artículos 589 y 590 del Código de Justicia Militar.

Otro gran hombre, que dedicó su vida a luchar por construir una sociedad mejor, un país más digno, justo y progresista.

También en 2007, en un acto organizado por el activista andaluz por la memoria histórica Paco Ruiz, conocí a Mª José Bernete. Desde entonces hemos coincidido en innumerables actos relacionados con la memoria histórica y la República. También ambas hemos militado durante años en la asociación Ateos y Republicanos, ella como presidenta y yo como socia de base.

En marzo de 2020 presentó una denuncia en el consulado argentino de Barcelona, patrocinada por los abogados de la querella argentina Ana Messuti y Máximo Castex, y con el apoyo de la Red Catalana y Balear de Apoyo a la Querella Argentina contra los Crímenes del Franquismo. María José ha agregado 388 casos de víctimas de desaparición forzada, deportados a campos de concentración alemanes, sometidos a consejo de guerra y condenados a prisión, esclavos del franquismo y un torturado por Billy el Niño.

María José está emocionada porque ha saldado una deuda con las víctimas de la Colonia de Fuente Palmera (Córdoba), porque olvidar sería otra victoria del franquismo. Y como dijo al periodista de *El diario* que la entrevistó, «siente vergüenza de tener que vivir en este reino de impunidad que tan bien atado dejó el dictador genocida».

Hace al menos diez años que ella comenzó a investigar lo que había ocurrido en el pueblo de sus antepasados. Tiene a once familiares represaliados. Su abuelo Manuel, esclavo del franquismo, construyó el pueblo nuevo de Belchite. Condenado a 12 años y un día, pasó por las prisiones de Córdoba y San Juan de Mozarrifar (Zaragoza), donde vio morir de hambre a muchos compañeros. Su delito, pertenecer a la UGT y ser presidente del Comité de Defensa de la Republica. Y, sobre todo, por ser tío del capitán Chimeno, el miliciano anarquista Juan José Bernete Aguayo, venganza que sufrieron también otros familiares como Rosario Bernete, rapada y vejada. Antonio, hermano de Chimeno, fue esclavo del nazismo, pasando por varios campos de concentración franceses. Otro hermano, Francisco, fue miembro de la resistencia y teniente de las Fuerzas Francesas y de la Agrupación de Guerrilleros Españoles, permaneciendo en el exilio hasta la muerte del dictador. En resumen, muchos de sus familiares pasaron por consejos de guerra y prisión: su abuelo, sus tíos abuelos, su bisabuelo y sus tíos en los años 60. El único que murió fue el capitán anarquista, que dirigía un batallón comunista y a cuya cabeza había puesto precio Queipo de Llano. Pedro Garfías, poeta de la generación del 27, le dedicó un hermoso poema: «Al capitán Chimeno, muerto en el frente de Córdoba».

Y ésta es la historia de la madre, contada por Mª José:

> Inocencia Navarro Fernández nació en 1929 en la aldea de Silillos, Colonia de Fuente Palmera (Córdoba). Inocencia tenía seis años cuando los golpistas se alzan contra la legalidad republicana y tuvo que huir a través de la sierra hacia zona roja. En ese éxodo vio los primeros bombardeos y muertos. Ella y su familia se establecieron en un cortijo en el término de Pozoblanco, bautizado como *Pozonegro* a causa de los bombardeos. Allí acudía para recoger pan y, cuando podía, iba a la escuela donde había un refugio antibombas y una

ametralladora colocada en el balcón con la que la maestra disparaba a los aviones. Uno de sus juegos de infancia durante la guerra era «la descubierta»: se trataba de ver quién mataba más piojos y otros parásitos. La guerra fue muy larga, pues resistieron hasta finales de marzo de 1939. Unos soldados de la avanzadilla de las tropas moras persiguieron a Inocencia con la intención de violarla mientras le hacían el gesto de rajarle el cuello; ella se libró, pero a su amiga le arrancaron de cuajo los zarcillos —pendientes— y le rajaron las orejas.

El camino de vuelta a casa fue a pie, entre los cuerpos sin vida de los soldados tirados en las cunetas. Cuando por fin llegaron a su aldea, se encontraron una casa completamente vacía; los vecinos solo habían dejado las paredes. Inocencia no había cumplido nueve años y ya había visto tanto horror y desolación que pensó que no podría sufrir más, pero se equivocaba. Su abuelo y su tío se tuvieron que presentar en el cuartel de la Guardia Civil quedando detenidos. Para Inocencia, su abuelo era lo que más quería en el mundo, el padre que no tuvo, un maestro y un amigo. Inocencia hacía 14 kilómetros diarios para llevarles la comida, que las mujeres se quitaban de la boca para que los presos no pasaran hambre. Se sentaba durante horas en el rebate del depósito hasta que los guardias la dejaban pasar y regresaba de noche a casa, corriendo campo a través y con mucho miedo. Un día, los guardias la dejaron pasar y la encerraron en una habitación donde había un grupo de hombres desnudos embadurnados en una pomada rosa para la sarna. Ella y otra mujer, asustadas, aporrearon la puerta mientras los guardias se reían.

Su abuelo y su tío fueron sometidos a Consejo de Guerra; los dos salieron de prisión en 1940, su abuelo con 65 años y enfermo. La tía y madrina de Inocencia, Rosario, fue paseada por las calles del pueblo tras haber sido rapada dejándole parte del cabello en forma de cruz y sentada en una silla en la plaza de Silillos, donde tuvo que ingerir más de un tazón de ricino migado en pan, sufriendo el escarnio de los presentes mientras no podía contener el esfínter.

En el año 1960, su primo Faustino y su cuñado Manuel fueron detenidos por pertenencia al PCE. Faustino fue trasladado a Madrid y condenado a cinco años de prisión por «rebelión militar». Inocencia acompañaba a su mujer a visitarlo a la prisión; los presos de Cáceres definieron a estas mujeres como «muy valientes», ya que llamaron a todas las puertas para poder hacerles llegar comida. Fueron a la radio, donde consiguieron que sonara la canción *El preso número 9* para ellos. Así los presos políticos pudieron disfrutar de una olla de 20 litros de chocolate y un barreño grande lleno de churros; los gritos de alegría se oían a través de las ventanas enrejadas.

Inocencia emigró a Bélgica y más tarde se estableció en Barcelona, donde tendría a sus dos hijos menores. Ella trabajaba a destajo, sin saber que sus tres hijos mayores, estudiantes de bachillerato, también se rebelaban contra la dictadura. Luego llegó la transición y el olvido, la impunidad y la supuesta reconciliación, la banalización de la dictadura, pero en casa de Inocencia nunca hubo silencio y al fascismo siempre se le llamó por su nombre.

Ella no pudo ir a la escuela hasta bien entrada su setentena y su vida fue el sacrificio de una mujer inteligente, capaz y generosa hasta el límite de la autoanulación en una sociedad machista al extremo, marca del nacionalcatolicismo. Ahora, a sus 90 años, pone color a su vida y con su pincel nos regala preciosos cuadros, fruto de esa semilla de artista que no pudo germinar antes porque dedicó toda su vida a alimentar siempre los sueños de quienes la rodeaban.

Asimismo, he podido conocer y tratar a otras personas ilustres gracias a mi militancia feminista; por ejemplo, a la dirigente del partido de Los Verdes alemanes, Petra Kelly, que vino a Barcelona. Hablé con ella del Partido Feminista, del que yo en ese momento era dirigente, y me dedicó un libro sobre su partido, que también defendía el feminismo.

Kelly era política y activista por la paz, una de las principales fundadoras del partido de Los Verdes. Había nacido en Baviera, en 1947. Estudió en EEUU de 1959 a 1970. Era una admiradora de Martin Luther King e hizo campaña en favor de Robert F. Kennedy para la presidencia de EEUU en 1968. Estudió Ciencias Políticas en Washington. Trabajó en la Comisión Europea, en Bélgica, desde 1971 hasta 1983. Hacía campañas por la paz y el medio ambiente. Falleció el 1 de octubre de 1992 en Bonn (Alemania) por un disparo de su pareja sentimental, mientras dormía. Él había sido general y era también político, miembro de Los Verdes. Se llamaba Gert Bastron y, después de matarla a ella, se suicidó. Petra tenía 45 años y él 69.

Para los pacifistas y las feministas del mundo fue un duro golpe, porque era una mujer querida y admirada por nosotras.

Pude conocer, tratar y ser amiga de varias de las integrantes de la Associaciò Les Dones del 36. Se trataba de un grupo formado por mujeres octogenarias que habían sido activistas y militantes de partidos o sindicalistas, republicanas, socialistas, comunistas y anarquistas. Según varios artículos del libro *Les Dones del 36. Un silenci convertit en paraula,* durante diez años —desde 1998— dieron charlas en infinidad de institutos y colegios —179 charlas con 11050 asistentes, facultades, tertulias y jornadas, radios y televisión —siete programas de televisión y siete documentales—. Hicieron numerosas entrevistas —185 entrevistas personales— para estudiantes universitarios e historiadores y llevaron la voz de las luchadoras a las nuevas generaciones de ciudadanos. Hicieron sin duda una labor encomiable, difundiendo su experiencia personal y colectiva de la lucha de las mujeres durante y tras la Guerra Civil. Por parte de la Generalitat, el Ayuntamiento de Barcelona y el Institut Catalá de les Dones, en septiembre de 2006 se publicó un hermoso libro titulado *Les Dones del 36. Un silenci convertit en paraula.* Sus fundadoras fueron Enriqueta Gallinat, María Salvo, Conxa Pérez Collado, Rosa Cremón, Manola

Rodríguez, Carme Casas, Trinidad Gallego y Victoria Carrasco. Luego se agregaron otras, alguna tan conocida como Neus Catalá. Fueron llamadas por la prensa «mujeres de corazones intrépidos», «historia en primera persona», «abuelas de izquierdas», «tercera edad acorazada» y reconocían que la historia oral era un efectivo método de aprendizaje. Como ellas decían, su compromiso con la lucha de las mujeres era por la justicia y la paz. A pesar de haber perdido la guerra y sufrido represión, exilio, padecido torturas y cárceles, nunca se consideraron mujeres derrotadas. La activista anarquista Llum Ventura y la llamada «Nena del 36», Josefina Piquet, fueron unas grandes coordinadoras de esta asociación,

Conocí y traté a Neus Catalá, la enfermera catalana que estuvo internada en el campo de concentración de Ravensbrüc, y participé en numerosos actos que se hicieron en su honor, hasta que falleció a los 103 años.

A esas amistades de privilegio, orgullosamente podemos aplicarles la frase: «Porque fuisteis somos, porque somos serán».

X

EMANCIPADA

En diciembre de 2002, Lidia Falcón regresa de Madrid para vivir y trabajar en el despacho de Barcelona después de 17 años; entonces tenía 66. Dejó en Madrid a su esposo, el eminente catedrático y doctor en Filosofía Carlos París. Pensé que ya era momento de emanciparme y trabajar por mi cuenta, porque entonces no era posible trabajar con ella. Tardé nueve meses en marcharme a mi nuevo despacho, tiempo de nervios y angustia, hasta el extremo de adelgazar 14 kilos.

Mis nuevas compañeras del despacho, Mercè Claramunt y Mª Angels Prats, se ocupaban de diversas especialidades, también temas de familia, aunque ellas no defendían sólo a mujeres. Mandamos hacer no pocas obras de reforma. Decoramos un despacho sencillo, pero muy hermoso, que no se parecía en nada a una oficina. El día de la inauguración pasaron por el despacho unas 250 personas: varias personalidades, familiares, amistades, clientela, abogados, procuradores, jueces, políticos de izquierdas y feministas, a las que les ofrecimos un delicioso pica-pica, dulces variados y cava. La clientela y todos los que pasaban por el despacho alababan la paz que transmitía el local.

Pasé a poner en mis tarjetas de visita *«Abogada y Mediadora para la mujer y la familia»;* en ellas aparecía además mi fotografía en color, una novedad que me regaló mi buena amiga María Prenafeta Baró, excelente fotógrafa.

Mi despacho tenía unas claras premisas: se abría con el propósito de ofrecer un servicio de calidad a un coste razonable, donde la profesionalidad, la capacitación, la larga experiencia y la adecuada defensa no llevaran consigo un lenguaje complejo. Es decir, explicar con sencillez y lenguaje llano los derechos y deberes, además de cultivar un trato humanizado. En definitiva, escuchar, comprender y orientar sin juzgar.

De inmediato me llegaron clientas, pues ya tenía una buena cantidad de clientela fiel y durante 14 años más trabajé dedicada a la profesión que me apasionaba, mientras militaba en la Associaciò Dones Juristes, como presidenta primero y vicepresidenta luego de la Comisión para la Igualdad de Derechos de los Nuevos Modelos de Familia, del Colegio de Abogados y Abogadas de Barcelona.

Como abogada feminista, he luchado intensamente contra el negocio de la prostitución y la trata de seres humanos, mujeres y niñas, contra los vientres de alquiler, contra el pretendido Síndrome de Alienación Parental y contra el negocio de la compraventa de bebés, que duró en España hasta 1996. También he ayudado a organizar mesas redondas y conferencias de otros muchos temas.

En mis años de militante feminista y abogada, he participado como profesora invitada en mesas redondas y posgrados sobre Derecho de Familia y parejas de hecho organizados por la UAB, el IDEC (Universidad Pompeu Fabra), la Universidad de Girona y los Colegios de Abogados de Barcelona y de Girona. He dado conferencias y clases en la UB, UAB, UNED, UPF, UOC y en diversos institutos de enseñanza media, en este caso sobre temas relacionados con la familia, el derecho de las mujeres, la pobreza, los derechos humanos, el tercer mundo, la globalización, el pacifismo, la guerra y la resolución alternativa de los conflictos, el feminismo. He escrito y publicado artículos jurídicos en revistas como *Mon Juridic*, del Colegio de Abogados de Barcelona, y la revista de la Asociación Española de Abogados de Familia, con sede en Madrid, así como en diversos libros. He escrito prólogos de libros de poemas y he presentado documentales feministas, coordinando el debate posterior.

He impartido clases para jueces, abogados y funcionarios judiciales en diversos cursos, organizados por el Centro de Estudios Jurídicos de la Generalitat de Catalunya y los Colegios de Abogados de Barcelona y Girona. He dado clases a policías nacionales, locales, guardias urbanos y a *mossos d´esquadra*. También para técnicas del Ayuntamiento de Barcelona, en cursos de formación en la Escuela de la Mujer Franchesca Bonnemaison. He viajado a diversas ciudades españolas para impartir clases en universidades y participado en Congresos de Abogadas por toda España, aportando ponencias.

Durante diez años, he dado clases en la Facultad de Derecho de Barcelona, en un máster de Derecho de Familia e Infancia, gracias a la invitación de mi querido amigo, el profesor de Derecho Civil Carlos Villagrasa Alcaide, director del máster.

Todas esas actividades las he podido realizar gracias a mi activa militancia feminista, además de mi posterior formación como jurista.

En noviembre de 2008, la Asociación Catalana de Juristas Demócratas organizó unas jornadas tituladas «Los maquis. Una perspectiva desde la memoria histórica», las cuales se desarrollaron en el Colegio de Abogados de Barcelona. A lo largo de dos días intervinieron prestigiosos ponentes, llegados de distintos lugares de la geografía española. Asistieron unas 300 personas en la octava planta de la sede del Colegio de Abogados de Barcelona. En una de las mesas que moderaba, la cual versaba sobre la guerrilla en Andalucía, Extremadura y el Norte de España, me pidieron que además relatara la historia de mi abuelo. Fue toda una sorpresa, para él y para mí, que uno de los ponentes, el catedrático y doctor en Historia José Aurelio Romero Navas, fuera un especialista de las guerrillas en Granada y Málaga y hubiera investigado mucho sobre mis abuelos. Las conclusiones de las jornadas fueron:

> Primera: Los guerrilleros antifranquistas deben ser reconocidos como la última expresión del que fuera Ejército de la República y, en consecuencia, como combatientes del Ejército republicano.
>
> Segunda: Asimismo, reconocimiento y gratitud a las mujeres de los guerrilleros (esposas, novias, madres, hermanas, hijas o parientes), heroínas silenciosas y víctimas también de la represión fascista, por su aportación impagable a la guerrilla.

Este párrafo se agregó en el último minuto, cuando puse el grito en el cielo al ver las conclusiones sin ninguna línea dedicada a las mujeres, por parte de hombres de izquierdas. Así lo ha reconocido siempre el dirigente de la ACJD, mi amigo Antonio Martín, también andaluz:

> Tercera: Reconocimiento por parte del Gobierno español del papel de las agrupaciones de guerrilleros y puntos de apoyo, así como su equiparación a los combatientes del Ejército republicano.
>
> Cuarta: Apertura, conservación y catalogación archivística de todo el material documental relacionado con la guerrilla y su represión. Asimismo, dotar a los especialistas archiveros a todas las instituciones donde se encuentren dichos documentos.
>
> Quinta: Potenciar el conocimiento del conocimiento guerrillero en todo el sistema educativo.

Sexta: Hacer un llamamiento al mundo de la cultura y especialmente a los historiadores, para que sigan investigando y difundiendo la historia de la lucha guerrillera durante el franquismo.

Séptima: Constatar la importancia de las diversas aportaciones procedentes de diferentes ámbitos, tales como el universitario, determinadas comunidades autónomas, asociaciones (como La Gavilla Verde), militares, investigadores, etc.

Octava: Reconocimiento a todas aquellas entidades memorialistas que tienen como principio reivindicativo la verdad, la justicia y la reparación para todas las víctimas del franquismo.

Novena: Requerir al Gobierno de Rodr*í*guez Zapatero para que, como ha pedido IU, IC-V y ERC, sea modificada la Ley de Memoria Histórica, en los siguientes puntos: a) Se declare de oficio, la nulidad de todas las sentencias y resoluciones dictadas por los tribunales represivos de la dictadura, b) se cree una fiscalía especial para atender todas las reclamaciones de desaparecidos y víctimas del franquismo y c) la creación de una Comisión de la Verdad, en la que deberían figurar representantes de las principales memorialistas.

El comité organizador de las jornadas estuvo formado por José María Mena, exfiscal de muy reconocido prestigio en Cataluña, Antonio Martín y Antonio Doñate, prestigiosos abogados. Se invitó a diversos medios de comunicación y se enviaron las conclusiones al Gobierno y a la prensa.

En noviembre del año siguiente, 2009, en parte ayudado por mi insistencia y cabezonería, la misma asociación (ACJD) celebró las V Jornadas, esta vez dedicadas a «Las mujeres en la guerra civil y en la dictadura». De nuevo grandes figuras históricas, políticas, universitarias y víctimas debatieron durante dos días sobre la lucha generalmente callada y los padecimientos de las mujeres. Fui moderadora de la última mesa redonda, titulada «Traumas de la guerra y la represión. La superación de la mujer». Como acto de clausura, se hizo un homenaje al grupo Mujeres del 36 y a todas las mujeres víctimas de la represión franquista, que moderó la periodista Carmen Alcalde. Allí estuvieron y fueron homenajeadas mi madre, María Garrido Martín, la miliciana anarquista Conxa Pérez Collado y la comunista Trini Gallego, condenada a cuatro penas de muerte y habiendo cumplido 17 años de prisión.

Fue muy emotivo ver a mi madre sentada como invitada en una hermosa sala del Colegio de Abogadas y Abogados de Barcelona, recibiendo un homenaje. Se envió a la prensa y al Gobierno una declaración y sus conclusiones (Anexo 3), firmado por la misma comisión que la anterior.

Había tenido también la oportunidad de asistir como invitada a las X Jornadas en homenaje a los maquis, celebrada en Santa Cruz de Moya (Cuenca), en octubre de 2010, organizadas como cada año por *La Gavilla verde*. En ellas pude hablar de mis abuelos, en una mesa redonda junto a la historiadora Antonina Rodrigo y otra historiadora gallega, de la que hoy lamentablemente no recuerdo su nombre. De allí también salieron una serie de peticiones. El documento final recogía similares conclusiones que las de las jornadas de Barcelona.

En 2012, la editorial JV Editor publicó un precioso libro titulado *Perfiles: Advocats de Barcelona*, donde recogían las historias de 50 abogados de la ciudad; en él incluían un amplio artículo sobre mi trayectoria, con cuestiones profesionales y personales. Aparecían también hermosas fotografías de cada uno en lugares importantes de la ciudad, las mías en la Ciudadela, ante el Parlament de Catalunya y en mi despacho. El artículo me define como de una persona «luchadora, íntegra, amante de la libertad, brillante y comprometida». Fue un honor para mí estar entre todos esos compañeros y compañeras de gran prestigio profesional, con trayectorias vitales tan diferentes a la mía. También explica que además de trabajar y militar, he tenido tiempo de hacer otras cosas: durante un año fui modelo de pasarela, peluquería y fotografía, he sido fotógrafa aficionada, he ganado concursos de rock, he hecho teatro *amateur* y soy una apasionada de la naturaleza, principalmente del mar, y amante de los gatos; además, he podido visitar más de 30 países de cuatro continentes.

Un tema que me ha ocupado muchas horas, como profesional del Derecho y como militante feminista, es el de la custodia compartida, en casos de separación o divorcio de los progenitores. Una de las ponencias que escribí sobre ella me la publicó la Asociación Española de Abogados de Familia en su revista digital.

El prestigioso doctor en medicina y forense, Dr. Miguel Lorente Acosta, durante años delegado del Gobierno para la Violencia de Género y antes responsable de la salud mental del Gobierno andaluz, dice en su libro *Los nuevos hombres nuevos. Los miedos de siempre en tiempos de igualdad* (Editorial Destino) lo siguiente:

> Hay una nueva estrategia adoptada por determinados hombres (violentos o poco dispuestos a ser respetuosos con el otro sexo) para perpetuar la trayectoria anterior: cambiar para seguir igual. Hombres que adoptan una imagen sintónica con la igualdad, denunciando hechos (su dificultad para compartir la custodia, por ejemplo) que les permiten asegurar su posición dominante. Es decir, parten de una teoría alternativa para la nueva situación de igualdad… Critican que deban luchar excesivamente para conseguir la custodia compartida (no teniendo en cuenta que los jueces atienden a las necesidades y los derechos de los menores, no de sus padres).

También detalla las nuevas «estrategias de ataque»:

> Usan argumentos científicos para defender la neutralidad, reclamando ciertas cosas por el hecho de ser padres… Otra estrategia es

el bien común, por lo que reclaman cosas que dicen que no son para ellos mismos, sino en beneficio de sus hijos.

Consuelo Barea, doctora en Medicina, Terapeuta y Matemática, afirma: «Se considera que la custodia compartida es la mejor opción, la panacea para el mundo ideal en el que vivimos, en el que el hombre y la mujer ejercen el cuidado de sus hijos de forma igualitaria y responsable, son felices y comen perdices». Sin embargo, en el mundo real, no siempre somos felices ni comemos perdices...

Al igual que más tarde ha defendido el Dr. Lorente, las trampas del nuevo machismo son especialmente tres: pedir la custodia compartida cuando no se han ocupado del cuidado de los hijos, para pagar menos pensión y conseguir que se venda el domicilio familiar —sin permitir que en el mismo sigan residiendo los hijos— para luego no ocuparse de ellos, el mal llamado Síndrome de Alienación Parental y las supuestas denuncias falsas de las mujeres sobre violencia machista, cuando los datos del Consejo General del Poder Judicial nos confirman que esas denuncias son mínimas, muchísimo menores a las de cualquier otro delito.

A mediados de 2020, el comité de la CEDAW, organismo de Naciones Unidas para supervisar las políticas estatales de igualdad, en su informe de 2016 sobre España desaconseja el establecimiento de la custodia compartida como opción preferente. Hace referencia a que, en los últimos ocho años, la custodia compartida se pacta tan solo en un 20% de los casos.

Otro tema, que además trabajamos mucho desde la Associaciò Dones Juristes, fue el pretendido SAP (Síndrome de Alienación Parental). Cuando más avanzamos hacia la igualdad, tras muchos años de lucha feminista, el patriarcado inventa nuevas trampas para luchar contra nuestros avances, aparentar cambios para que todo siga igual, y lo hacen desde posturas aparentemente igualitarias como la custodia compartida, las denuncias falsas y el SAP.

Entre otras muchas actividades que se realizaron desde el feminismo contra el pretendido SAP, la Dra. Consuelo Barea, médica, matemática y terapeuta feminista, junto con la psicóloga Sonia Baccaro, publicaron un magnífico libro, fruto de años de investigación. Su título era *El pretendido Síndrome de Alienación Parental*. Lo prologaba y lo presentó el Dr. Miguel Lorente Acosta, director general de Asistencia a las Víctimas de Violencia Machista de la Junta de Andalucía y delegado del Gobierno para la Violencia de Género, además de ser un prestigioso médico forense que encabezó un manifiesto con más de cien profesionales de la salud contra el SAP. Decía que las autoras del libro, reconocidas feministas, «habían hecho un diagnóstico certero y las recetas de soluciones a los problemas aparecen en él de forma magistral».

Muchos juzgados condenaban a la madre a quedarse sin la custodia de sus hijos y en la mayoría de ocasiones también sin régimen de visitas, salvo uno muy corto y controlado físicamente por profesionales sociales, cuando la mujer y sus hijos habían denunciado agresiones físicas y/o sexuales por parte del marido y padre. Decían que era la madre quien los había manipulado. Cuanto más firmes fueran las denuncias, más segura estaba la declaración de SAP. Desde la ADJ realizamos una jornada, en enero de 2008, en el Colegio de Médicos de Barcelona, en la que participaron como ponentes eminentes profesionales del mundo de la medicina —psiquiatras y psicólogos— y del derecho, como la magistrada Montserrat Comas d´Argemí, miembro del Consejo General del Poder Judicial, quien dijo, entre otras cosas:

> El SAP desplaza el interés del menor hacia los intereses del progenitor rechazado. Su irrupción obedece a razones ideológicas. A raíz

de la aprobación de la Ley Integral contra la violencia de género, ha surgido el SAP, que introduce mitos creados por sectores neoconservadores que se resisten a la lucha por la igualdad.

A pesar de la postura, absolutamente clara, del Consejo General del Poder Judicial y de la gran mayoría de los juristas, médicos, psiquiatras, psicólogos y pedagogos, el mal llamado SAP se aplicó en muchas sentencias en toda España, durante varios años, apoyado por unos pocos profesionales de la psicología y del derecho que veinte años después del *invento* de Gardner, defensor de los pedófilos, creyeron su tesis, publicaron muchos libros y comparecieron en muchas entrevistas de radio y televisión. Mientras, un gran número de mujeres, niños y niñas fueron gravemente castigados. Fue tan cruel esa época que algunos adolescentes se suicidaron ante el miedo a estar bajo la custodia de un padre maltratador o abusador sexual.

La hija de una de mis clientas, arquitecta, amenazó con hacerlo y consiguió que la sentencia de la Audiencia Provincial de Barcelona modificara un poco la del Juzgado de Familia, posponiendo unos años el cambio de custodia, de manera que las dos hijas alcanzarían ya la mayoría de edad.

Así decía uno de los comunicados que publicamos desde la Associació Dones Juristes:

> Gardner creó en 1985 el SAP, según el cual un progenitor, más del 90% de casos la madre, aliena al hijo contra el padre en el contexto de la disputa por la custodia, alegando falsas acusaciones de agresión sexual hacia los hijos por parte del progenitor varón.
>
> Gardner autopublicó su teoría en una editorial de su propiedad, no siendo aceptadas sus publicaciones en ninguna revista científica. Muchos de sus artículos se apoyaban en el uso de una escala de detección diseñada por él mismo, rechazada por el juzgado de apelación de

Florida por su ausencia de reconocimiento científico y finalmente retirada del mercado por él mismo. Hasta su suicidio en 2003, Gardner fue el principal defensor de su término, mantenido ahora en forma de presión para su reconocimiento en el futuro DSM-V y con ello como instrumento legal validado científicamente.

De hecho, el SAP no ha sido reconocido por ninguna asociación profesional ni científica, habiendo sido rechazada su inclusión en el DSM-IV por la Asociación Americana de Psiquiatría y en la ICE-10 de la OMS. Estas y otras instituciones que priman los objetivos clínicos y de investigación, basan la inclusión de una nueva entidad diagnóstica en la existencia de sólidas bases empíricas, no cumpliendo el SAP ninguno de los criterios necesarios. Según una declaración de 1996 de la Asociación Americana de Psicología (APA) no existe evidencia científica que avale el SAP. Esta Asociación critica el mal uso que de dicho término se hace en los casos de violencia de género. En su informe titulado «La Violencia y la Familia», afirma: «Términos tales como "alienación parental" pueden ser usados para culpar a las mujeres de los miedos o angustias razonables de los niños hacia su padre violento» (pag.100). En el terreno de la justicia, en el mismo país donde se desarrolló el concepto del SAP, la guía de evaluación para jueces de los casos de custodia infantil en contextos de violencia doméstica, editada por el Consejo nacional de Juzgados Juveniles y de Familia, creado en EEUU en 1937, advierte en su edición de 2006 sobre el descrédito científico de dicho síndrome.

En febrero de 2020, la prensa española publicaba la noticia de que hay cuatro imputados por usar el mal llamado SAP para retirar la custodia de una menor a una madre, sin contar con la intervención de un juez. La niña lleva tres años alejada de su madre. La Audiencia de Vizcaya acusa de prevaricar a los funcionarios del Servicio de Infancia de la institución foral la Diputación— y al máximo responsable del Departamento de Acción

Social; además, añaden que el SAP es otra forma de violencia contra la mujer y advierten de que ese pretendido *síndrome* no ha sido reconocido por ninguna asociación profesional ni científica, siendo rechazado por la Asociación Americana de Psiquiatría y por la Organización Mundial de la Salud, al igual que también ha sido rechazado por el Consejo General del Poder Judicial.

El 12 de junio de 2020, en el diario *Público,* ve la luz una entrevista con Luis Pedernera, presidente del Comité de Derechos del Niño de la ONU, que pide que se legisle contra el uso del falso SAP, porque es una violencia contra los menores que se aplica en Brasil, Chile y España.

Conocido es el caso de la granadina Juana Rivas, a la que han retirado la custodia y la potestad sobre sus dos hijos por un juzgado italiano, e incluso ha sido condenada a prisión por un juzgado español, al haber retenido a sus hijos a fin de alejarlos de un marido y padre maltratador. A ella se le ha aplicado la teoría del SAP y hoy está a la espera de que se realice un nuevo juicio en Italia, con la intención de recuperar la custodia de sus hijos, para que vuelvan a vivir con ella. Además, está pendiente de que se lleve adelante el juicio contra su exesposo por maltrato a ella y a los hijos, tras las denuncias que ella misma interpuso y que no han sido tramitadas hasta ahora.

En el año 2000 asistí, junto a la también abogada Ana Bonilla, —que habla un perfecto alemán— y en nombre de la Associaciò Dones Juristes a la constitución de una asociación de mujeres juristas europeas en Berlín (Alemania). Allí nos reunimos con otras seis abogadas españolas y con la exministra socialista Cristina Alberdi, así como con decenas de juristas llegadas de todas partes de Europa. Como representante de Gran Bretaña, estaba la prestigiosa abogada Cherie Blair, esposa del entonces primer ministro laborista Tony Blair. Todas participamos en la constitución de tal asociación europea: European Women Layers Association.

Como militante feminista, en febrero de 2016 pude participar en una jornada sobre la prostitución en la que desarrollé una ponencia, que fue seguida con atención.

Fue una jornada muy concurrida por otras militantes, historiadoras, alcaldesas y regidoras, estudiantes, abogadas y magistradas. Se trataba de un tema muy preocupante, del que se discute mucho desde tiempos inmemoriales. La ponencia que preparé, fundamentalmente con los datos del magnífico libro de Gemma Lienas *Quiero ser puta,* contiene cifras oficiales y decía así:

> Lo primero que habría que preguntarse es: ¿Es ético y legítimo que un ser humano compre el uso del cuerpo de otro para su satisfacción sexual? Y, especialmente, ¿es ético y legítimo cuando esas personas, mujeres y menores en su mayoría, han sido engañadas y traficadas como si de ganado se tratara?
>
> Sabemos que el 90% de las mujeres provienen de la trata y que en su inmensa mayoría son extranjeras: Brasil, Colombia, Rumanía, países del Este, la antigua URSS, Nigeria y China.
>
> En España, ese negocio mueve unos 18000 millones anuales.
>
> Señala un informe de Médicos del Mundo que es común a todas las personas que ejercen la prostitución la violencia que sufren durante el ejercicio de esa actividad, no sólo por el tipo de actos a que se les obliga con ocasión de los contactos sexuales, sino también por las agresiones físicas que les provocan con no poca frecuencia los clientes o los proxenetas.
>
> La mayoría de las prostitutas sufren de ansiedad, falta de autoestima y depresión, además de que muchas de ellas consumen drogas y alcohol. Y un gran número de ellas fue violada por familiares directos en su infancia o por su marido cuando lo tuvieron.
>
> La mortalidad de las mujeres que se dedican a la prostitución es 40 veces más elevada que en cualquier otro *oficio*; tienen 18 veces más probabilidades de ser asesinadas, más del 71% de ellas padecen

abusos físicos, del 63% al 80% han sido violadas y el 68% padecen el síndrome de estrés postraumático.

La prostitución es una actividad de alto riesgo en lo que se refiere a violencia, coacción y enfermedades.

En países en donde está legalizada, hay programas de instrucciones iguales a las que se proponen en situaciones de crisis con rehenes. Sólo en la profesión militar esas negociaciones son vistas como necesarias para poder desarrollar el trabajo con normalidad

Todos los estudios demuestran que, si existen alternativas laborales mínimamente aceptables, la inmensa mayoría de las mujeres prostituidas querrían dejar la prostitución. Ninguna quiere la prostitución para sus hijas.

La mayoría de las mujeres que han podido salir de la prostitución y muchas de las que todavía están cuentan haber sufrido numerosos episodios de tortura, humillación, violaciones, vejaciones. Muchas cuentan que han llegado a la prostitución después de haber sido preparadas con abusos sexuales, violaciones y palizas por parte de los proxenetas, que así las *ablandan* para el *trabajo* que les espera.

Ellas afirman que los clientes las hacen sentir como un objeto, que para ellos son una mercancía: «Te he comprado, de modo que puedo hacer contigo lo que quiera y tú vas a hacer lo que yo te diga», *según recogía Antonio Baquero en El Periódico de Catalunya*. Es decir, las ven como cosas a su servicio, en la medida que han pagado y que durante ese rato les pertenecen. A eso se le llama *cosificación*, tratar al otro como a un objeto.

Ellas dicen que para ejercer la prostitución se disocian: dejan su cuerpo tumbado y salen fuera de él para no sentir ni sufrir. Ese fenómeno sólo se conoce en situaciones de peligro o sufrimiento extremo.

En cuanto a los puteros, afirman los informes con los que contamos que en España hay un 39% de hombres que utilizan habitualmente la prostitución. Por el contrario, Suecia ha bajado del 8% desde que una ley prohíbe esta práctica.

Muchos de nuestros jóvenes utilizan la prostitución como algo lúdico, tras una noche de fiesta, sin pensar en las víctimas. Y en Catalunya, en donde hay más macroprostíbulos del estado español, sobre todo en el Alt Empordá (Girona), entran miles de muchachos franceses, ya que en su país está prohibida.

Poca gente conoce las consecuencias de legalizar la prostitución como un «trabajo normal». En Alemania, donde es legal desde 2002, cualquier mujer de menos de 55 años puede ser impelida a *trabajar* de prostituta, aunque su profesión sea otra. Si no se acepta el *trabajo*, se la sanciona con dejar de percibir la prestación de desempleo y no se le ofrece otro puesto.

Queremos ser como Suecia o Francia, en que se penaliza a las mafias y proxenetas, a los puteros y no a las mujeres prostituidas. A éstas se las ayuda para salir de este entorno y se las considera víctimas de violencia machista, como hizo la II República española.

Hay leyes prohibiendo la prostitución, además de en Suecia y en Francia, en Noruega, Islandia, Irlanda, Canadá, mientras que hay países que la han reglamentado, como Alemania, Holanda, Austria y la conservadora y neoliberal Suiza —donde en varios cantones las mujeres no han obtenido el derecho al voto hasta 1990—, Nueva Zelanda y algunos estados de Australia; estos últimos han despenalizado el proxenetismo y considerado la prostitución como un «trabajo normal».

Un informe de Cáritas de 2016 constataba que más del 90% de las mujeres que se encuentran en situación de prostitución en España no lo son de forma voluntaria. Llegan traficadas como ganado, no han elegido prostituirse y no lo hacían en sus países de origen. El informe constata que habían sido engañadas o coaccionadas por su vulnerabilidad social o económica.

Si se quiere saber cómo funciona el cruel negocio de la prostitución en nuestro país, hay que leer el magnífico libro *El proxe-*

neta, fruto de la investigación de la escritora y directora de cine Mabel Lozano, o ver su documental del mismo título.

En abril de 2020, en plena pandemia del Covid-19, el Consejo de Europa (GRETA) advierte que, entre 2015 y 2018, el aumento de las víctimas de la trata creció en un 44%.

XI

JUBILACIÓN ACTIVA

Tras pasar por un cáncer de mama en febrero de 2014, del que fui intervenida de urgencia y al que siguieron 33 sesiones de radioterapia —felizmente, me libré de la quimioterapia— y la obligación de tomar pastillas durante cinco años, en el despacho comenzó a flojear el trabajo, debido a la crisis que había asolado el país y que a mí me llegaba tarde, a lo que había que agregar las continuas decepciones y disgustos por cómo funcionaban los juzgados, lentos y con no pocas injusticias, errores y dilaciones. Entonces decidí jubilarme, el 1 de agosto de 2017, con 63 años. Llevaba 49 años de trabajo, estudios y militancias sin interrupción.

Tras jubilarme como abogada, he seguido dando clases en el Máster de Derecho de Familia e Infancia, en la Facultad de Derecho de Barcelona. No sólo clases prácticas sobre temas de Derecho, sino desde una perspectiva feminista, eso que hoy se ha dado en llamar «con visión de género». Temas como la custodia compartida, el pretendido síndrome de alienación parental y los dos últimos años sobre la conculcación de los derechos de las niñas, en España y en el mundo.

El último tema es espeluznante. Tras la explicación técnico-jurídica, pasé a detallar unos datos sobre los sufrimientos y la conculcación de los derechos de las niñas en el mundo primero y en nuestro país después.

Hablé del lenguaje, pues lo que no se nombra no existe. El masculino nombra y se refiere a los hombres/niños, no a ambos sexos, como a veces creemos. Lo femenino es negativo —coñazo, zorra y también mujer pública— y lo masculino es positivo —cojonudo, vale un huevo, hombre público—.

En 1791, Olympe de Gouges escribió *La declaración de la mujer y la ciudadana*, como respuesta a la *Declaración de los derechos del hombre y del ciudadano*. Fue guillotinada por su postura política.

Hablé de *feminicidios*, término que acuñó el feminismo en los años 80. Es el asesinato de mujeres por razón de su sexo.

En India y en China se mata a las niñas al nacer —se las tira por un barranco o no se las alimenta ni cuida hasta que fallecen— o se las abandona en centros públicos, donde se las mal alimenta y se las abandona también de forma que muchas de ellas mueren al poco tiempo. Hablé también de los abortos selectivos en ambos países tras conocer el sexo del feto, como alternativa al infanticidio, al abandono y la falta de cuidados por los padres o las instituciones. Esos abortos solo consiguen hacerlos las clases altas, por lo que son los pobres quienes tienen niñas. En esos países, dicen que tener una niña es como plantar una semilla en jardín ajeno, ya que las mujeres tienen un rol pasivo y doméstico. Hay que pagar dote y eso es una pérdida económica. Decía el periodista José Couso, asesinado por fuerzas armadas de EEUU, que «está prohibido nacer niña en el mundo».

En Vietnam se venden niñas a familias ricas que las emplean como esclavas domésticas. El pago consiste en darles de comer y dejarlas dormir en algún rincón. Para la familia vendedora es un negocio, porque cobra algún dinero y se quita de encima la obligación de mantenerla y dotarla.

Hoy en día, en Libia, se están vendiendo niñas por 400 euros.

En EEUU se adopta niñas del tercer mundo, con intención de tenerlas como esclavas domésticas de la familia: limpiar, comprar, cocinar y cuidar de los oficialmente *hermanos*. Así nos lo informó una magistrada africana, presidenta de la Corte Penal Internacional, que vino en 2016 a Barcelona, a un congreso que organizamos desde la Associaciò Dones Juristes.

En el mundo faltan ya 160 millones de niñas, especialmente en esos dos países, India y China, y también en Vietnam. En India ya hay mujeres que son compartidas por hermanos o parientes.

Por supuesto, hablé también de prostitución. Los cascos azules de NNUU están inmersos en numerosos casos de prostitución de niñas, a cambio de comida para ellas o sus familias. Tanto el Parlamento Europeo como la reciente ley aprobada por el parlamento de Navarra, considera que la prostitución, como la pornografía, es violencia contra la mujer y las niñas.

La mutilación genital fue otro de los temas. Hay 29 países de África y Oriente Medio en que se practica; también en España, por personas extranjeras.

Se practica fundamentalmente en niñas de 4,5,6 o 7 años. Se trata de negarles el futuro placer para hacerlas fieles. Sin mutilación no las casan y es una vergüenza para ellas y sus familias, que las repudiarían. A causa de las mutilaciones se producen infecciones, relaciones sexuales muy dolorosas, problemas para parir, quistes, esterilidad. Las mujeres mutiladas tienen una peculiar forma de andar. Hay dos tipos de mutilaciones: la ablación, cortando el clítoris y la que corta también los labios menores, que se denomina «circuncisión faraónica». Se cosen los labios mayores con espinas de acacia y se deja un pequeño orificio para la orina y la menstruación; como ya mencionaba en apartados anteriores, la noche de bodas el marido los corta con un cuchillo, haciendo una dolorosa incisión. En Egipto, entre el 90 y el 95% de las mujeres la han padecido de niñas.

En algunas ciudades europeas, como Goteborg, hay personal formado en los aeropuertos para detectar niñas a las que se llevan a sus países a practicarles la ablación. En las escuelas les dicen a las niñas que, cuando viajen, se metan cuchillas en la ropa interior, para que así salte la alarma y se lleven a la menor para hablar a solas con ella, librándolas de sus padres. También lo hacen para evitar los matrimonios forzados.

En aquellas clases también hablamos sobre los matrimonios forzados. En muchos países, el padre promete a la niña desde su nacimiento, para así hacer negocio con otra familia. Casan a niñas de nueve años con hombres de 30, 40 y hasta 50 años. Las violan en cuanto se casan y les provocan desgarros que, en ocasiones, las llevan hasta la muerte. Las emplean también como esclavas domésticas y padecen malos tratos cuando se rebelan. Sus padres no las quieren de vuelta, por lo que no tienen escapatoria.

Otro de los grandes temas fue la pobreza. Una de cada cuatro niñas del mundo vive una situación de pobreza extrema, en familias en las que se ganan menos de un euro diario. A ellas se las alimenta menos y no se les proporciona educación. El 70% de los pobres del mundo son mujeres y niñas.

El analfabetismo estuvo presente también en estas lecciones. De los 774 millones de analfabetos del mundo, dos terceras partes son mujeres y niñas.

Como algo imprescindible, siempre he defendido lo que defendieron en el siglo XIX mujeres tan ilustres como doña Emilia Pardo Bazán o, ya en el siglo XX y XXI, la premio nobel de Medicina, la Dra. Rita Lev-Montalcini, neurobióloga, quien afirmaba que «la educación es la herramienta de libertad de las personas oprimidas del mundo, especialmente necesaria para las niñas, por estar en una situación de desventaja con sus compañeros varones», extraído del libro *Rita Levi- Montalcini. La carismática Premio Nobel que desafió con valentía todas las adversidades* (Rodriguez, A.., 2019)

Sin duda, hablamos también de la situación española. En 1990 quedaba el compromiso de garantizar los derechos de la infancia, suscribiendo la Convención de los Derechos del Niño.

En 2010, el Comité de Naciones Unidas recomendó que se formularan políticas públicas de igualdad, un plan de lucha contra la pobreza y la deserción escolar prematura. Se elevó la edad de contraer matrimonio y del consentimiento sexual. En 2016 hubo nuevas recomendaciones, más inversión para la lucha contra la pobreza y la desigualdad y una educación inclusiva y de calidad.

Los principales problemas en nuestro país se dan en la población gitana y la procedente de países como Rumanía o Marruecos, India y Paquistán: las sacan de sus estudios al alcanzar la pubertad, las emplean en trabajos domésticos, a otras las casan y, a las provenientes de otros países, las mutilan sexualmente.

Entre las niñas de nuestro país, existe un gran problema por los embarazos no deseados y los abortos en la población menor de edad. La maternidad prematura lleva a las niñas a no tener infancia ni adolescencia y a tener responsabilidades de adultas, dejando sus estudios y destrozando su futuro profesional y personal. La maternidad prematura anticipa y precipita la emancipación, los emparejamientos y una notable aceleración del curso vital de su vida. Se da una gran fragilidad en las uniones y la situación de desfase persiste siempre.

En cuanto al aborto entre adolescentes, se da en niñas desde los 15, 16 o 17 años. Está aumentando entre las mayores de 15 años y cayendo en las mujeres adultas. En 2016 se practicaron 100.000 abortos de menores de edad, que debían contar con el consentimiento de sus padres. No obstante, una cifra aproximada a los 120 abortos representa a aquellos que se hicieron sin conocimiento de los progenitores, a causa de amenazas, coacciones, malos tratos, desarraigo y desamparo.

Se está disparando el número de abortos entre menores, que se ha multiplicado por dos en los últimos diez años, con cifras mucho mayores que las menores de Reino Unido y EEUU.

También los malos tratos en la familia y las agresiones sexuales a las niñas, en mayor número que a los niños, son problemas realmente graves. Y más aún los asesinatos por parte del padre cuando quiere dañar a su exmujer, lo que está sucediendo en no pocos casos, tal como informan los medios.

En mayo de 2017, desde la Comisión por la Igualdad de Derechos de los Nuevos Modelos de Familia del Colegio de la Abogacía de Barcelona, organizamos una mesa redonda sobre la gestación subrogada o vientres de alquiler, mesa que moderé como presidenta de la Comisión. Fueron ponentes las doctoras Victoria Camps y Franchesca Puigpelat, catedráticas eméritas de Filosofía, Moral y Ética. El acto se desarrolló en una sala repleta del Colegio de Abogadas y Abogados de Barcelona. En julio del mismo año, yo publicaba un artículo en la revista *Mon Juridic* (Mundo Jurídico), del ICAB, resumiendo las respectivas posturas de cada una de las ponentes, la doctora Camps en contra y la doctora Puigpelat a favor. Además de detallar cada una de las tesis expuestas, agregué lo acontecido al participar en el debate que se originó después. Decía así:

> En países como la India hay granjas de mujeres que contratan su vientre. Son mujeres muy pobres. En Ucrania o Rusia se puede tener un bebé subrogado por 35 a 50.000 euros y las gestantes reciben de 7.000 a 10.000 euros. Por su parte, en California (EEUU), las mujeres reciben entre 20 a 30.000 euros, mientras que quien encarga el bebé paga de 100 a 120.000 euros, aunque puede variar, aumentando hasta el 70%. Es decir, detrás de palabras eufemísticas se esconde un

negocio inmenso en el que quienes más ganan no son las mujeres que ponen su vientre y, en ocasiones, exponen su vida o su salud. Se trata de una actividad asociada al sector del lujo: unas personas disponen de dinero y otras disponen solo de su cuerpo. En definitiva, los efectos humanos de la gestación subrogada se basan en que la gran disparidad de normativa internacional favorece la existencia de un mercado de encargo y no hay frontera nítida entre la subrogación y el tráfico de personas, que comporta la compraventa de criaturas.

Leí el final de un interesante artículo recientemente publicado por el catedrático de Derecho Constitucional en la Universidad de Córdoba, el doctor Octavio Salazar, investigador especializado en igualdad de género y nuevas masculinidades, que habla de cosificación, ley de mercado, desigual reparto de bienes, forma moderna de contratación sexual, cosificación y uso, así como que hay que plantearse la diferencia entre un negocio de ese tipo y la compraventa de niñas y niños. Dice, textualmente:

> La gestación es avalada por partidos con políticas económicas neoliberales y determinados lobbies de hombres homosexuales con recursos que han convertido ésta en una de sus batallas principales. [...] Mucho me temo que, si se efectuara una regulación tan garantista como la que planteo, reduciría esta práctica a algo meramente anecdótico, salvo que de repente veamos surgir en nuestro país una avalancha de mujeres radicalmente generosas, dispuestas a entregar el fruto de su fertilidad a terceros. El problema, sin embargo, seguiría estando presente en un mundo donde la gestación subrogada puede convertirse en una manera más de prorrogar las servidumbres femeninas y en el que el mercado se alía con el patriarcado para insistir en la función de las mujeres como reproductoras de la especie. Difícilmente desde una óptica feminista, que necesariamente ha de ser transnacional, puede justificarse una práctica que incide en la instrumentalización de las mujeres y su cuerpo.

Yo dejé claro que mi postura personal contra los vientres de alquiler no representaba a la totalidad de la comisión que presidía, ya que algunos miembros plantean la regularización con muchos condicionantes, especialmente que no hubiera precio ni pago y fuera un acto altruista.

Debo aclarar que el Comité de Bioética, adscrito al Ministerio de Sanidad, Servicios Sociales e Igualdad español, propone prohibir la gestación subrogada en todo el mundo, según recogió el «Informe sobre los aspectos éticos y jurídicos de la maternidad subrogada».

Un grupo de expertos suecos, contratados por el Estado, ponían de manifiesto en un informe «la necesidad de prohibir toda forma de maternidad sustituta, sea comercial o no, incluidas la publicidad de éstos a pesar de ser apoyada por el *lobby gay* y homosexuales de renombre mundial», según informaba el diario *Actual* el 8 de marzo de 2016. Explicaban que «hay una industria que compra y vende bebés, diseñados para satisfacer las necesidades de los países ricos». Esta es la principal conclusión del informe: «La madre es considerada como la nada, pues ni siquiera tiene derecho a ser llamada mamá y todo responde a los deseos del comprador».

Este es el caso del Bebé M, cuya madre se vio obligada a entregar a su hijo entre lágrimas a un millonario japonés que había ordenado su compra dentro de un paquete de 16 bebés que adquirió en varios hospitales de Tailandia, es uno de los ejemplos que cita *The Guardian*, donde se ha publicado el informe sueco. El artículo se titula «Cualquier tipo de maternidad subrogada es explotación», destacándose que en los vientres de alquiler se da la verdadera mercantilización de la vida humana que, mediante un clic, elige la raza y el color de ojos, paga y puede obtener al niño. Explica también que hay fábricas de niños, en especial en Nigeria, donde miles de mujeres son esclavizadas para proveer de hijos a parejas ricas, homo y heterosexuales. Son secuestradas, segregadas, violadas durante meses y utilizadas como incubadoras para los recién nacidos, que después son vendidos al extranjero con fines desconocidos. Las denominadas fábricas de niños no son más que chozas donde decenas de mujeres y chicas muy jóvenes viven abarrotadas como ganado. Las tienen escondidas en secreto hasta el momento del parto, con torturadores pagados por poderosos grupos criminales locales. En uno de esos lugares infernales descubiertos por la policía, se encontró *a* 32 mujeres embarazadas encadenadas a la pared como vacas en un establo. No se sabe qué ocurre con estas madres después del parto.

Al jubilarme como abogada, intenté por todos los medios que continuaran las dos compañeras que trabajaban conmigo desde hacía ya años, Esther Mas i Canal y Engracia Palomas. Las que montaron conmigo el despacho en su inicio, en 2003, habían pasado varios años dedicadas a la política en sendos partidos de izquierdas y dejaron el bufete; luego, trabajé también durante años con otra abogada y maestra de escuela, Conxa Aznar Febrer, que estaba en el despacho a media jornada, y con otra joven letrada, Ana María Gargallo.

Cuando me jubilé, quise que Esther y Engracia se quedaran en el mismo local en que trabajábamos, que tanto nos había costado acondicionar y decorar. Negocié con la administradora de la propiedad y no fui capaz de convencerla: subían el alquiler en un 40%, a pesar de que a mí me quedaban cuatro años de contrato. Tuvimos que dejarlo y mis compañeras se marcharon a la vez que yo. Como curiosidad, a la propietaria le gustó tanto el local como lo habíamos dejado que se lo quedó para vivir allí con su familia.

Desmontar y vaciar el local y dejar de trabajar como abogada, algo que tanto me apasionaba, no fue fácil. Es triste abandonar la profesión que tanto gusta y que tanto sacrificio te ha supuesto.

Mi idea era continuar con mis clases en el máster de la Facultad de Derecho y colaborar en diversas tareas de la Fundación Internacional Olof Palme (FIOP), de la que soy patrona. Desde 1991 había colaborado ya con la fundación, dando clases en los institutos de enseñanza media de Badalona, como antes he comentado. La presidenta de la FIOP es Anna Balletbó y, a lo largo de los años, cada vez que le he propuesto un tema, me lo ha adjudicado y he podido organizar las actividades que consideraba necesarias. Ella siempre afirma que lo que mejor sabe hacer es rodearse de buenos profesionales.

La FIOP fue creada en 1989, a fin de rendir tributo al político socialdemócrata sueco Olof Palme, asesinado en su país en 1986, con el objetivo de trabajar en favor de los derechos humanos, la paz, el desarrollo sostenible y para favorecer la solidaridad en el mundo. Desarrolla numerosísimas actividades en numerosas partes del mundo además de en Catalunya, y trata variados temas en cursos y conferencias, desde su área académica y de cooperación internacional y ayuda humanitaria en Siria, Palestina, Guinea Ecuatorial y Georgia, realizando proyectos que ayudan a la población a desarrollar la cultura y a apoyar los derechos humanos.

Fueron patrones fundadores Lisbeth Palme, Javier Pérez Cuellar, Willy Brand, Anna Balletbó y Gregorio López Raimundo, entre otros. Son patrones honoríficos Boutros-Ghali, Nelson Mandela y Federico Mayor Zaragoza.

Publico con asiduidad en *La Independent*, una agencia de noticias con visión de género que llega a miles de personas, en castellano y catalán. También escribo en *Mon Comunicaciò*, otra agencia de noticias cultural.

En 2018, participé en la campaña realizada por la periodista Cristina Fallarás, *Cuéntalo*, explicando las variadas agresiones sexuales que he padecido a lo largo de mi vida, la primera con 12 años, yendo con un feo, oscuro y largo uniforme del colegio de monjas. Con 18 años padecí una agresión sexual en un ascensor, pues un tipo joven pretendía violarme. Al menos en cinco ocasiones me han mostrado el pene en la calle o en el autobús, se me han frotado en los transportes públicos, me han seguido diciéndome cosas obscenas y haciéndome proposiciones sexuales de forma insistente, he oído infinidad de piropos groseros y ofensivos; también me ha agredido el padre de una compañera de colegio y un médico. Podía ir yo con uniforme, minifalda, pantalón o falda hasta los tobillos. Los agresores no atienden a la edad, ni a la vestimenta. Agreden y violan desde menores a ancianas de 80 años. Creen tener derecho a dirigirse a nosotras de forma ofensiva, tocarnos, abusar. Ellos se sienten libres y creen que nosotras somos objetos a su disposición. Y si contestamos de mal humor, nos insultan y hasta agreden físicamente, y nos llaman feas, o gordas, o estúpidas. Como hemos hecho la mayoría de las mujeres, nunca lo denuncié.

Como dijo Cristina Fallarás en su libro *Ahora contamos nosotras: Cuéntalo, una memoria colectiva de la violencia*, esa experiencia permitió recoger casi tres millones de historias en tan sólo diez días, concretamente, cifras que corresponden a 1 asesinato de cada 10, 1 violación de cada 7, 3 agresiones sexuales de cada 10, 1 maltrato de cada 6, 1 acoso de cada 3 y miedo 1 de cada 3.

A mediados de 2019 contactó conmigo la periodista Txell Esteve, de Minoría Absoluta, empresa pilotada por el periodista e historiador catalán Toni Soler. Me propuso participar en el rodaje de uno de los tres documentales que le habían encargado desde DMAX Televisión.

Se trataba de documentales que abordaban el noticiario franquista, el NODO —que obligatoriamente tenía que pasarse en todos los cines, antes de las películas—, otro sobre la situación de las mujeres en el franquismo y el último los niños y su educación en esa época.

Acepté la invitación para el dedicado a las mujeres, tarea que me ocupó diez horas: dos largas entrevistas con ella y la directora de los documentales, Ariadna Relea, búsqueda de información, aportación de una cincuentena de fotografías y documentos, entre ellos la Constitución de la II República, mis carnets y documentos del Servicio Social obligatorio para todas las mujeres solteras y otros del Partido Feminista y no pocas fotografías del partido, mías y de mi familia.

Posteriormente, estuvieron cuatro horas en mi casa y grabaron una larga entrevista, tocando un sinfín de temas relacionados con las mujeres: mi historia familiar, las leyes, las costumbres, las viviendas, la falta de derechos, el Servicio Social y el mal llamado Patronato de Protección de la mujer, que tanto daño hizo.

Algunas amigas mías también participaban en el mismo programa: Carmen Alcalde, que había sido miembro de la Sección Femenina y cuando entró a la universidad se convirtió en una mujer de izquierdas y feminista; Joana Gallego, profesora universitaria de periodismo que había militado conmigo en la Organización Feminista Revolucionaria; Ana Mª Pérez del Campo, socialista que fundó la Asociación de Mujeres separadas y divorciadas, que durante muchos años luchó por el divorcio. También la directora de cine Cecilia Bartolomé, que filmó las primeras películas feministas en nuestro país durante el franquismo: *Margarita y el lobo, Carmen de Carabanchel, Vámonos Bárbara* y *Lejos de África*; Cristina Chica de la Llave, dirigente de la Sección Femenina que daba clases en el Servicio Social y Consuelo García del Cid, ahora escritora, que con 15 años fue llevada a un centro del Patronato de Protección de la Mujer, denunciada por sus propios padres, por pensar y no aceptar las normas que se imponían a las jovencitas y autora del libro *Las desterradas hijas de Eva*, donde cuenta el infierno que pasó allí durante tres años.

De las entrevistas a todas nosotras, tocando diferentes aspectos y las fotos y documentos que cada una habíamos aportado, así como un excelente trabajo de la documentalista norteamericana Lisa Berger, libertaria llegada a nuestro país hace 30 años, resultó un espléndido documental de 45 minutos, que se pasó por televisión en diciembre de 2019. Este documental se tituló *Cría, reza, ama*.

Me llevé una desagradable sorpresa al ver el programa en televisión. Casi todo lo que yo había explicado en la grabación lo contaba una voz en *off*, lo que al parecer impuso la cadena. Luego supe que se había hecho otra versión, en la que yo aparecía con la mayoría de lo grabado y esa versión fue traducida al inglés mediante subtítulos y vendida a otras televisiones de habla hispana e inglesa. Ese es el DVD que yo recibí como regalo por mi aportación. No creo que sea amor de madre si digo que el nuestro es, a mi entender, el mejor de los tres documentales.

En el dorso del DVD dice, entre otras cosas:

> *Cría, reza, ama* es un recorrido por la evolución de la mujer en España a lo largo del franquismo. Cuatro décadas narradas por siete mujeres que, con su trabajo y su historia personal, dibujan la evolución y la lucha de la mujer española para conseguir la igualdad formal que todavía hoy no se ha alcanzado de manera completa.
>
> En los años 40, la Sección Femenina y el Servicio Social, un instrumento adoctrinador obligatorio. La mujer debe ser madre y esposa bajo los principios del matrimonio, subordinación y sumisión.
>
> Los años 50, aparatos ideológicos como el consultorio radiofónico de Elena Francis (dirigido por un hombre), bajo apariencia inocua, consolidan el modelo patriarcal devastador, relegándolas a la soledad

absoluta. En los años 60, el acceso de algunas mujeres a la universidad y posteriormente al mercado laboral.

Estudiantes, amas de casa y mujeres organizadas en sus barrios empiezan la lucha social casi espontánea que tiene como objetivo recuperar derechos sociales. En los años 70, el Año Internacional de la Mujer y la muerte de Franco son el punto de partida para el empoderamiento real de la mujer, que poco a poco y con muchos problemas, se involucra en la lucha feminista. El divorcio, el aborto y la violencia machista serán los pilares fundamentales de una lucha que todavía es necesaria para conseguir la igualdad total entre hombres y mujeres.

XII

LAS TRES COMPAÑERAS DE VIAJE

COMO ocurre desde hace ya muchos años, de forma regular me reúno con tres grandes amigas: la escritora Antonina Rodrigo, la periodista y escritora Carmen Alcalde y la directora de cine y escritora Susana Koska, entre otras cosas también en comidas, que son como sesiones de feminismo y discusiones sobre teoría y práctica de luchas para mejorar el mundo, así como en actividades militantes diversas. A las dos primeras las conozco y trato desde 1978, mientras que a Susana desde 2007.

A Carmen y a Antonina las conocí en la revista *Vindicación Feminista*, donde la primera era directora y la segunda escribía artículos.

Antonina Rodrigo fue la primera que escribió sobre mi familia y con ella he realizado muchas y variadas actividades de luchas y reivindicaciones. Entre otras, discursos en la plaza de Sant Jaume de Barcelona, ante la Generalitat y el Ayuntamiento, cada 14 de abril en conmemoración de la proclamación de la II República. También nos reunimos cada 4 de febrero con un importante grupo de amigas de tres generaciones y varios países de origen a fin de festejar su cumpleaños, a lo que ella nos invita. Con su carácter amable y comprensivo, solidario y generoso, consigue reunir mujeres de diversa ideología: anarquistas, comunistas, socialistas, republicanas y feministas, sin que haya fricciones y todo sea sororidad y buena sintonía. Es un grupo de mujeres de muy diversas profesiones e intereses: documentalistas, directoras de cine, cantantes de ópera, actrices y pintoras, profesoras y maestras, dramaturgas, historiadoras, laborantes y una abogada, yo.

Antonina nació en el Albaicín (Granada) en febrero de 1935. Es una militante anarquista que, con sus numerosos libros, clases, conferencias y charlas ha sacado a la luz a decenas de mujeres silenciadas, olvidadas por la historia.

«Como escritora, se interesó por el teatro. Por ejemplo, Margarita Xirgu y su teatro (1974). Antonina ha cultivado todos los géneros. Y es una obrera infatigable de la investigación, alojada en un cuerpo de hada, bella, elegante y dulce», según dice de ella la prensa.

Su trabajo, buscando en archivos y bibliotecas, trata de exiliadas, olvidadas, silenciadas, ilustres, perseguidas, anónimas... Es especialista en Mariana Pineda y Margarita Xirgu —como lo es de Federico García Lorca— y ha escrito sobre decenas de mujeres, figuras reconocidas como María Lejárraga, Dolores Ibárruri, María Teresa León, Federica Montseny o María Zambrano, hasta activistas como Magda Donato o Rosario Sánchez Mora, *La Dinamitera*, pasando por feministas, científicas e intelectuales exiliadas como Beatriz Galindo, Amparo Poch, María Teresa Toral o Aurora Arnáiz, una de las primeras catedráticas de la Universidad de México, donde llegó exiliada. También ha escrito sobre mujeres anónimas, amas de casa, como mi madre y mi abuela.

De su experiencia en el exilio acompañando a su compañero, el también escritor anarquista Eduard Pons Prades, y la lucha por sobrevivir de los españoles en Francia, tras la derrota de la guerra civil, nacieron libros como *Mujeres para la historia. La*

España silenciada del siglo XX, prologado por la también escritora catalana Montserrat Roig, la cual es una de sus obras más reeditadas, o *Mujer y exilio 1939*, prologado por Manuel Vázquez Montalbán (1999). En 2018 ha publicado *Mujeres granadinas represaliadas.*

Tiene concedidos más de veinte premios y reconocimientos en Granada, Sevilla, Madrid y Barcelona. Entre otros, la Medalla de Oro al mérito de la ciudad de Granada, la Medalla de Andalucía, la Cruz de Sant Jordi de la Generalitat de Catalunya o la Medalla Resurrección de la Associaciò d´Amics de Ravensbrück.

En 2017 y 2018, respectivamente, el Ayuntamiento de Granada le ha puesto su nombre a una calle y a una plaza del Albaicín, donde nació la escritora e historiadora feminista. Asimismo, una biblioteca granadina lleva su nombre.

Para explicar quién es **Carmen Alcalde**, reproduzco parte del discurso que di al presentar recientemente uno de sus libros, *Amar se escribe breve*:

> Hablar de Carmen Alcalde es hacerlo de una periodista, escritora, poeta y militante feminista. Y si hubiera que definirla con sólo dos calificativos yo diría, sin temor a equivocarme, que es una mujer valiente y pionera.
>
> Dice de ella José Membrive, editor de Carena que tanto la conoce, que «es una de las mentes más seductoras y libres del panorama literario, mujer que ha abierto una brecha como pionera», definición que comparto.
>
> Carmen Alcalde nació en Girona el 5 de agosto de 1936 y fue una niña y adolescente de derechas hasta que estudió Filosofía y Letras en Barcelona y Periodismo entre Barcelona y Madrid, cuando pasó a ser feminista y militante de izquierdas.
>
> En el bachillerato, a escondidas, había leído a Unamuno, Blasco Ibáñez, Azorín y García Lorca a la vez que leía las obras completas de

José Antonio Primo de Rivera, quedando inmersa en una gran contradicción entre corazón y razón. La universidad le resolvió las dudas.

Comenzó su andadura colaborando en el diario gironí *Los Sitios*, el actual *Diari de Girona*, y la revista *Destino* de Barcelona.

En la época franquista, fundó y dirigió el semanario *Presencia* junto a Mª Rosa Prats, revista que sufrió censuras varias. Tras la Ley Fraga, fue expedientada en diversas ocasiones, a causa de los artículos publicados en esa revista.

Más tarde colaboró con las revistas *Triunfo*, *Cuadernos para el Diálogo*, *Destino*, *Blanco y Negro*, *La Calle*, *Magazine* y *Actual*, y en los diarios *El Periódico de Catalunya* y el *Avui*.

En 1975 fundó y dirigió la revista *Vindicación Feminista*, que fue censurada y requisada en algunos de sus números, como el que hablaba de relaciones lésbicas.

Fue jefa de sección del *Diario Femenino,* de donde la despidieron por una colaboración con el catedrático José Luis Aranguren, en una encuesta a diversas personalidades del momento sobre su opinión en relación al divorcio.

En 2007 fue directora del semanario catalán *El Triangle.*

Su labor periodística le ha provocado secuestros, procesos, multas e incluso una petición de dos *años de cárcel por sus artículos.*

Ha escrito y publicado varios libros, por los que ha sido pionera en los temas que ha tratado e investigado: *Las mujeres en la guerra civil y la dictadura franquista,* Cómo leer un periódico (1981) y la biografía de la dirigente anarquista Federica Montseny (1983), a la que trajo a España y entrevistó durante una hora en un programa de televisión de máxima audiencia.

Su trayectoria periodística y feminista y su compromiso desde el primer libro sobre las mujeres en la guerra civil ha sido un intento fervoroso de recuperar el papel en la historia de las mujeres como un acto de servicio de su militancia feminista, mujeres a las que llama «las silenciadas», *por* Antonina Rodrigo.

En el año 2000 recibió el Premio Rosa del Desert otorgado por la Asociación de Mujeres Periodistas de Catalunya y, en 2005, el Premio de Honor de la Comunicación otorgado por la Diputación de Barcelona.

Ha escrito poemas, en su libro *Vete y ama* y *Amar se escribe breve*, un libro de relatos cortos, así como en *El grito y la mordaza: La desgracia de ser periodista* (2018).

A **Susana Koska** la conocí de una forma muy original. Un sábado coincidimos en un acto que se desarrollaba en el local de la Coordinadora Feminista de Barcelona. Yo la reconocí porque hacía poco había visto una foto suya en un periódico, junto a su compañero y padre de su hijo, el cantante Loquillo, presentando ambos el documental *Mujeres en pie de guerra*, ella como directora y él como productor. Cuando acabó el acto, se me acercó y me preguntó, en vista de que al parecer yo conocía a todas las asistentes, si sabía quién era una tal Montse Fernández Garrido, porque su amiga Antonina Rodrigo le había aconsejado que contactara con ella. Desde entonces somos amigas.

No sólo he estado con Susana en numerosos actos sino también con su compañero y el hijo que tienen en común; Cayo, desde muy jovencito, ha sido un verdadero militante antifascista y republicano. Hemos coincidido en manifestaciones y conmemoraciones del 14 de abril, donde desde muy joven el muchacho ha acudido, compartiendo conmigo bandera republicana.

Susana nació en Donostia, el 25 de enero de 1966. Es actriz, realizadora de documentales y escritora. Ha dirigido dos documentales sobre la historia contemporánea de la mujer: *Mujeres en pie de guerra* y *Vindicación.*

Participé en el rodaje de *Vindicación*: me hicieron una extensa entrevista sobre el divorcio y la larga lucha feminista para conseguirlo. También presté mi despacho para otras filmaciones, para hablar y mostrar la revista *Vindicación Feminista*, llevando todos los números de la publicación, o la entrevista a Carmen Alcalde. Luego hicimos la presentación del documental en Barcelona: Susana Koska, Carmen Alcalde, la psicóloga y periodista Carmen Freixa, la politóloga Sonia Ruiz y yo, a la vez que se mostraba una preciosa exposición de grandes fotografías de algunas portadas de la revista *Vindicación Feminista*, que había dirigido Carmen Alcalde. Fue un éxito de público. Posteriormente, este documental ha sido expuesto en diversos festivales internacionales de derechos humanos, en ciudades y países muy diversos. También, por ejemplo, en Méjico la vieron al menos 1000 alumnos universitarios.

En 2011 a Susana le fue diagnosticado un cáncer de mama y volcó sus crudas vivencias en un libro de mucho éxito, *Tópico de cáncer*. En noviembre de 2017 publicó *Mujeres en pie de guerra*, que va por la segunda edición. En él cuenta las hazañas de no pocas mujeres que perdieron la guerra, doce mujeres valientes.

Juan Losa, del diario digital *Público*, tituló un artículo sobre el libro *Mujeres* donde decía que «ni Franco ni el fascismo consiguieron hacerlas callar». Esas mujeres son Neus Catalá, Sara Berenguer, Rosa Laviña, Rosa Díaz, Carmen Alcalde, Antonina Rodrigo, Celia G. de Guilarte, Ana Mary Ruiz, Luz Miranda, Maixaux Recalde, una voz anónima y yo misma, hablando de mi abuela (Leonor Martín Pajares) y de mi madre (María Garrido Martín). El artículo decía así:

> Historia, compromiso, militancia, amor, maternidad, tenacidad, feminismo y muy especialmente supervivencia. En *Mujeres en pie de guerra,* las biografías se tornan monumentos a la dignidad y a la lucha.
>
> Se trata de las voces de doce mujeres imprescindibles de nuestro pasado más reciente. Mujeres que encararon el compromiso con la

> historia y con la revolución, con su época y su generación. Desde la guerra civil hasta el nacimiento del primer movimiento feminista español, Susana Koska repasa la historia de las españolas del siglo xx.

Una inmensa tarea que ofrece fragmentos de discursos y conversaciones, documentos, cartas, recortes de prensa y memorias de la guerra y de la posguerra. Dijo la propia Susana en la contraportada de su libro: «No podemos permitir que la memoria se apague. Este libro ayuda a mantenerla viva».

Durante años, Susana ha participado en un programa de radio de gran audiencia en su ciudad, Donostia, que se titulaba *Mujer tenías que ser*, poniendo el texto y su magnífica voz de rapsoda.

XIII

POR QUÉ SIGO SIENDO FEMINISTA

RESULTA comprensible, con todo lo explicado y con los conocimientos que tengo de las distintas problemáticas que padecen las mujeres, que yo sea feminista. Hay quien me pregunta por qué sigo militando en feminismo si en nuestro país «ya hay igualdad». Lo cierto es que estamos muy lejos del mundo igualitario. Las cifras son aplastantes. Según un magnífico artículo de investigación, publicado en *El País*:

> En el estado español, solo un 9,6% de los rectores son mujeres, un 7,8% de las embajadoras, un 10,5% en las juntas directivas de las Reales Academias, un 8,5% de presidentas de las empresas del IBEX, un 39,4% de los diputados, un 60% son universitarias, pero sólo un 20,6% son catedráticas. Las mujeres son el 50% de los estudiantes de medios audiovisuales, pero solo un 13% de los directores de cine y un 20% de productoras, guionistas y realizadoras. De las funciones y centros de arte, las mujeres son solo el 5% y un 26% entre los directores de museos. Eso sí, son un 95% de los cargos subordinados (conservadoras, coordinadoras o de comunicación).
>
> El 73% de los opositores a jueces y fiscales han sido mujeres, aprobando ellas con mejores notas, pero solo el 20% son mujeres entre los mayores de 60 años y son el 70% de los menores de 30,

pero en puestos de poca relevancia. Son sólo el 36,5% en el Consejo General del Poder Judicial y tan solo son el 5,8% al frente de los Tribunales Superiores de Justicia. Y en las cuatro Presidencias de la Audiencia Nacional no hay ni una mujer. El mes de octubre de 2019 casi un centenar de catedráticos y profesores universitarios firmaba un manifiesto, protestando por la exclusión de mujeres en el Tribunal Supremo, poniendo de relieve la injusta situación porque ellas tienen mayores méritos y ven frustradas sus legítimas aspiraciones de llegar a puestos de poder.

Como socios de bufetes de abogados de prestigio o frente a los Colegios de Abogados son escasas y como decanas no llegan al 20%. En la dirección de grandes bufetes de abogados sólo un 5% son mujeres. Y desde luego no son el 50% entre los tertulianos ni entre los directores de medios de comunicación.

Las mujeres deben conciliar vida privada y profesional. Ellas dedican el 75% del tiempo necesario de las tareas domésticas y del cuidado de los hijos, mientras que ellos el 25%. Ellas salen generalmente del trabajo a las 18h y ellos a las 20. Los núcleos de poder continúan en manos de los hombres. Ellas cobran del 23 al 30% menos que ellos, por trabajos de igual valor y representan el 70% de los contratos a tiempo parcial. Y los permisos para cuidar hijos y las excedencias las piden ellas (ellos un 3%).

Durante los últimos años, desde que se contabiliza, en nuestro país han muerto más de 1.000 mujeres asesinadas a manos de su marido, pareja o expareja. Y otras muchas a manos de algún pariente o desconocido; en total, unas 100 cada año. El número de mujeres maltratadas es inmenso —en Francia se reconocen más de dos millones y en nuestro país no serán menos— y las tan cacareadas «denuncias falsas» no llegan al 0,01%, según cifras del Consejo General del Poder Judicial, mientras que se detectan delitos que simulan robos para estafar a las compañías aseguradoras sin que se publique ni se reproche. La trata de mujeres y niñas con fines de explotación sexual alcanza cifras horripilantes en nuestro país. Y las violaciones a mujeres y adolescentes, no pocas por parte de grupos de hombres, están a la orden del día, cuadriplicadas desde 2016 a 2019.

Tampoco se escapa el ejército español de la discriminación y la misoginia. El último libro del exteniente Luis Gonzalo Segura, expulsado del ejército español en 2015 por denunciar la corrupción, los abusos, acosos y privilegios anacrónicos, se llama *En la guarida de la bestia* y está dedicado a las mujeres en el ejército español (2019).

Se trata de un libro que narra un horror desconocido para el gran público. En él explica la situación de la mujer en las Fuerzas Armadas españolas, comparándola con la de otros países como Canadá, EEUU, Gran Bretaña o Bélgica.

Nos dice el autor que los datos resultan muy reveladores: «*U*n número de denuncias y de condenas muy bajo, una clara tendencia a proteger a los denunciados y a expulsar a las denunciantes, una ausencia de control político y una falta de interés mediático», *independientemente de* quien fuera ministra de Defensa, socialista o del Partido Popular (Carmen Chacón, Dolores Cospedal o Margarita Robles).

Desconocemos lo que viven y padecen las mujeres que se incorporaron al ejército en nuestro país en 1988. Miles de mujeres militares han dejado su trabajo desde entonces por no poder soportar las denigrantes condiciones en que las hacían vivir.

Explica el exteniente la casuística de lo que acontece en el ejército y cómo se resuelve por parte de la Sala V de lo Militar del Tribunal Supremo que lo juzga, cuando lo sensato y lo no anacrónico sería que los delitos que se cometan se juzgaran por un tribunal civil. Y se refiere a abusos sexuales y violaciones, a acoso laboral y a despidos improcedentes.

El índice es muy elocuente y, en pocas palabras, describe el horror: «Me puso la pistola en la sien y me violó», «Castigada a hacer flexiones por no besarme», «Vamos a echar un polvo», «Condenado por 28 agresiones sexuales a reclutas y condecorado el mismo día que entró en prisión», «Las canarias sois muy calientes», «El subteniente que ponía pegatinas en el culo a sus subordinadas», «Te voy a hacer cosas que nunca te han hecho», «Zaida, la capitana acosada que ignoraba el acoso de las soldados», «Arrestada por denunciar acosos de mandos y compañeros», «Denuncia inconsistente en la Justicia Militar, creíble en la Justicia ordinaria», «Condenado un soldado por violar a una cabo ¡al romper la disciplina!», «Tienes más futuro como actriz porno que como militar», «Expulsada (sin pensión) después de soportar durante ocho años que su jefe se masturbase delante de ella casi a diario», «La violación múltiple de la que nada más se supo», «Exonerado un soldado de violación porque la víctima estaba demasiado ebria», «Tenías que haber dicho que sí», «Un teniente a una sargento: puta, zorra, gorda, inútil (quedó sin castigo porque no lo merece, ya que se trata solo de lenguaje castrense)», «Pobre denunciado: el ejemplo de la mentalidad militar cuando el denunciado es la víctima», «Patricia Moncada, ser acosada siendo juez», «Patricia Campos, la primera piloto de la armada», «La soledad del mando. Patricia Ortega, una entre 3500», «Nunca fui mala militar hasta que fui madre», «Las mujeres somos las chachas de los barcos», «Cuatro militares de la Guardia Real abusan de una compañera borracha», entre otros.

Narra también las vicisitudes que se sufren en el ejército español por ser homosexual, poniendo el caso de un teniente que acosaba sexualmente a infantes de marina y el del cabo primero que acosaba a soldados. Por el contrario, ser lesbiana está mejor visto en el ejército, porque esa mujer para ellos es solo una *ma-*

chorra, mientras que a las mujeres heterosexuales se las desprecia por eso, por ser mujeres.

En el ejército canadiense, un 27% de las militares han sufrido acoso de diferente magnitud a lo largo de su carrera. Son una cifra similar a las mujeres que han ingresado como militares en España: 22.207 mujeres desde 1988.

En Estados Unidos, unos 12.100 casos de 200.000 mujeres han padecido acoso sexual en las Fuerzas Armadas y se habrían producido, en el mismo periodo, unas 20000 violaciones. Un 10% de agresiones sexuales en ese ejército, similar a lo ocurrido en los ejércitos belga y británico. Aquí no hay casi denuncias y las pocas que se producen se archivan o se absuelve a los agresores, hasta se les premia: se les asciende, se les condecora, se les da otro destino mejor.

Si, en lugar de hablar de nuestro país, lo hacemos del mundo, sabemos, gracias al informe elaborado por el Instituto Valenciano de Investigaciones Económicas y la Fundación del BBVA, que en estos momentos hay 3827 millones de hombres y 3764 millones de mujeres, que en el curso 2018-2019 de los estudiantes que cursaron un grado medio en universidades españolas, el 55% eran mujeres y que son el 60% de los nuevos titulados. Ellas obtienen el 33% de las mejores notas frente al 27% de los hombres y, a pesar de estar mejor preparadas, las jóvenes aún cuentan con diferentes obstáculos para conseguir la igualdad real en el mercado laboral. Una posible razón es que a ellas se les suponen las virtudes de los roles tradicionales: cuidar, ayudar y apoyar, mientras de los hombres se dice que toman decisiones y son enérgicos .

Otro reciente informe, según el diario *Expansión*, del 3 de octubre de 2019, en relación a que la igualdad de género avanza en el mundo empresarial, afirma que las mujeres tienen una presencia como empleadas del 36%, son el 21% en los puestos *senior*, el 15% a nivel ejecutivo y el 22% en los consejos de administración.

En resumen, las mujeres sólo detentan el 15% de los puestos directivos en el mundo, concretamente el 17% en Norteamérica y el 14% en Europa.

Las mujeres suponen solo el 15,6% en los Comités de Dirección del IBEX, a la cola de Europa.

El Foro Económico Mundial publica en diciembre de 2019 la denuncia de que las mujeres estamos todavía a 95 años de lograr igualdad política y a 257 años de la igualdad económica.

Según publica el diario *El País*, el 15 de enero de 2020, «sólo 30 de las 600 mayores empresas europeas cumplen con la paridad. Menos del 5% del total están cerca del equilibrio». Publican que las españolas están por debajo de la media, con un 24% de consejeras en sus órganos de decisión.

En un informe presentado el 20 de enero del 2020 por Oxfam Intermon, llamado *Tiempo para el cuidado. El trabajo de cuidados y la crisis global de desigualdad*, según publica Iván Fernández, de la Agencia EFE, afirma que éste recae fundamentalmente sobre las mujeres. Dice que el trabajo de cuidados no remunerado de las mujeres en el mundo equivale a 10,8 billones de dólares anuales. Habla de la desigualdad económica, «que está fuera de control, fruto de un sistema económico fallido con los trabajos de cuidados mal o no remunerados, llevados a cabo por mujeres y niñas».

El informe liga riqueza extrema y la masculinización del sistema. Afirma que, a nivel global, «el 42% de las mujeres en edad de trabajar no es mano de obra remunerada y el 6% de los hombres, debido a los cuidados no remunerados que ellas fundamentalmente deben asumir».

En el planeta hay 67 millones de profesionales del hogar, el 80% mujeres, que no tienen salario ni horario.

En cuanto a España, afirma que, en 2018, «las mujeres dedicaron 130 millones de horas a los cuidados no pagados, lo que equivale a 16 millones de personas trabajando 8 horas al día y representaría 180 millones de euros si se pagaran».

Por su parte, el Vaticano admite en enero de 2020 que se cometieron abusos sexuales a monjas y explotación por parte de sus superiores en todo el mundo. Monjas que trabajaban hasta la extenuación, sin días de fiesta ni vacaciones a lo largo de muchos años. También reafirma el *mobbing* y el hecho de que «se dejó en la calle y con lo puesto a muchas monjas cuando abandonaron las congregaciones, con situaciones de pobreza insospechada», por lo que piensan en abrir casas de acogida para las monjas indigentes, tras dejarlas a su suerte. En muchos casos han sido despojadas de sus pasaportes, lo que hasta ahora, según el Vaticano, era un fenómeno oculto. Los superiores han cometido delitos contra la integridad moral, detención ilegal y coacciones, lo que reconocen que ha pasado al menos en cuatro de cada diez monjas.

En febrero de 2020 se publicó en la prensa que en España hay 70.000 mujeres y niñas mutiladas en sus países de origen, 18.000 de ellas en Cataluña. En ese mismo mes, un informe de la ONU, tras una investigación de dos semanas en nuestro país, afirma que España es «pobre, racista, burócrata, violenta y segregadora». Dice el informe que hay un 25% de personas pobres en nuestro país y un 30% de niñas y niños, y que la situación encontrada en el campo y de personas gitanas o extranjeras es peor que la padecida en muchos campos de refugiados, habiendo encontrado mucho chabolismo y semiesclavitud en algunas profesiones y situaciones.

Con motivo del 8 de marzo de 2020, la ONU ha difundido una investigación, realizada por el Programa de NU para el Desarrollo, que dice que «de cada 10 personas, 9 tienen prejuicios sexistas». Realizaron un estudio en 75 países, que representan el 80% de la población real, y destacan que «las visiones sexistas llegan a defender que los hombres son mejores políticos y líderes de negocios, que es más importante que los hombres vayan a la universidad que las mujeres o que ellos deben tener trato preferencial en los mercados laborales».

En España lo dijeron el 50,5% de los encuestados, mientras que en Francia el 56%.

No obstante, en el lugar en que más sexismo encontraron fue en Latinoamérica, donde se dan grandes brechas en salud, educación y economía. Allí, el 28% cree que está bien que el hombre golpee a su mujer.

Con el mismo motivo, el 8 de marzo de 2020, el diario *ARA* publicaba que el 87% de las grandes empresas incumple la Ley de Igualdad en nuestro país, mientras que el diario *El País* difundía que la cifra oculta de la violencia doméstica en nuestro país ronda el 90%.

El 16 de abril del mismo año, en un artículo del diario *Público,* se decía como título: «OCDE y ONU alertan del impacto de género de la pandemia del coronavirus.» Esta última organización advertía que los impactos económicos de la pandemia serán más graves para mujeres y niñas porque generalmente ganan menos, ahorran menos, tienen trabajos inseguros o viven al borde de la pobreza.

Mientras, la OCDE decía que debido al coronavirus se hará más evidente la brecha de género ya que el 70% de personal sanitario son mujeres, que luchan en primera línea contra el virus. También porque la mayoría de las tareas domésticas las realizan ellas; de hecho, el cierre de las escuelas y el propio confinamiento ha duplicado la carga de las mujeres. Asimismo, presentan una mayor vulnerabilidad ante el hundimiento de la economía y paralización de la actividad.

Según el estudio de la OCDE en 36 países miembros de la organización, las mujeres dedican de media el doble de tiempo que los hombres a las actividades de cuidado infantil. En España, según el INE, 9 de cada 10 personas que trabajan a tiempo parcial para conciliar y realizar tareas de cuidados son mujeres.

Todas esas cifras prueban que no hay igualdad ni justicia, ni en nuestro país ni en el resto del mundo.

La presión en el avance y la afortunada globalización de la lucha feminista tiene dos temas cruciales de estos momentos: la sangrante esclavitud de la prostitución, junto a las dos opciones o puntos de vista, la abolicionista y la reguladora, con su tolerancia por considerarla como un «oficio libre» para salir de la pobreza —he luchado y lucharé por su abolición drástica y total—, y la lucha contra los asesinatos y violencia machista contra las mujeres.

Me dispuse a escribir la historia de mi familia, siendo yo la narradora como hilo conductor, para rescatar la memoria. Siendo una niña, ya me daba cuenta de que mi familia era diferente y me propuse mantener el compromiso idealista familiar contra viento y marea, ya que ellos han vivido y sufrido un régimen represor y abyecto. En el que me toca vivir hay mucho que mejorar, contra lo que me rebelo a medida que tomo conciencia. Gracias a esa conciencia llegué al feminismo.

Decía la pintora mexicana Frida Kahlo que «Cada tic tac es un segundo de la vida que pasa, huye y no se repite. Y hay en ella tanta intensidad, tanto interés, que el problema es solo saberla vivir» (Beltrán, R., 2019). Yo he intentado emplear intensamente cada segundo de mi vida.

Como afirmaba la luchadora antifranquista Neus Català: «Mucha gente cree que luchar es coger un arma, pero luchar es también unirse para defender unas ideas», *y* como recitaba el pastor e insigne poeta de Orihuela, Miguel Hernández, muerto en las cárceles franquistas: «La palabra es un arma cargada de futuro», parafraseando a Gabriel Celaya, sobre la poesía.

Por su parte, la presidenta de la India, Indira Gandhi, afirmaba: «Nada de lo que realmente vale la pena es fácil», y como decía el comandante Che Guevara: «Me jode tener que luchar por lo evidente». Pues ahí sigo, con 67 años ya, intentando ser consecuente con la promesa que les hice a mis padres y a mis abuelos: seguir luchando por un mundo mejor para hombres y mujeres, para niños y niñas y por el respeto de la naturaleza, mientras me quede un halo de vida porque, como mantenía el obispo de los pobres, Pere Casaldáliga, recientemente fallecido, «Nuestras causas valen más que nuestra vida, porque le dan sentido». Tal y como dijo el gran poeta andaluz Antonio Machado en Segovia, el 14 de febrero de 1931: «La revolución no es volverse loco y levantar barricadas, es algo menos violento, pero más grave».

Mis causas son la defensa de la memoria histórica —verdad, justicia y reparación—, el retorno de la República, la laicidad en la enseñanza y en la sociedad, la justicia social, los derechos humanos, el respeto por los animales y la naturaleza y el feminismo.

Como se dice en Dones Juristes:

INSISTIMOS, RESISTIMOS Y AVANZAMOS

Barcelona y Torroella de Montgri (Girona)
Junio de 2021

Mi amiga Anny y yo en Genval (Bélgica, 1971)

Anny Melain y yo en Palafrugell (Girona, años 90)

Presentación Partido Feminista. Universidad de Barcelona, 1979. De izq. a dcha. Carmen Alcalde, Lidia Falcón, Marisa Hijar, Encarna Sanahuja, yo, Mª José Ragué y Regina Bayo

I Congreso Partido Feminista 1983. De izq. a dcha. Elvira Siurana, Mercedes Izquierdo, yo, Lidia Falcón y Encarna Sanahuja

Con Carmen Sarmiento. Ambas dirigentes del Partido Feminista

Suzanne Blaise, escritora parisina y fundadora del Partido Feminista francés

Con mi madre en Torroella (Girona), en 2010

Con José Luis Sampedro

Con birrete, ya licenciada en Derecho

Nuestra boda en el Ayuntamiento de Pals (Girona) en agosto 1992

A mi
sola ilusión
Francina
Ribas Higués
30-10-47.

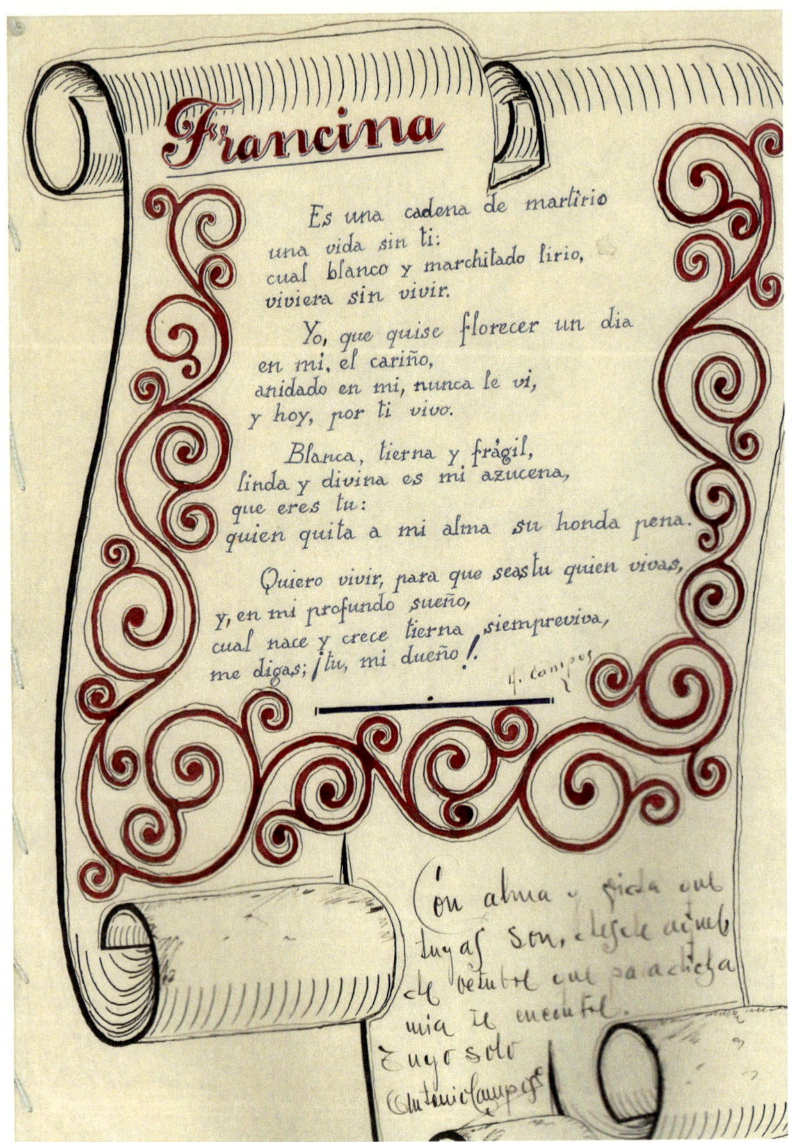

Francina

Es una cadena de martirio
una vida sin ti:
cual blanco y marchitado lirio,
viviera sin vivir.

Yo, que quise florecer un dia
en mi, el cariño,
anidado en mi, nunca le vi,
y hoy, por ti vivo.

Blanca, tierna y frágil,
linda y divina es mi azucena,
que eres tu:
quien quita a mi alma su honda pena.

Quiero vivir, para que seas tu quien vivas,
y, en mi profundo sueño,
cual nace y crece tierna siempreviva,
me digas; ¡tu, mi dueño!

Con alma y vida que
tuyas son, [illegible]
de [illegible] que para dicha
mia te [illegible].
Tuyo solo

Dibujo del comandante Campos, novio de Francina Ribas, hecho a tinta china desde la prisión en 1947

Con Antonina y Elvira Godas, recibiendo a un grupo de brigadistas en la estación del tren (2005)

Con Neus Català, exprisionera en campo de concentración de Ravensbruc (2006)

Con Susana Koska

Grupo de mujeres republicanas. Mi madre con traje azul, Conxa Pérez a su lado y yo con varias amigas

Conmemoración del 14 de abril, proclamación de la II República, frente al Palau de la Generalitat y el Ayuntamiento de Barcelona

Con mujeres de la Asociación Dones del 36. De izq. a dcha. Maria Salvo, Conxa Pérez, Trini Gallego y Josefina Piquet

Con Francia Ribas, viuda del Comandante republicano Antonio Campos

Con Tario Rubio y su compañera en la presentación de un libro sobre prisiones de Franco

La cuchara agujereada que salvó la vida a Tario en el frente

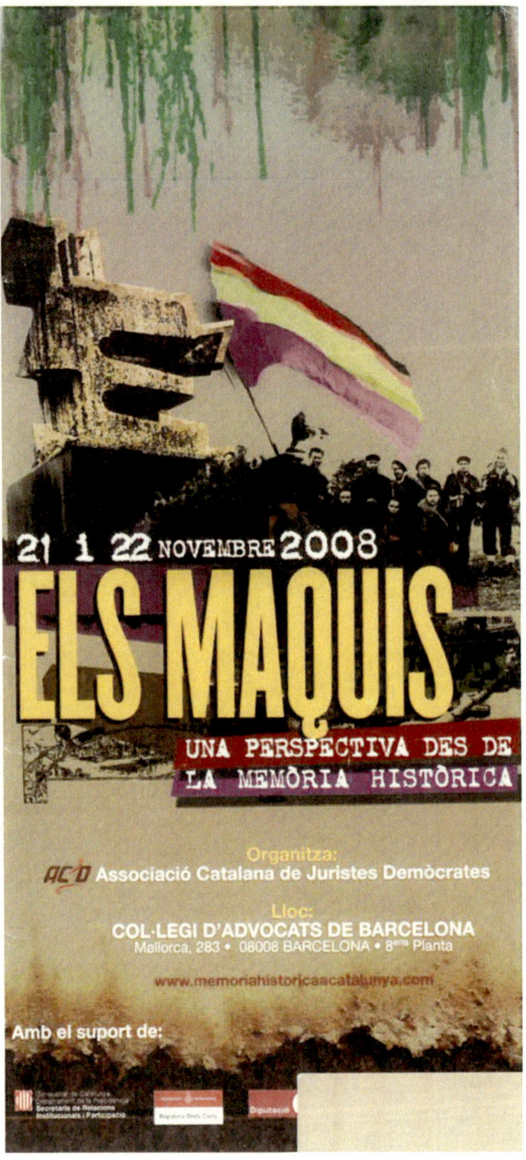

Folleto maquis. Jornadas en Colegio Abogados Barcelona

Con José Aurelio Romero Navas, historiador que investigó la represión a mis abuelos

Mesa homenaje a las mujeres republicanas. Conxa Pérez, Trini Gallego y mi madre a la derecha de la imagen

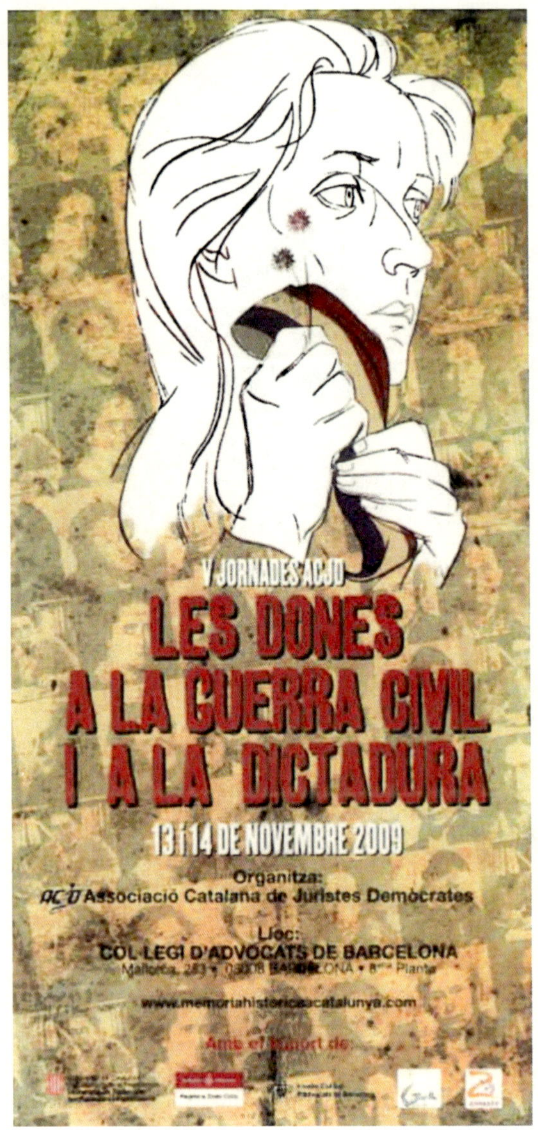

Folleto Mujeres en la Guerra Civil y la Dictadura

Mi madre en su segundo homenaje en Barcelona

Con Carmen Alcalde en el homenaje a las republicanas

Mi madre sonriendo en el Jardín Botánico Cap Roig (Girona)

Mi hermano Antonio con 67 años

Con Antonina Rodrigo presentando su libro *Mujeres granadinas represaliadas* en Barcelona (septiembre 2018)

Mesa en homenaje a los maquis en Santa Cruz de Moya, en 2010

Lluis Martí Bielsa con 98 años, conmemorando la liberacion de París en 2019

900. 11151
5.11.73
parte

Prepárate para el hogar y para tu ayuda desinteresada a la sociedad.

EL SERVICIO SOCIAL te ofrece una oportunidad de generosidad y de formación.

Debes cumplir este Deber Nacional sin interrupción. Tú serás la primera beneficiada.

A la total terminación del SERVICIO SOCIAL ocúpate de tramitar y de obtener el CERTIFICADO DEFINITIVO, documento acreditativo de cumplimiento de tu SERVICIO SOCIAL.

Gráfs. Martín - Añañil, 5 Mod. S. S. - 2.021

(27)
Montserrat Fernández Garrido

SERVICIO SOCIAL

CERTIFICADO DEF.

Carece de validez oficial

SS

256099

AJUSTE DE LOS TRABAJOS

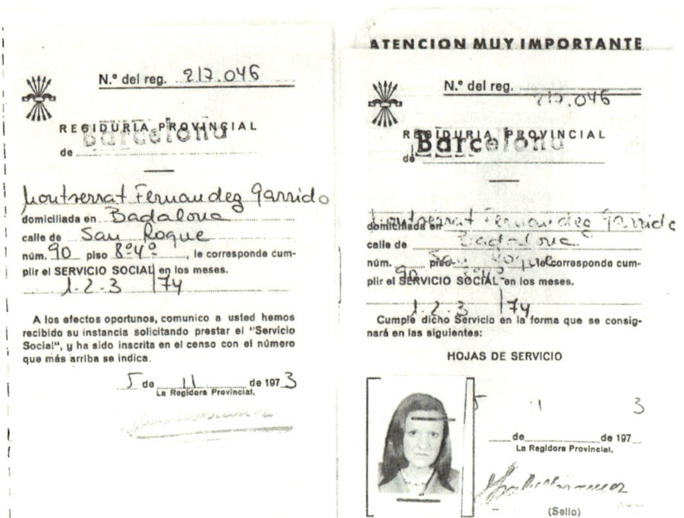

N.° del reg. 217.046

REGIDURÍA PROVINCIAL de Barcelona

Montserrat Fernandez Garrido
domiciliada en Badalona
calle de San Roque
núm. 90 piso 8º 4ª, le corresponde cumplir el SERVICIO SOCIAL en los meses.
1.2.3 / 74

A los efectos oportunos, comunico a usted hemos recibido su instancia solicitando prestar el "Servicio Social", y ha sido inscrita en el censo con el número que más arriba se indica.

5 de 11 de 1973
La Regidora Provincial,

ATENCION MUY IMPORTANTE

N.° del reg. 217.046

REGIDURÍA PROVINCIAL de Barcelona

Montserrat Fernandez Garrido
domiciliada en Badalona
calle de San Roque
núm. 90 piso 8º 4ª, le corresponde cumplir el SERVICIO SOCIAL en los meses.
1.2.3 / 74

Cumplido dicho Servicio en la forma que se consignará en las siguientes:

HOJAS DE SERVICIO

5 de 11 de 1973
La Regidora Provincial,

(Sello)

Carnet de mi Servicio Social, 1974

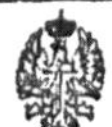

CAPITANIA GENERAL
DE LA
4.ª REGION MILITAR

PARQUE DE ARTILLERIA DE BARCELONA
JUZGADO MILITAR EVENTUAL DE CUERPO

S/Rf.ª Núm. Fecha N/Rf.ª Núm.

ASUNTO: C I T A C I O N.

En el procedimiento núm. Sumarísimo 5847-C-39 instruido en este Juzgado Militar, contra TRINITARIO RUBIO CUEVAS . . . . por EXCITACION A LA REBELION . . . se ha dictado por el Señor Juez Instructor en providencia de este día, citar a Vd. para que comparezca en este Juzgado constituido en el Parque de Artillería de Barcelona, Calle Torras y Bages s/n de esta Plaza, el próximo día . . . 19 . . . de . SEPTIEMBRE . . a las . 10 horas. . con el fin de prestar declaración en concepto de NOTIFICACION. . . . . . . bajo la correspondiente multa o apercibimiento de ser conducido y procesado como reo de desobediencia y negación de auxilio a la Autoridad, todo ello con arreglo a los Artículos nº 589 y 590 del Código de Justicia Militar.

Y para que tenga la citación acordada su efecto expido la presente papeleta de citación en Barcelona a . 13 . de . SEPTIEMBRE . de 1985.

El Secretario

Enterado
Firma del testigo o persona que recibe la citación

Sr. D. . . . .
Domicilio . ESCULTOR. LLIMONA 36. BIS 3º-3ª . . . .

Citación Tario Rubio del Juzgado Militar de Barcelona en septiembre 85, por "Excitación a la rebelión"

SUBDIRECCION DE ARCHIVOS Y BIBLIOTECAS ARCHIVO GENERAL MILITAR DE GUADALAJARA

DON JOSE VILCHEZ HEREDIA, COMANDANTE DE OFICINAS MILITARES, JEFE DE LA 1ª SECCION DEL ARCHIVO GENERAL MILITAR DE GUADALAJARA, DEL QUE ES EL PRIMER JEFE EL CORONEL DE INFANTERIA ESCALA SUPERIOR DON CARLOS VALERO RAMOS.

C E R T I F I C O: Que según los datos que obran en este Archivo correspondientes a DON Trinitario RUBIO CUEVAS nacido en Useras (Castellon) el 30 de mayo de 1.920, hijo de Tomas y de Rosalia, permanecio en Campos de Concentración y Batallones Disciplinarios de Trabajadores, durante el periodo de tiempo que a continuación se indica:

- Campo de Concentración de Orduña desde el 15-06-1.938 al 09-09-1.938.
- Campo de Aranda de Duero desde el 09-09-1.938 al 04-11-1.939, por pasar a la prisión de Valdenoceda.
- Batallón de Soldados Trabajadores Penados nº 95 desde el 07-12-1.942 al 16-06-1.943, que ingresa en la Prisión Provincial de Castellón hasta el 10-12-1.943.
- Batallón de Soldados Trabajadores Penados nº 95 desde el 10-12-1.943 al 23-06-1.945.

Y para que conste a petición del interesado y a efectos de acogerse a los beneficios prevenidos en la Disposición Adicional decimooctava de los P.G.E. de 1.990, se expide el presente en Guadalajara a tres de marzo de mil novecientos noventa y dos.

VºBº
EL CORONEL JEFE,

Certificación archivo militar de Guadalajara detallando campos de concentración y batallones de soldadostrabajadores penados de Tario Rubio

Madrid 6 agosto 1988

Srª Montserrat Fernández Garrido
Barcelona

Querida amiga:
Permíteme ahora a mí que no te llame "distinguida" y permíteme también que te tutee, no porque ahora se use mucho (yo soy al contrario, como bien dices, "a la antigua usanza en el trato con las mujeres") sino porque estamos "en la misma longitud de onda". Ya te lo demostraría el que te conteste a vuelta de correo (¡y a vuelta de Alfaguara en vacaciones!), pero tu carta me ha llegado mucho, por ser de quien es, por decir lo que dice (y muchas cosas más) y también, seguramente, por llegar cuando llega. Te lo confesaré: después de cuatro años de rumiar una posible novela, y de vacilar entre esa y otros dos proyectos bastante avanzados, ahora estoy lanzado a ella, trabajando a todas horas para hacer ya un cañamazo general que pueda servirme de guía. Y tu carta ¡encaja tan bien! No sé decirte cómo, pero en vez de distraerme de lo que hago me ha "enmimismado". ¿Te extraña? Bueno, yo vivo muy atento a los "signos" y tu carta se ha convertido en uno.

Sí, seguramente (no era preciso decir "¡perdone!") soy "algo machista". ¿Qué quieres que sea, con mi edad y las peripecias externas de una vida cualquiera en este país? Pero también soy, como dices, feminista en el mejor sentido (bueno, mejor tal como yo lo veo). Por lo menos, lo que descubre Bruno —¡pero yo no soy Bruno ni de lejos, no confundamos!— tan tarde y empujado, lo he descubierto yo solo y a pesar de todo.

Porque (ahora te pido yo perdón) la verdad es que a veces vosotras lo ponéis también bastante difícil. Uno hace un gesto que cree comprensivo y resulta que ha metido la pata. Y es que nos educan a todos mal y hay que salirse de esa educación. Yo por lo menos lo intento, pero es una historia muy larga, para ser hablada: estoy seguro de que nos descubriríamos cosas en común. Por ejemplo, yo también fui un universitario tardío, mientras trabajaba. Y comprendo a tu familia, porque en la de mi mujer y mi yerno hubo cosas parecidas y en la mía otras comparables.

Por eso me gustaría conocerte, en uno de mis viajes a Barcelona (ya, supongo, en otoño). Te llamaré previamente a vuestros teléfonos, por si no te apetece o soy inoportuno (¡La antigua usanza: uno es como es!). Yo ahora me iré pronto quince días a Alhama de Aragón, que es un Baden Baden para pobres (relativos) sin jet set de ninguna clase.

Antes de terminar, gracias por tu carta. No por los elogios a mi novela sino por decidirte a escribir venciendo (supongo) el si le llegará, si contestará, etc. Gracias por lo que me das, que es mucho más de lo que puedo escribirte y que ya te contaré porque otra de las cosas a que he llegado con los años es a no tener ese miedo de hablar que tiene todo el mundo.

Entre tanto, con solidaridad también y feminismo desde hombre, ¿me permites un abrazo? (Te lo doy)

Tu amigo

José Luis

A/C.- Cea Bermúdez 51, 7º E
28003 Madrid.
T. 2442860

Primera carta de José Luis Sampedro en 1988

ANEXO I:

SENTENCIA DE MI PADRE, ANTONIO FERNÁNDEZ LÓPEZ

RESULTANDO: Que el encartado a quien sorprendió el Glorioso Movimiento Nacional en el pueblo de su vecindad, se afilió seguidamente al Partido Comunista, habiendo sido designado secretario del comité del Frente Popular, cargo que vino desempeñando hasta el mes de diciembre de 1936, que se enroló en las milicias populares, y de los informes aportados si bien se demuestra que dicho individuo es de ideas izquierdistas, también aparece perfectamente comprobado que era contrario a que se cometieran asesinatos, robos, saqueos y otros abusos y se sabe que salvó la vida a diferentes personas, entre las que se puede citar a José María Guerrero Jiménez, que se encontraba detenido en Benalúa de las Villas para ser fusilado, de donde fue sacado por el procesado, consiguiendo con ello que no le mataran. Hechos que se declaran probados.

CONSIDERANDO: Que los hechos que se declaran probados en el resultando que antecede son constitutivos del delito de auxilio a la rebelión previsto y penado en el artículo 240 del Código de Justicia Militar por cuanto que el procesado, al iniciarse el Glorioso Alzamiento Nacional se afilió enseguida al Partido Comunista, fue nombrado secretario del comité del pueblo de su residencia e ingresó después voluntariamente en las milicias rojas, por lo que procede imponerle la pena señalada al delito en su grado mínimo.

Considerando: Que hallándose este delito previsto en los enumerados en al artículo cuarto de la Ley de Responsabilidades Políticas, procede que en su día y una vez que se constituya el Tribunal Regional de Responsabilidades Políticas, se remite a este testimonio literal de la presente resolución, a fin de que se determinen las civiles en que el procesado haya podido incurrir por la comisión del mencionado delito.

Vistos los artículos 240 y demás pertinentes del Código de Justicia Militar, así como las demás disposiciones de general aplicación

Fallamos: Que debemos condenar y condenamos al procesado ANTONIO FERNÁNDEZ LÓPEZ como autor del delito de auxilio a la rebelión a la pena de doce años y un día de reclusión temporal, con la accesoria de inhabilitación absoluta durante el tiempo de la condena, siéndole de abono para el cumplimiento de ésta todo el tiempo que ha estado privado de libertad por esta causa.

Anexo 2:

INFORME GUARDIA CIVIL SOBRE LA PARTIDA DE OLLAFRÍA

Partida de ollafría: Esta partida surgió en la provincia de Granada en 1942, con los bandoleros JUAN GARRIDO DONAIRE, *OLLAFRÍA*, jefe de partida, Juan Garrido López, el *Garrido*, y Rafael Donaire Bolívar, el *Chorras*, que actuaron en los términos de Colomera y Trujillo, donde cometieron nueve atracos.

En 1943, se incorpora a la partida José López Zorrilla, el *Tomatero*, y José Cordón, *Cogollero*, extendiendo la zona de acción a los términos de Villas de Infantes y Motril, donde cometieron diez atracos, dos secuestros y una agresión a un paisano.

En 1949 (¿?), se incorporan a la partida Eduardo Bueno Herrara, *Chamarra*, fugado de la penitenciaría de Dos Hermanas (Sevilla), López Andrade Díaz, el *Gordo*, Rafael Carrasco Soto, *Loro Rizado*, y Manuel Luna Alarcón, el *Santillo*, con los que cometieron once atracos y dos secuestros y llegaron a alcanzar gran popularidad.

En 1944, se les conocieron trece atracos y cuatro secuestros, ampliada ya la zona de acción a los términos de Huevéjar y Cogollos Vega. En un encuentro sostenido el 4 de febrero resultaron heridos dos guardias.

En 1945, causaron alta en la partida Manuel García Hermoso, *Chavico*, Francisco de la Cruz García, *Pirri*, y Francisco Guerrero

Sánchez, el *Nariz*. Cometieron 20 atracos en los que obtuvieron 34000 pesetas, cinco escopetas, alhajas, ropas y víveres; 15 secuestros con los que cobraron 86000 pesetas y cuatro agresiones, en las que resultaron heridos un paisano y un guardia muerto. En ese mismo año, en diversos encuentros, resultaron muertos Juan Garrido López, el *Garrido*, el 27 de junio, en el término de Pinos Puente; José López Zorrilla, el *Tomatero*, el 28 de junio en el municipio de Illora; Rafael Carraco Soto, Loro Rizado, el 29 de junio en el término de Albolote; Francisco Garrido López en la misma fecha, Rafael Donaire Bolívar, el *Chorra*, y Manuel Luna Alarcón, el *Santillo*, el 31 de julio en el término de Colomera al igual que los enlaces que los acompañaban: Eduardo Bueno Herrera, *Chamarra*, y Francisco Guerrero Sánchez, el *Nariz*, el 21 de noviembre, en cuyo servicio murió el sargento del cuerpo don Eloy Gago Núñez.

En 1946, a pesar de quedar solo tres bandoleros cometieron diecinueve atracos en los que obtuvieron 174735 pesetas, cinco escopetas y víveres, cuatro secuestros y una agresión a un guardia que resultó herido el 25 de febrero en el término de Monte Frío, así como un asesinato en La Montillana el 21 de junio.

En 1946, además López Andrade Díaz, el *Gordo*.

En 1947, solamente quedaba en la partida Ollafría, Cogollero y Chavico, a los que se unieron Manuel, Antonio y José Castillo Escalona, Castillitos, procedentes del grupo de Yatero, con los que cometieron seis atracos y diez secuestros.

En 1948, decaída ya la moral de sus componentes, no tuvieron otra preocupación que conseguir dinero para marchar al extranjero y el 11 de octubre cometieron su último secuestro, por el que obtuvieron 40000 pesetas y se ocultaron para preparar su marcha al extranjero. Cogollero consiguió pasar a Francia en el mes de noviembre y Manuel Castillo Escalona consiguió llegar a Burdeos.

En este año, antes de ocultarse, habían cometido otros seis secuestros por los que obtuvieron 370000 pesetas y asesinaron a un paisano en Víznar —Esta última información no debe ser cierta. Ni mi abuelo ni ninguno de sus hombres mataron nunca a un paisano. No hay ninguna causa contra ellos por eso—.

En 1948, Ollafría y Chavito se trasladaron a Sevilla, de ésta a Tánger y finalmente a Casablanca, y los hermanos Castillito, en el mes de marzo, se trasladaron a Tánger, donde pasaron a Casablanca quedando así extinguida la partida.

Anexo 3:

DECLARACIÓN ASOCIACIÓN CATALANA DE JURISTAS DEMÓCRATAS

Declaración de la Asociación Catalana de Juristas Demócratas contra la impunidad de los crímenes de lesa humanidad de género cometidos por el franquismo.

Con motivo de las jornadas «Las mujeres en la guerra civil y en la dictadura franquista», celebradas en Barcelona los días 13 y 14 de noviembre de 2009, reunidas más de veinte personas expertas en diferentes ámbitos disciplinares, testimonios, represaliadas y con más de 200 asistentes, se han examinado las cuestiones relativas al papel de las mujeres de las zonas rebeldes en contraposición a las de zonas republicanas; las mujeres represaliadas por haber sido la primera generación de mujeres en ejercer sus derechos y libertades, las mujeres víctimas de los olvidados crímenes de lesa humanidad de género, la mujer luchadora en la movilización política, sindical, antirrepresiva, la mujer en la lucha armada y en el frente de guerra, la mujer durante la transición, la mujer como protagonista y única autora de su propia memoria histórica y la mujer delante de la falta de actos de reparación y justicia contra el olvido y la impunidad de los culpables.

En base a todo esto, formulamos las siguientes conclusiones:

1. Exigimos verdad, justicia y reparación, para todas las víctimas del genocidio franquista en todas sus formas.
2. Denunciamos, en particular, el completo olvido dentro de la Ley de Memoria Histórica de los crímenes de lesa humanidad contra las mujeres republicanas y que son:

2.1) Vulneración flagrante de la Convención de La Haya de 1898 y de Ginebra de 1929 contra las mujeres combatientes por la II República.

2.2) Detenciones ilegales masivas y sin cargos de mujeres sistemáticamente como represalia por su defensa del régimen democrático republicano o por su simple lazo de parentesco.

2.3) Tortura o trato degradante a las mujeres dentro de las comisarías, prisiones y centros de detención ilegal del franquismo.

2.4) Violaciones y abusos sexuales a las presas y detenidas.

2.5) Vulneración de las condiciones higiénicas, alimentarias y sanitarias reconocidas en los Convenios Internacionales, en particular respecto de las madres lactantes presas y sus bebés, amontonados, durmiendo en el suelo y muchos de ellos dejados morir de hambre y enfermedad. —Hubo incluso bebés que fueron estampados contra la pared por monjas funcionarias de prisiones, delante de su desesperada madre—.

2.6) Desaparición forzada de menores sustraídos de los brazos de sus madres presas, para entregarlos a familias adeptas a la dictadura. Este continúa siendo el mayor caso vigente actualmente, a nivel europeo, de vulneración de los derechos fundamentales de las mujeres en la esfera de la maternidad y de desaparición infantil expresamente contrario al Convenio Europeo de los Derechos Humanos y la Convención Internacional para la eliminación de todas las formas de discriminación contra la mujer.

3) Reclamamos al Gobierno español la apertura de una investigación oficial efectiva e independiente de todos sus crímenes,

tal y como exige el Tratado Europeo de Derechos Humanos, que conduzca al esclarecimiento de los hechos y el enjuiciamiento penal de sus responsables.

Por todas las Mujeres represaliadas por el franquismo, éste ha de ser nuestro mejor HOMENAJE.

BIBLIOGRAFÍA

Libros

Azuaga Rico, J.M. (2014). *Tiempo de lucha. Granada-Málaga. Represión, resistencia y guerrilla. 1939-1952.* Alhulia.

Barea, C. y Vaccaro, S. (2009). *El pretendido síndrome de alienación parental.* Desclée de Brouwer.

Blanca, A. *Los republicanos españoles en los campos de internamiento del Magreb.*

Fernández, D. Perfecto de 1936-1975. Los de la Sierra. *Dictionaire de guerrilleros et resistents antifranquistes.*

Falcón, L. (2002). *Memorias Políticas (1959-1999).* Vindicación Feminista.

Fundación Pablo Iglesias. Archivo sobre Juan Garrido Donaire.

Hidalgo Cámara, J. (2014). *Represión y muerte en la provincia de Granada (1936-1950).* Arráez Editores.

Íñiguez, M. (2008). *Enciclopedia Histórica del anarquismo español.* Asociación Isaac Puente.

Lienas, G. (2006). *Quiero ser puta.* Ediciones Península.

Lorente Acosta, M. (2003). *Mi marido me pega lo normal.* Crítica.

Lorente Acosta, M. (2009). *Los nuevos hombres nuevos.* Ediciones Destino.

Lorente Acosta, M. (2020). *Autopsia al machismo.* Comares.

Lozano, M. (2017). *El proxeneta.* Alrevés.

Martí Bielsa, L. (2019). *Uno entre tantos. Memoria de un hombre con suerte.* El viejo topo.

Martínez Foronda, A. (2016). *Diccionario de la represión sobre las mujeres en Granada (1936-1950).* Fundación de Estudios y Cooperación de CCOO de Andalucía.

Olesti, I. (2016). *Les dones del 36: Nou dones i una guerra.* Labutxaca.

Pajares, J. y Sánchez, J. «Ollafría». *Conozca Usted Colomera. Personas que merecen un lugar en la historia de Colomera.* Avemaría AVM.

Pons Prades, E. *Guerrillas españolas 1936-1960.*

Rodrigo, A. (2018). «María Garrido Martín, la hija del guerrillero Ollafría». *Mujeres granadinas represaliadas.* Diputación de Granada.

Roig, N. (2018). *No llores que va a ser feliz. El tráfico de bebés en España, de la represión al negocio (1938-1996).* Ático de los libros.

Rodríguez Padilla, E. (2010). *La represión en Granada.* Arráez Editores.

Romero Navas, J. A. (2005). *Censo de guerrilleros y colaboradores de la agrupación guerrillera Málaga-Granada.* Diputación Provincial de Málaga.

Rubio, T. (2011). *Per les presons de Franco. Memòries d´un pres de la posguerra 1936-1945.* Arola.

Ruíz Esteban, F. (2008). *Los hijos de la noche.* Francisco Ruiz Esteban Editor.

Vintro, E. y Ventura, L. (2006). *El silenci convertit en paraules. Les dones del 36 (1997-2006).*

Revistas consultadas

Romero Navas, J.A. (2011). La represión franquista en Andalucía. La guerrilla: sus inicios. Desarrollo y su fracaso final. *Memoria antifranquista del Baix Llobregat* (nº 11). Pp. 76-84.

Fernández Garrido, M. (junio, 2016). Gestación subrogada o vientres de alquiler. *Mon Juridic.*

Fernández Garrido, M. (julio, 2017). Aproximación jurídica a la desaparición forzada de menores en España. *Mon Juridic.*

Fernández Garrido, M. (1989). Cincuenta años de lucha 1939-1989. HOMENAJE A LAS MUJERESDE LA GUERA CIVIL. Homenaje a mi madre y a mi abuela. *Poder y libertad* (nº 11).

Fernández Garrido, M. L´endemà de la Llei de la Memòria. I ara què? La memoria histórica y las grandes olvidadas: las mujeres. *RETROBAMENT.*

Rodrigo, A. (junio, 2014). Las universidades de Conchita Liaño. *Rojo y Negro* (Especial eje violeta).

Periódicos

(20-1-2020). El trabajo de cuidados no remunerados. *Agencia Efe.*

Salazar Benítez, O. (16-4-2016). Una mirada feminista sobre la gestación por sustitución. *Agenda Pública.*

Las cifras de la desigualdad. *El País.*

Rodrigo, A. (31-3-2009). María Garrido Martín. La hija del guerrillero Ollafría. *Granada Hoy.*

Fallarás, C. (19-2-2018). Ortigas en las partes íntimas: las vejaciones de sacerdotes en los internados franquistas. *Diario digital.*

Koska, S. Doce mujeres que ni Franco ni el fascismo consiguió callar.
(16-4-2020). La brecha de género por el coronavirus. *Público.*

Notas consultadas y agregadas

Azuaga Rico, J.M. EL PCE y la guerrilla.
Jornadas *ELS MAQUIS*. Una perspectiva desde la memoria histórica. Asociación Catalana de Juristas Demócratas (21/22-11-2008).
V Jornadas ACJC. *LES DONES A LA GUERRA CIVIL I LA DICTADURA*. (13/14 -11-2009).
X JORNADAS MAQUIS, Santa Cruz de Moya (2010).
JORNADAS SÍNDROME ALIENACIÓN PARENTAL (28-1-2008).
PROSTITUCIÓN. Municipios libres de tráfico (6-2-2016).
NIÑOS ROBADOS, tesis de la Dra. Neus Roig (julio, 2016).
VIENTRES DE ALQUILER, artículo *Mon Juridic* (julio, 2017).
DERECHOS DE LAS NIÑAS. Datos. Clases Máster (2018-2019).

Resoluciones e informes policía y guardia civil

Sentencia de mi padre, Antonio Fernández López (condenado).

Causa contra mi abuela, Leonor Martín Pajares (sobreseída), tras haber sido condenada a 8 años de prisión.

Informe policial sobre la partida de Ollafría, años 40.

Ficha policial sobre los integrantes de la partida de Ollafría.

Informes de la Guardia Civil sobre mis abuelos, sus hijos y mis padres, de los años 1954, 1956 y 1957.

Relación de los servicios más destacados de bandolerismo realizados por la fuerza del cuerpo, conocida por *medallero.*

AGRADECIMIENTOS

A mis antepasados:

A mis abuelos maternos, Leonor Martín Pajares, heroína anónima, y Juan Garrido Donaire, *Ollafría*, famoso maquis granadino que luchó por la República y contra el levantamiento fascista, siendo gravemente represaliados.

A mis padres, María Garrido Martín y Antonio Fernández López, por regalarme la vida y porque, tras su lucha y represión, me inculcaron y transmitieron sus valores e ideales, para seguir en la lucha diaria por un mundo más justo e igualitario.

A estas personas amigas:

A la historiadora Antonina Rodrigo, fiel representante de la Granada culta, idealista, laboriosa, luchadora y vital. ¡Y tan hermosa! Fue la primera en escribir sobre mi madre y mi abuela Leonor y me insistió en dar a conocer nuestra historia familiar.

A mi amigo ya fallecido, el catedrático de Estructura Económica y escritor José Luis Sampedro y a la periodista Carmen Alcalde, que me animaron a escribir este libro. A la abogada Encarna

Linares Jiménez, que fue la primera en leer mi manuscrito y me dio un buen consejo.

A José Aurelio Romero Navas, a Alfonso Martínez Foronda, a Juan Hidalgo Cámara y a José Mª Azuaga Rico, andaluces, doctores en Historia que investigaron y publicaron sobre la vida de mis abuelos y generosamente me regalaron datos, fotos y me contaron lo que sabían acerca de ellos.

A José Manuel Gutiérrez Rueda, maestro colomereño que me explicó detalles de mis abuelos y me regaló fotografías de la cueva en la que se escondía mi abuelo cuando iba a ver a su mujer e hijos, huyendo de la guardia civil.

A Anny Mélain (Böels de soltera), belga de Flandes, que ha sido amiga de cuatro generaciones de mi familia y con la que comparto una incomparable y amorosa relación desde hace casi 50 años. Y a su marido, Guy Mélain, walón y por tanto francófono, una persona generosa y honesta.

A mis compañeras feministas con las que he compartido luchas desde 1976 hasta hoy, especialmente a Carmen Sarmiento, periodista de Televisión Española y reportera de guerra, a Elvira Siurana Zaragoza, editora, y a Mercedes Izquierdo González, economista.

A Gemma Lienas, magnífica escritora que, con sus publicaciones, ha ganado miles de jóvenes para el feminismo.

A los doctores en Derecho Carlos Villagrasa Alcaide, Ricardo de la Rosa Fernández y Octavio Salazar, eminentes juristas. Al médico forense, escritor y profesor universitario Miguel Lorente, exdelegado del Gobierno socialista para la violencia de género adscrito al Ministerio de Igualdad. Y a Rubén Sánchez Ruiz, psicólogo y terapeuta de mujeres maltratadas, que me demuestran desde hace muchos años que los hombres pueden ser unos fantásticos compañeros de lucha feminista.

ÍNDICE

Esta
reimpresión
de *Tres generaciones rebeldes,* de Montse Fernández Garrido, ha sido impresa con papel ahuesado, de 80 gramos. Se ha utilizado la tipografía Garamond Pro. Y se terminó de imprimir en Veprix, en Madrid, en el mes de agosto del año 2025.